Eigentlich ist »er« ja der Beste, Schönste, Liebste, na ja ... Aber manchmal würde »sie« ihn schon gern ändern. Doch wie? Meistens stehen Frauen ziemlich ratlos da mit diesem Wunsch, denn, oft versucht und oft gescheitert, wissen auch sie: Man kann einen Menschen nicht ändern, schon gar nicht gegen seinen Willen. Doch, man kann! Resignation zählt ab jetzt nicht mehr, die weibliche Ausdauer wird endlich belohnt: In ihrem neuen Psycho-Ratgeber zeigen Dietmar Friedmann und Klaus Fritz, wie frau ihren Mann maßgerecht ummodeln kann. Um aber dieses schneidige Vorhaben auch wirksam in die Tat umsetzen zu können, sollte »sie« erst einmal durchschauen, was für ein Typ »er« überhaupt ist. Aufbauend auf ihrem ersten gemeinsamen Buch ›Wer bin ich, wer bist du?‹ erklären die Autoren auf unterhaltsame Weise, wann es sich bei »ihm« um einen Beziehungstyp, einen Sachtyp oder einen Handlungstyp handelt und warum »sie« welche typischen Probleme mit »ihm« hat – denn auch »sie« ist entweder ein Beziehungstyp, Sachtyp oder Handlungstyp. Und weil das mit den lieben Typen alles nicht so einfach ist, gibt es diesen Ratgeber – endlich!

Dr. phil. Dietmar Friedmann, geboren 1937, initiiert die integrierte Kurztherapie, er ist Dozent für Psychotherapie und bildet Therapeuten in persönlichkeits- und lösungsorientierter Psychologie aus. Verschiedene Veröffentlichungen, u.a. ›Laß dir nichts vormachen!‹ (1993) und, zusammen mit Klaus Fritz, ›Wer bin ich, wer bist du?‹ (1996).
Dr. phil. Klaus Fritz, geboren 1946, ist Diplom-Soziologe und promovierter Philosoph. Seit 1991 arbeitet er als freier Journalist, und seit 1993 ist er Mitarbeiter von Dietmar Friedmann.

Dietmar Friedmann, Klaus Fritz

Wie ändere ich meinen Mann?

Den Partner verstehen, die Beziehung verbessern

Mit einem Fragebogen zur Persönlichkeitsanalyse

Deutscher
Taschenbuch
Verlag

Originalausgabe
Februar 1997

Umschlaggestaltung: Klaus Meyer
Umschlagfoto: Steve Prezant (© THE STOCK MARKET)
Satz: Design-Typo-Print GmbH, Ismaning
Gesetzt aus der Times New Roman 10,8/13 Punkt (QuarkXPress 3.31 Mac)
Gedruckt auf säurefreiem, chlorfrei gebleichtem Papier
Druck und Bindung: C. H. Beck'sche Buchdruckerei, Nördlingen
Printed in Germany · ISBN 3-423-36545-5

Inhalt

Einführung

Wie ändere ich meinen Mann? Wie oft haben Sie sich diese Frage schon gestellt, vielleicht mit einem Kopfschütteln, denn bekanntlich kann man ja einen anderen Menschen nicht ändern – schon gar nicht gegen seinen Willen. Das sagt Ihnen nicht nur Ihre Lebenserfahrung, das bestätigen Ihnen fast alle, die psychologisch Bescheid wissen.

Oder vielleicht doch? Schließlich könnte er sich ja ändern, wenn er wirklich wollte, so ganz von innen heraus.

Stellen Sie sich den faulsten Menschen der Welt vor, der zu Hause in einem bequemen Sessel sitzt und nicht die geringste Lust hat, irgend etwas zu tun. Und jetzt stellen Sie sich vor, daß sein Sessel brennt. Was glauben Sie, wie schnell er auf den Beinen ist und hinausrennt. Nun wollen wir Sie nicht dazu verleiten, Möbelstücke anzuzünden, obwohl Sie vielleicht manchmal dazu Lust hätten. Denn es geht ja eigentlich darum:

Wie können wir jemanden auf einfühlsame Art dazu bringen, daß er oder sie das innere Bedürfnis verspürt, sich zu ändern, freiwillig, von sich aus?

Wie können wir das Verhalten anderer wirksam beeinflussen, ohne ihnen immer wieder Vorwürfe zu machen, Ratschläge zu geben, Druck auszuüben, ihnen gut zuzureden oder sie anzuschreien? Wie können wir das erreichen, ohne sie zu verärgern, zu kränken, zu beschämen – weil all das sowieso nicht funktioniert? Wie Sie das zuwege bringen können, das werden Sie in diesem Buch erfahren.

Die Methode des »Veränderns eines anderen« geht auf Milton Erickson zurück, dem es in vielen Fällen gelungen ist, Patienten psychiatrischer Kliniken, schwierige Kinder oder störrische Ehemänner häufig gegen deren bewußten Willen zu einer Einstellungs- und Verhaltensänderung zu bewegen. Diese Systemische Psychologie, die sich bei Erickson und de Shazer auf das zwischenmenschliche Verhalten konzentriert, wird hier durch die Systemische Haltungsänderung ergänzt und damit noch wesentlich effektiver. Denn diese Haltungsänderung verwandelt leidvolle Erfahrungen direkt in wirksame Fähigkeiten.

Wenn Sie unter einer Beziehung oder Situation leiden – und das dürfte ja der Grund sein, warum Sie eine Veränderung herbeiführen wollen –, ist da immer eine Menge Energie im Spiel: negative Energie zunächst, doch ein riesiges Potential an Kraft. Jetzt stellen Sie sich einmal vor, diese ganze Energie könnte positiv für die gewünschten Änderungen genutzt und in konstruktive Absichten und Bahnen umgeleitet werden. Ahnen Sie, wieviel Kraft darin liegen würde, wenn Sie den ganzen Frust in Veränderungsenergie verwandeln könnten?

Wie das geht, wollen wir Ihnen zugänglich machen, allerdings unter einer Voraussetzung: Sie müssen es ausprobieren, denn nur erklären kann man es nicht. Soviel können wir Ihnen jedoch verraten: Es stecken darin uraltes Menschheitswissen und neueste psychologische Erkenntnisse und Erfahrungen. Die Vorgehensweise gehört zu dem, was man »paradoxe Interventionen« nennt, also etwas, was man zwar praktisch beherrschen, aber nicht theoretisch kontrollieren kann. Es erscheint paradox, wie vieles in der modernen Wissenschaft und in den alten Weisheitslehren. Doch ist es äußerst wirksam und wohltuend für Sie selbst und für andere.

Um dahin zu kommen, schlagen wir Ihnen vor, das Verändern als ein Spiel zu betrachten, als ein interessantes und etwas geheimnisvolles Vorhaben, Ihnen und jemand anderem etwas Gutes zu tun. Sie sollten allerdings zunächst Ihr Wissen für sich behalten, zumindest so lange, bis es die erwünschten Ergebnisse ermöglicht hat.

Wir nehmen an, daß Sie bisher schon einiges versucht haben, dieses oder jenes an Ihrem Partner zu verändern, und dabei manche enttäuschende Erfahrung gemacht haben und jetzt eher skeptisch oder entmutigt sind. Wir wollen nicht, daß Sie diese schlechten Erfahrungen wiederholen, sondern andere, erfolgreichere Wege gehen. Auch wenn es Ihnen damit sehr ernst ist, machen Sie es trotzdem »spielerisch«, so funktioniert es besser. Und dazu gehören einige Spielregeln, mit denen Sie gewinnen können:
Spielregel Nr. 1: Es ist ein Spiel.
Spielregel Nr. 2: Sie können ein Problem daraus machen oder eine Lösung.
Spielregel Nr. 3: Negative Energien sind wertvoll, wenn man sie in positive verwandelt.
Spielregel Nr. 4: Sie entdecken, daß Sie alle Fähigkeiten haben, um zu gewinnen.
Spielregel Nr. 5: Wir unterstützen Sie darin ein klein wenig, das genügt.

Spielregel Nr. 1: Es ist ein Spiel.

Man kann etwas zu ernst oder zu leicht nehmen. Ein Spiel liegt irgendwo dazwischen und hat seine eigenen Möglichkeiten. Wenn wir spielen, sind wir meist gut motiviert, das Spiel macht Spaß, wir nehmen es nicht zu schwer, bleiben locker, erfinderisch und spontan, ohne das Ziel aus den Augen zu verlieren. Und wenn Sie mit anderen zusammen spielen, werden die auf Ihr Spiel reagieren. Sie werfen ihnen den Ball zu, und sie werden, je nach Art des Spiels, ihn auffangen und weitergeben oder ihm ausweichen. Sie beeinflussen mit Ihrem Spiel das der anderen, ohne daß die sich manipuliert fühlen.

In einer Beziehung ist es nicht anders: Mit Ihrem Verhalten bestimmen Sie das des Partners mit, entweder Sie verfestigen es oder bringen Bewegung hinein. Dabei spielen Sie immer auf zwei Ebenen, einer sichtbaren und einer unsichtbaren. Ahnen Sie, welche die wirksamere ist? Wenn Sie jetzt noch über die Kunst des unsichtbaren Zuspielens Bescheid wüßten ... Doch davon später.

Spielregel Nr. 2: Sie können ein Problem daraus machen oder eine Lösung.

Wollen Sie eine Beziehung erfolgreich verändern, dann muß etwas ganz Neues entstehen, denn unglückliche Situationen sind immer ein Teufelskreis aus negativen Erfahrungen, negativen Gefühlen, negativen Erwartungen, negativem Verhalten und so weiter und so weiter – ein ziemlich verworrenes Geflecht, aus dem nur neue Ziele, neue Hoffnungen, Erwartungen und neue Verhaltensweisen hinausführen.

Doch die meisten Menschen starren wie hypnotisiert auf die Probleme, wälzen sie hin und her und analysieren sie, weil sie meinen, mit der Erklärung für das Problem auch gleich die Lösung zu finden. Dabei kann man aus dem Mißlingen eigentlich nur eines lernen: So funktioniert es nicht! Und kluge Leute haben daraus den Schluß gezogen: Wenn etwas nicht funktioniert, probiere etwas anderes! Dafür können Sie sich jetzt sofort oder später entscheiden:

Mache ich daraus ein Problem, oder mache ich daraus eine Lösung?

Wenn Sie an Problemen und Problemanalysen interessiert sind, werden Sie an diesem Buch wenig Geschmack finden. Wenn Sie jedoch Lösungen finden wollen, können wir Sie unterstützen. Dabei stellt sich die Frage: wo und wie? Die Antwort ist verblüffend einfach: Lösungen findet man nicht in Problemen, sondern in Lösungen. Deshalb interessiert sich die moderne Psychotherapie kaum mehr für Probleme, Problemanalysen und Problemlösungen, sondern für Ressourcen und Lösungen und wie man sie findet. Dabei werden hauptsächlich drei Quellen benutzt:

Lösungen finden Sie in Ausnahmen (oder früheren Erfolgen).

Ausnahmen sind jene Situationen, in denen statt des üblichen Problemverhaltens etwas anderes stattfand, etwas, das dem erwünschten Verhalten näherkam. Und wenn Sie sich so eine Ausnahmesituation genau ansehen und sich fragen: »Was war in der Situation anders?«, können Sie darin Lösungsrezepte finden. Denn was einmal funktioniert hat, wird mit großer Wahrscheinlichkeit wieder funktionieren. Also untersuchen Sie: Was war anders, als das erwünschte Verhalten auftrat oder sie ihm näherkamen? Dieses »andere« kann der Lösungsansatz sein.

Vorschlag: Unterbrechen Sie kurz die Lektüre und denken Sie an Situationen, in denen es gutging mit ...

Lösungen finden Sie in Zielen (oder Herausforderungen).

Zielsetzungen sind mehr als bloße Ziele. Sie sind wie Lokomotiven, die Lösungen hinter sich herziehen. Sich-Ziele-Setzen macht Energien frei, in uns und um uns. Einmal stärkt es die Energie »in Ihrem Kopf«, Phantasie und Kreativität, und es motiviert, aktiviert Ihre Handlungsenergie, die Sie brauchen, um Ihr Ziel auch tatsächlich zu erreichen. Andererseits wecken Ihre Zielsetzungen Energien »um Sie herum«, fördern das, was man gewöhnlich als glückliche Zufälle bezeichnet oder mit karmischen Energien umschreibt.

Fragen Sie sich, was Sie wollen. Formulieren Sie Ihre Ziele positiv: »Ich will ...!« statt »Ich will nicht ...«. Formulieren Sie sie konkret und vor allem attraktiv. Und definieren Sie Belastungen als Herausforderungen um.

Oft entstehen Probleme einfach dadurch, daß man versäumt, sich über seine Ziele klarzuwerden. Manche erlauben sich einfach nicht zu wissen, was sie wollen. Oder das Ziel wird negativ formuliert – »Ich will aufhören mit ...« – oder verschwommen und unattraktiv – »Ich will abnehmen.« Dabei entsteht wenig Motivation, das Ziel zu erreichen. Oder Aufgaben werden als Belastungen betrachtet und nicht als interessante und motivierende Herausforderungen.

Und manchmal ist es gut, daß wir Ziele nicht erreichen, daß uns unsere unbewußte Weisheit oder sonst jemand, der es besser mit uns meint, einen Strich durch die Rechnung macht. Hinterher erkennen wir das meist und stellen dann erleichtert fest: »Gott sei Dank, daß das nicht geklappt hat! Dadurch ist mir manches erspart geblieben!« Auch dann, wenn wir zunächst einmal enttäuscht waren. Deshalb sollte man rechtzeitig überprüfen, ob ein Ziel auch »bekömmlich« ist, denn nicht immer können wir uns darauf verlassen, daß etwas in oder jemand über uns die Notbremse für uns zieht.

Vorschlag: Wenn Sie Lust dazu haben, unterbrechen Sie wieder kurz Ihre Lektüre und formulieren Sie Ihre wichtigsten Ziele – in positiven Formulierungen (das Wort »nicht« darf darin nicht vorkommen), so attraktiv wie möglich, konkret und realisierbar – und überprüfen Sie, ob sie für Sie »bekömmlich« sind.

Lösungen finden Sie mit der Wunderfrage.

Zuerst: Lehnen Sie sich bequem zurück. Denken Sie dann an eine Lebenssituation, mit der Sie noch nicht so richtig klarkommen. Stellen Sie sich vor, es wäre über Nacht ein Wunder geschehen, und Ihr Problem wäre gelöst. Geben Sie dieser Phantasie Raum, und gestalten Sie einen Lösungsfilm. Lassen Sie sich Zeit dafür, und achten Sie dann auf Ihre Gefühle und Ihr Erleben. Die angenehmen, wohltuenden Gefühle verbinden Sie schon jetzt mit künftigen Lösungen ...

Im Positiven Denken weiß man schon seit langem, daß attraktive Lösungsfilme mit zuversichtlichen Gedanken und Gefühlen fast unwiderstehlich Lösungen anziehen. Seit die Psychotherapie anfängt, sich von ihren auf Störungen, Konflikten und Problemen fixierten Sichtweisen zu lösen, und nicht mehr ganz so wissenschaftsgläubig ist, macht sie sich die Erfahrungen des »gelingenden Lebens« zunutze ohne allzu große Berührungsängste vor alternativen Wissensquellen.

Spielregel Nr. 3: Negative Energien sind wertvoll, wenn man sie in positive verwandelt.

Wenn immer Sie Probleme haben, verfügen Sie, ohne sich dessen bewußt zu sein, über zusätzliche Kräfte, doch damit können Sie noch wenig anfangen, denn es ist zunächst einmal ein Potential an negativen Energien. Darüber hinaus meinen dic meisten Leute, diese Energien seien außerhalb von ihnen, etwa wenn sie sagen: »Die Situation belastet mich, der Kerl nervt mich, mein Sohn macht mir Sorgen.« Oder wenn sie klagen: »Ich leide an einer Depression, ich habe Angst vor diesem oder jenem, der Streß macht mich krank.« Doch wenn wir leiden, sind immer schon Energien in uns, die Sie verwenden können, um das Problem zu lösen.

Es gibt kaum etwas Wirksameres, als diese als negativ erlebten Energien in positive zu verwandeln und dabei gleichzeitig ihre Richtung zu ändern, also das, was sich in Ihrem Erleben bisher gegen Sie gekehrt hat, positiv nach außen zu geben. Als Forderungen finden Sie das in allen großen Religionen und in der philosophischen Ethik, aber kaum jemand konnte einem sagen, wie man so etwas schafft.

Auch in der Psychotherapie arbeitet man schon lange an solch einer »Energie-Umpolung«, denn hin und wieder ist es ja gelungen, so eine Haltungsveränderung zu erreichen, und dabei hat sich gezeigt, wie gut das tut. Und man ist der Lösung Schritt um Schritt nähergekommen (zum Beispiel über paradoxe und hypnotherapeutische Interventionen, das Reframing oder »Programmänderungen« in der Fortgeschrittenen Neuro-Linguistischen Programmierung). Jetzt ist es gelungen, dafür den genauen methodischen Weg zu entschlüsseln, auf dem man diese »Verwandlung« fast mühelos und präzise erreichen kann.

Wir nennen sie die »Systemische Haltungsantwort«, obwohl es mehr ist als eine Antwort. Es ist zugleich eine Herausforderung, eine interaktionale Botschaft, die auf eine geheimnisvolle Weise bei anderen Veränderungen provoziert, und zwar so, daß sie meinen, sie hätten den ersten Schritt getan. Ich (Dietmar Friedmann) arbeite damit seit längerer Zeit in der Individual-, Partner- und Familientherapie, und die Erfolgsquote ist dabei erstaunlich hoch. Da sich diese Vorgehensweisen grundlegend unterscheiden von dem, was man Psychotherapie nennt, spreche ich lieber von einer »Psychopädagogik« für Erwachsene.

Die Haltungsantwort ist eine Antwort, die in einer veränderten Haltung gegenüber dem besteht, was das Problem mit

Ihnen »macht«. Daß dies manchmal gelingt und die Dinge dann ganz anders aussehen und sich anders anfühlen, haben Sie sicher schon erlebt. Doch jetzt ist es möglich, die genau passende Haltungsantwort zu ermitteln, einzunehmen und zu stabilisieren, so weit sogar, daß wann immer Sie mit der belastenden Situation konfrontiert werden, Sie automatisch die neue Haltung einnehmen und dann wesentlich souveräner mit Ihrem Problem umgehen können.

Spielregel Nr. 4: Sie entdecken, daß Sie alle Fähigkeiten haben, um zu gewinnen.

In der Psychotherapie hat man fast hundert Jahre lang geglaubt, die Schwierigkeiten der Leute würden daher rühren, daß sie ihre Probleme verdrängten. Also meinte man, man müsse diese verdrängten Probleme ans Licht fördern und darüber reden. Das mag im ersten Moment erleichternd sein, doch auf längere Sicht hat es nicht viel gebracht außer langen und teuren Therapien. Und da die Psychotherapie von der Medizin herkam, dachte man in Defizit-Modellen: »Was fehlt Ihnen? An was für einer Art Störung leiden Sie? Was kann ich für Sie tun?«

Heute fängt man an zu verstehen, daß Probleme verdrängte Lösungen sind und die Schwierigkeiten dadurch entstehen, daß die Menschen ihre vorhandenen Fähigkeiten zur Problemlösung einfach in die falsche Richtung einsetzen. Das heißt nicht, daß den Leuten etwas »fehlt« oder daß sie »gestört« sind oder daß man etwas für sie »tun« müßte. Denn sich in Schwierigkeiten zu bringen ist, objektiv gesehen, nicht einfacher oder schwieriger, als Lösungen zu realisieren. Freilich, manche Leute haben viel Übung und Erfahrung, wie sie es sich so richtig schlechtgehen lassen können. Also machen sie es. Sie sind wahre Meister darin, rückwärts zu gehen, und sie können sich kaum vorstellen, daß es für andere viel einfacher ist, vorwärts zu gehen.

Sie möchten Ihren Partner ändern – gut. Fragen Sie sich, was Sie sich davon für sich versprechen. Erhoffen Sie sich davon, daß Sie zufriedener, ausgeglichener, erfüllter sein werden? Was sind Ihre Erwartungen, die Sie mit der Absicht verbinden, den anderen zu ändern? Was wollen Sie damit für sich? Lesen Sie nicht weiter, bis Sie es wissen! Lassen Sie sich Zeit! Das ist eine wichtige Frage:

»Was will ich damit für mich?«

Ich weiß nicht, wie lange Sie darüber nachgedacht haben, Sekunden, Minuten, Stunden, Tage ... Was haben Sie herausgefunden? Auch wenn Sie jetzt wissen, was sie damit für sich wollen, halten Sie an Ihrem ursprünglichen Ziel fest. Doch versuchen Sie schon heute etwas von dem zu realisieren, was Sie sich von anderen wünschen – ein Stück mehr Zufriedenheit (?), Ausgeglichenheit (?), Erfülltsein (?). Und wie? Zum Beispiel, indem Sie so tun, »als ob« Sie Ihr Ziel schon erreicht hätten. Probieren Sie es aus, jetzt gleich! Erfahrungen zeigen, daß das die Lösungen anlockt.

Wenn es Ihnen jetzt schon besser geht und Sie das fördern, was sie sich vom anderen wünschen, und sich darauf einstellen, daß die erwünschten Veränderungen bei dem anderen eintreten werden, dann haben Sie gute Karten. Denn die Wirklichkeit »verhält« sich nicht sehr sozial. Sie gibt denen, die haben, und nimmt denen, die nichts haben.

Spielregel Nr. 5: Wir unterstützen Sie darin ein klein wenig, das genügt.

In der Psychiatrie und Psychotherapie kann man eine interessante Beobachtung machen: Je länger die Therapien sind und je mehr Medikamente die Patienten bekommen, desto geringer sind ihre Chancen, gesund zu werden. Warum? Vermutlich deshalb, weil sie lernen, sich von anderen und anderem abhängig zu machen, statt ihre eigenen Fähigkeiten zu gebrauchen.

Es gibt einige Glaubenssätze in der modernen Psychotherapie, die recht nützlich sind, zum Beispiel: Es gibt immer eine Lösung! Oder: Jeder Mensch hat die Fähigkeiten, eine Lösung zu finden! Oder: Die Lösung ist schon vorhanden! Oder: Sie sind die Lösung! – Wenn Sie wollen, lassen Sie sich diese Sätze auf der Zunge zergehen, und finden Sie heraus, welcher Satz Ihnen am besten schmeckt.

Was aber, wenn Sie skeptisch sind, wenn Ihnen das alles recht unseriös, oberflächlich, unwissenschaftlich erscheint? Oder wenn Sie denken, so leicht kann es nicht sein, da stimmt etwas nicht. Oder wenn Sie der Meinung sind, daß komplizierte Probleme auch komplizierte Lösungen brauchen? Eines ist sicher, Sie werden auch damit recht behalten. So ist das im Leben. Jeder behält recht, der, der es sich schwermacht, und der, der es sich leichter macht.

1. Sie haben den ersten Zug im Spiel

Manches braucht Zeit, anderes muß schnell gehen, um zu gelingen. Zwei Beispiele:

Heute vormittag habe ich (D.F.) mich mit einer Frau unterhalten. Sie erzählte mir, daß sie früher einmal Friseurin gewesen sei, dann das Abitur nachgemacht und studiert und dazwischen Kinder bekommen habe, dann promovierte sie und machte den Referendardienst. Das alles hatte fast zwanzig Jahre Zeit gebraucht.

Vor drei Wochen beklagte sich eine andere Frau darüber, daß immer dann, wenn es zwischen ihr und ihrem Freund Ärger gab, der sich zurückzog, nicht anrief, nicht schrieb, so daß sie immer auf ihn zugehen und wieder um gut Wetter bitten mußte. Auch jetzt war es wieder soweit, und das ärgerte sie. Ich arbeitete mit ihr an einer Systemischen Haltungsantwort, und sie meinte danach: »Jetzt geht es mir so gut, daß es mir ganz egal ist, was er macht.« Ich bot ihr als Wette an, daß er spätestens morgen anrufen würde. Als wir uns die Woche darauf wieder sahen, erzählte sie strahlend, daß er noch am selben Abend vor ihrer Haustür auf sie gewartet habe, als sie nach Hause kam.

Was will ich damit sagen? Wenn man Karriere machen, Erfolg haben möchte, braucht das Zeit, Geduld und Engagement, oft mehr, als man zunächst vermutet hat. Doch wenn es um psychische Veränderungen geht, so funktionieren diese besser oder überhaupt nur, wenn sie rasch gemacht werden. Das weiß man noch nicht allzu lange, so daß es sich in der Fachwelt der Psychotherapeuten nicht überall herumgesprochen hat. Deshalb vergessen Sie hier solche Sprüche wie:

»Gut Ding will Weile haben!« oder »Was lange währt, wird endlich gut!«

Am besten ist also, wenn Ihr erster Spielzug gleich der wirkungsvollste ist und so ausgeführt wird, daß ihn der Gegenspieler nicht durchkreuzen kann, etwa weil er ihn gar nicht bemerkt und den Eindruck hat, daß die Veränderung von ihm ausgehe. Das heißt, Sie brauchen ein schnell, unauffällig und nachhaltig wirkendes Mittel. Und das sollen sie bekommen.

Zuerst mit sich selbst klarkommen, dann ...

Wenn Sie etwas erreichen möchten, sei es gegenüber einem Menschen, mit dem Sie nicht so richtig klarkommen, oder sei es in einer Situation, mit der Sie Schwierigkeiten haben, gelingt es erfahrungsgemäß besser, wenn Sie zuerst mit sich selbst »im reinen« sind, das heißt, wenn Sie mit einer zuversichtlichen und souveränen Haltung diesem Menschen oder dieser Situation begegnen können. Oft ist es sogar so, daß dann, wenn jemand diese »Idealhaltung« gefunden und in sich stabilisiert hat, der andere oder die Situation sich wie von selbst verändern.

Mit den herkömmlichen Methoden gelingt das meist nicht, denn das, was uns ärgert und frustriert, trifft oft auf eine alte persönliche Schwachstelle. Ja, es sieht sogar so aus, als ob genau diese Schwäche den Ärger auf magische Weise anziehen würde, so daß das, was uns zu schaffen macht, sich immer wieder einstellt. Und die traditionelle Psychotherapie hat ja nicht unrecht, wenn sie das auf frühe Kindheitserfahrungen zurückführt. Obwohl ich als Fachmann über solche »Spiele« schon lange Bescheid wußte, sie auch in meinem ersten Buch (›Der andere‹) genau analysiert und dargestellt habe, hat mich das nicht davor bewahrt, auch später immer mal wieder in die eine oder andere Falle zu tappen.

Gelernt habe ich dabei, daß das ganze Analysieren und Bescheidwissen der herkömmlichen Psychotherapie mir dabei sehr wenig genützt haben, daß diese Methoden nicht hielten, was sie versprachen. Und von anderen habe ich gehört, daß sie ähnliche Erfahrungen gemacht haben oder noch machen. Außerdem habe ich dabei gelernt: Wir werden offensichtlich immer und immer wieder mit unseren Schwächen konfrontiert, und zwar so lange, bis wir an ihre Stelle eine dauerhafte Stärke und Kompetenz gesetzt haben.

Obwohl die zeitgenössische Psychotherapie kaum mehr mit Träumen arbeitet, will ich an drei »Traumbeispielen« zeigen, wie aus Schwächen Stärken werden und wie uns das Leben – beziehungsweise hier die Träume – dabei unterstützt. Ich bin bei der Bearbeitung dieser Träume zunächst gestalttherapeutisch vorgegangen und habe dann die neuen Haltungen mit einer anderen Therapiemethode stabilisiert.

Das erste Traumbeispiel: Frau R. fuhr mit einem merkwürdigen Skilift hoch hinauf auf einen Berg, hinweg über tiefe Gletscherspalten. Sie war allein, und es war eisig kalt. Die Situation war für sie beängstigend und unheimlich. Ich forderte sie auf, all das Unheimliche ihres Traumes zusammenzufassen und erlebnismäßig in das Unheimliche hineinzugehen, also es nicht auf sich wirken zu lassen wie im Traum, »sondern selbst das Unheimliche zu sein!«

Zuerst zögerte sie, doch dann identifizierte sie sich damit und fühlte sich jetzt stark, überlegen und humorvoll. Sie erlebte, daß sie als das Unheimliche sich selbst dazu herausfordern wollte, wachsamer zu sein und mehr aufzupassen.

Im Gespräch danach wurde ihr deutlich, daß ihr diese Fähigkeiten nicht nur guttaten, sondern daß sie ihr in ihrer gegenwärtigen Lebenssituation weiterhalfen. Sie erkannte, daß sie diese herausfordernde Seite ihrer Persönlichkeit bisher wenig gelebt und sich immer nur bemüht hatte, es ihrer Familie und anderen Menschen in allem recht zu machen.

Das Ziel der Gestalttherapie ist, verlorengegangene Fähigkeiten wieder aufzuspüren und sie sich in einem oft jahrelangen Prozeß wieder anzueignen. Dabei begegnen uns diese fremd gewordenen Fähigkeiten fast immer in angstmachenden, abstoßenden oder erschreckenden Gestalten, hier als »das Unheimliche«. Statt sie abzuwehren, läßt man den Träumer in die ihm fremden Traumgestalten hineingehen, damit er sie von innen her erlebt und sie dadurch »reintegriert«.[1]

Das zweite Traumbeispiel: Frau M. berichtete von einem Traum, in dem ihr eine dunkle Gestalt mit einem Beilhieb den Schädel öffnete. Sie sah sich ihr Gehirn an. Es war ganz weiß, und sie wunderte sich, daß sie sich bei allem so wohl und befreit fühlte. Ich ließ sie in die dunkle Gestalt hineingehen, doch das blieb für sie nichtssagend. Als sie sich jedoch mit dem Beil identifizierte, spürte sie sofort, daß es das war: eine Mischung aus kraftvoller Entschlossenheit und feinfühliger Sanftheit, denn das Beil hatte zwar mit einem gezielten Schlag die Schädeldecke geöffnet, doch das Gehirn in keiner Weise verletzt.

Auch dieser Traum zeigte eine bisher wenig gelebte Seite, denn Frau M. ist gutmütig und weich, was allerdings nicht selten in rebellische und aggressive Reaktionen umschlägt. Der Traum zeigte ihr ihre kraftvolle Seite, die dennoch auch sanft sein kann.

Das dritte Traumbeispiel: Frau A. träumte von einem langen, gangähnlichen Raum, an dessen Ende eine Kloschüssel stand. Sie wollte darauf zugehen, doch vor ihr sauste eine Trennwand aus Glas herunter. Sie trat einen Schritt zurück,

[1] Vgl. hierzu Frederick S. Perls: Gestalt-Therapie in Aktion. Stuttgart 1969.

und wieder sauste eine Glaswand herunter. Nochmals trat sie zurück, und der Vorgang wiederholte sich erneut. Jetzt stand sie mit dem Rücken an einer Tür, wußte jedoch, daß sie diese nicht öffnen konnte. Dabei beobachtete sie eine kleine schwarze Katze, die unter der Glaswand durchkriechen konnte.

Als sie sich in die Katze versetzte, ging es ihr gut, denn die wurde durch die Glaswände nicht behindert, doch es brachte ihr wenig, weder vom Erleben her noch vom Erkennen. Auch die Identifikation mit der Kloschüssel ergab nicht viel. Was nun? Am nächsten Tag ließ ich sie die Glaswand sein. Das war die Lösung.

Bisher hatte sie immer Angst gehabt, zurückgewiesen zu werden. Dabei war sie selbst jemand, der andere oft recht schroff zurückwies, ohne das zu wollen. Jetzt machte sie sich diese Energie, die sie fürchtete und die sie manchmal »überkam«, wirklich zu eigen. Das war für sie sehr wohltuend. Ich ließ sie nochmals in den Traum hineingehen, und jetzt konnte sie einfach durch die Glaswände hindurchgehen.

Was haben die drei Träume gemeinsam? Die wertvolle Energie, die jede Klientin für eine Veränderung brauchte, war zwar in jedem Traum enthalten, doch immer in einer befremdlichen und abstoßenden Gestalt versteckt. Wenn man die Hemmung überwindet und in die Traumgestalt hineingeht, erlebt man, wie außerordentlich gut es einem tut, sich das anzueignen, was darin verborgen ist.

Sie können das selbst ausprobieren. Die Regel dabei ist: Die wertvollsten Fähigkeiten sind häufig in den Traumgestalten versteckt, die uns böse oder häßlich erscheinen. Wir wollen Ihnen hier jedoch eine praktikablere Methode zugänglich machen, bei der Sie nicht erst auf hilfreiche Träume warten müssen, sondern mit der Sie sofort arbeiten können, um mit sich ins reine zu kommen. Auch hier ist es so, daß die »Medizin«, die Sie brauchen, schon für Sie bereitsteht. Und auch sie wird Ihnen zunächst höchst unwillkommen erscheinen. Denn das »Zaubermittel«, das Ihnen helfen wird, ist dort enthalten, wo Sie es am wenigsten erwarten, in dem, was Sie als Leid erleben.

Mit diesem Leid werden wir etwas ganz Ähnliches machen wie mit den abstoßenden Traumgestalten: Wir verwandeln die als negativ erlebten Energien in ihren ursprünglich positiven Zustand zurück. Und dabei entsteht aus einer leidvollen Erfahrung eine wohltuende und aus einer Schwäche eine Stärke. Wir nennen das »Haltungsänderung« oder »Haltungsantwort«. Vielleicht werden Sie ein wenig davor zurückscheuen, in diese neuen Energien, Stärken oder Haltungen hineinzugehen. Doch genau diese Hemmung zeigt, daß hier viel zu gewinnen ist.

Diese drei Träume zeigen noch etwas anderes. Wir glauben, es sei schwierig, ja vielleicht unmöglich, jemanden zu verändern. Doch richtig daran ist, daß es nur schwierig aussieht und wir nicht immer das richtige Rezept dafür kennen.

Paradoxe Spielzüge

Zu den interessantesten und erfolgreichsten Methoden der modernen Psychotherapie zählen die paradoxen Interventionen. Das heißt, für unser Denken erscheinen sie widersinnig, paradox (pará = griechisch: entgegen, doxa = griechisch: Meinung), doch die Erfahrungen zeigen, daß sie gut funktionieren, also der menschlichen Wirklichkeit angemessen sein müssen. Dafür spricht auch, daß das paradoxe Vorgehen keineswegs zufällig oder willkürlich ist, sondern daß dabei methodisch sorgfältig und folgerichtig vorgegangen wird.

Wir haben es also mit einer Vorgehensweise zu tun, die man zwar nicht richtig erklären, doch methodisch gut beherrschen kann. Damit befinden wir uns in guter Gesellschaft, denn die heiligen Schriften und Weisheitsbücher der Menschheit sind voller paradoxer Aussagen, etwa wenn Laotse in seinem Buch vom Weg, Sinn oder Weltgesetz schreibt: Im Gegensinn verläuft des Taos Bewegung. Verwandte Aussagen finden sich im Neuen Testament, bei Heraklit oder den großen Zen-Meistern. Die Kunst dabei ist, sich und sein Leben in Übereinstimmung mit diesen paradoxen Gesetzmäßigkeiten zu bringen.

Auch wenn das sogenannte »Systemische Vorgehen« paradox erscheint – man kann es sich weder vorwegnehmend ausdenken noch es nachträglich richtig verstehen, und auch bei der Durchführung bleibt es irgendwie unbegreiflich –, so läßt sich doch damit methodisch sauber arbeiten, und man kann es im Erleben Schritt für Schritt überprüfen. Und schon die Fallbeispiele des amerikanischen Psychotherapeuten Milton Erickson (1901–1980) zeigen, daß er sich auf die zuverlässige Wirkung dieser Vorgehensweise felsenfest verlassen hat und – wie die Ergebnisse zeigen – sich darauf verlassen konnte.

Eine Kollegin von mir, die weder zu dramatischen Gefühlsausbrüchen noch zu Wehleidigkeit neigte, litt schon wochenlang unter einer unglücklichen Liebe und hatte am Tag zuvor wieder eine Abfuhr erlitten. Es ging ihr sehr schlecht. Deshalb rief sie mich an, und ich schlug ihr vor, kurz vorbeizukommen, um mit ihr systemisch zu arbeiten. Eine halbe Stunde später ging es ihr wesentlich besser. Noch Wochen später sagte sie: »Ich weiß nicht, was du mit meinem Kopf gemacht hast. Ich habe zwar alle Worte gehört, doch ich bekomme das nicht zusammen. Aber es geht mir besser.«

Wie jetzt?

Die Regel für das Systemische Vorgehen heißt: Ähnlichem mit Ähnlichem begegnen, jedoch positiv. Das ist zunächst ein altes und bewährtes Prinzip aus der Heilkunde. Für unsere Psyche und das zwischenmenschliche Verhalten bedeutet das: Es gilt, auf eine interaktionale Botschaft die genaue Antwort zu finden, indem man die Botschaft mit einer verwandten, ins Positive gekehrten Haltungsänderung beantwortet. Oder, einfacher gesagt: »mit gleicher Münze zurückzahlen«, »wie du mir, so ich dir«, »den Gegner mit seinen eigenen Waffen schlagen« – allerdings, indem man dabei die negative Energie in positive verwandelt.

Gewöhnlich reagieren Menschen so, daß sie den, der ihnen das Leid zugefügt hat, bestrafen wollen. Oder: Sie erwarten von ihrem Therapeuten, daß er ihnen das Leid wegtherapiert. Oder: Sie haben an sich den Anspruch, daß ihnen das alles nichts ausmacht, daß sie überlegen reagieren, daß sie etwa jemandem, der aggressiv auf sie losgeht, mit gelassener Ruhe antworten, oder jemandem, der chaotisch ist, klar und bestimmt begegnen, oder jemand Depressiven mit mitreißendem Schwung und Tatkraft aufmuntern.

Doch die Erfahrung zeigt, daß das alles nicht besonders gut funktioniert und oft die Situation noch verschlimmert. Ob Sie zurückschlagen oder die Überlegene spielen, ob Sie Ihre Gefühle herauslassen oder verdrängen, Beruhigungs- oder Aufputschmittel schlucken – es hilft in der Regel nicht weiter. Und daß das ganze Analysieren, Aufdecken, Verstehen und Durchschauen einen nicht weiterbringt, weiß man ja schon länger (es sei denn, man ist rechtgläubiger Anhänger der Psychoanalyse). Gibt es noch einen anderen Weg?

Beim Systemischen Vorgehen wird die negative Energie weder zurückgegeben noch beseitigt noch unterdrückt. Sie wird »recycelt«. Dabei arbeitet die Systemische Therapie mit minimalem Aufwand bei maximalen Wirkungen, und zwar deshalb, weil sie die Energie, die im Symptom steckt, für die Lösung benutzt. Das erzielt sie über eine Haltungsveränderung. Diese Umwandlung des Leidens in Fähigkeiten ist relativ einfach, denn Sie benutzen einen schon vorhandenen und Ihnen vertrauten Weg – Sie ändern nur die Fahrtrichtung.

Als ich diese Methode in einer Ausbildungsgruppe vorstellte, berichtete ein Teilnehmer, der immer einen recht ausgeglichenen und zufriedenen Eindruck machte, daß er so etwas Ähnliches für sich entdeckt habe und schon lange mache. Er nennt es sein Aikido-Prinzip (eine japanische Art der Selbstverteidigung, die die Energie des Angriffs für die Verteidigung nutzt). Immer wenn ihn etwas ärgere, sage er sich: Jetzt habe ich zusätzliche Energie zur Verfügung, die ich für mich nützen kann. Das habe dazu geführt, daß er den Ärger als zusätzliche Energiequelle regelrecht begrüße.

Wie macht man das? Wenn ein Flugzeug bei Nacht und Nebel starten, fliegen oder landen muß, kann sich der Pilot nur auf seine Instrumente verlassen. Ähnlich ist es beim Systemischen Vorgehen. Die Haltungsantwort muß im »Blindflug« ermittelt werden, da das vernünftige oder logische Denken als Orientierungshilfe ausfällt. Sie sind, um im Bild zu bleiben, ganz auf die Instrumente, also das schrittweise methodische Vorgehen angewiesen. Dabei empfiehlt es sich als Konzentrationshilfe, die einzelnen Schritte schriftlich festzuhalten, wenn man es allein macht, oder sich die einzelnen Schritte beziehungsweise Fragen von einer guten Freundin vorlesen zu lasen.

Wir möchten es Ihnen zunächst an einem Fallbeispiel demonstrieren. Achten Sie besonders darauf, wie die leidvollen Energien – Hilflosigkeit und Angst – in aktive Fähigkeiten – Abstand und Gelassenheit – umgewandelt werden:

Frau König ist mit einem Ausländer verheiratet, von dem sie sich gerne trennen möchte. Doch da ihre Kinder noch klein sind und sie sich finanziell abhängig fühlt, will sie sich zum gegenwärtigen Zeitpunkt noch nicht zu einer Trennung entscheiden.

Ihr Mann, der als Monteur arbeitete, war bisher beruflich die ganze Woche unterwegs gewesen und nur am Wochenende nach Hause gekommen. Doch jetzt hatte er seine Arbeit verloren und saß zu Hause herum. Zu finanziellen Sorgen kam Ärger, da er wenig tat, um eine neue Stelle zu finden. Zudem fühlte sich Frau König durch seine ständige Anwesenheit eingeengt. Sie war ziemlich verzweifelt, weil sie keinen Ausweg sah. Ich schlug ihr vor, im Moment ihre Situation auf sich beruhen zu lassen und an einer Systemischen Haltungsänderung zu arbeiten.

Wie geht das nun genau?

Ich fragte sie, was den Ärger und die Verzweiflung auslöse, und sie meinte, daß sie sich hilflos fühle und ihr das angst mache. Ich fragte sie weiter, in welcher Ausnahmesituation es o.k. sei, jemanden hilflos zu machen, damit er Angst bekomme? Sie meinte, um sich oder jemand anderen vor einem tätlichen Angriff zu schützen. Ich ließ sie diese Haltung, jemanden aus gutem Grund hilflos zu machen, einnehmen und sich mit dieser neuen Haltung und Energie vertraut machen. Dann forderte ich sie auf, mit und aus dieser Haltung ihre gegenwärtige Lebenssituation zu betrachten. Damit ging es ihr deutlich besser. Sie spürte in sich Ruhe, Klarheit und eine gelassene Distanz zu der problematischen Situation, und ich stabilisierte diese Haltung.

Einige Wochen später berichtete sie hocherfreut, ihr Mann habe durch die Vermittlung eines Freundes bei einer deutschen Firma in seinem Heimatland eine gut bezahlte Arbeit gefunden, und er werde dorthin zurückkehren.

Was ist passiert? Das gleiche wie in dem Beispiel des Freundes, der noch am selben Abend vor der Tür stand, oder in vielen anderen Beispielen, in denen der andere sich geändert hat, ohne zu wissen, daß er dabei auf etwas reagierte. Doch auf was? Ich habe dafür nur eine völlig unwissenschaftliche Erklärung: Wir scheinen mit anderen auf einer nicht mit den Sinnen wahrnehmbaren Ebene in einem ständigen Informations- und Energieaustausch zu stehen. Ganz sicher gibt es auch dafür Gesetzmäßigkeiten und Regeln, doch wir wissen noch kaum etwas darüber. Doch man kann damit verläßlich arbeiten.

Was habe ich mit Frau König gemacht? Der erste Schritt ist, das unmittelbare Erleben zu betrachten, also die negative Energie in ihr zu ermitteln. Es war die Angst, hilflos zu sein. Dann ging es darum, die als negativ erlebte Botschaft – »Meine Situation macht mich hilflos und macht mir angst«– ins Positive zu kehren und ihre Richtung zu ändern in: »Ich mache aus einem fürsorglichen Gefühl heraus jemanden hilflos und ihm angst«. Dann ließ ich sie mit dieser neuen Haltung ihre Lebenssituation konfrontieren.

Um hier gleich einem Mißverständnis vorzubeugen: Es geht mir nicht darum, daß sie wirklich jemandem angst macht, sondern daß sie es könnte, daß sie sich diese Fähigkeit als Möglichkeit zugänglich macht. Es ist paradox, doch tatsächlich so: Sobald sie es tun könnte, braucht sie es nicht mehr zu machen.

Die Psychotherapie alter Schule hätte vermutlich nach ihrer Kindheit und nach dem Verhältnis zu ihrem Vater gefragt. »So, Ihr Vater war Kapitän und selten zu Hause. Sie haben ihn eher als schwach erlebt im Vergleich zu ihrer Mutter.« Die Psychotherapie der zweiten Generation hätte sich dafür interessiert, wie sie das Problem aufrechterhält: »Sie erleben sich als jemanden, der die Kontrolle über die Situation haben, der immer stark sein muß und dem es sehr schwerfällt, andere um Hilfe zu bitten.« – Das mag zwar alles interessant und aufschlußreich sein, doch ob es Frau König weitergeholfen hätte, ist fraglich.

Wenn man systemisch vorgeht, dann interessieren strenggenommen nur die Botschaft, die bei jemandem ankommt, und das unmittelbare Erleben, egal, wie subjektiv verzerrt es ist. Ich brauche nicht zu wissen, wie viele Kinder Frau König hat, ob der Mann ein Ausländer, ob er der Vater ihrer Kinder ist, ob sie ihn liebt oder nicht, ob sie ihn vielleicht mißversteht, ihm unrecht tut etc. Auch ihre Vorgeschichte brauche ich nicht zu kennen, nicht ihr Alter, es spielt nicht einmal eine Rolle, ob sie eine Frau oder ein Mann ist. Denn es geht hier nicht darum, etwas zu analysieren, zu deuten oder zu verstehen. Es genügt, die von ihr als negativ erlebte Energie zu identifizieren, sie ins Positive zu verwandeln und ihre Richtung zu ändern und dann diese neue Haltung zu stabilisieren, so daß künftig ihre Energie automatisch in konstruktive Bahnen fließt.

Dazu ein weiteres Fallbeispiel: Frau Ellis leidet darunter, daß ihr Partner, ein Freiberufler, jeden Abend bis spät in die Nacht in seinem Büro arbeitet. Sie kann ihn davon nicht abbringen. Doch wenn einer seiner Freunde vorbeikommt, ist er leicht zu überreden, mit ihm in seine Stammkneipe zu gehen. Frau Ellis fühlt sich durch dieses Verhalten abgewertet.

Auf die Frage, was bei ihr als Botschaft ankomme, sagt sie, das ärgere sie. Ich frage sie, was diesem Ärger vorausgehe? Sie meint, so etwas wie: »Ich bin ihm nicht so wichtig wie seine Freunde.« Ich frage weiter, was diesem Gedanken vorausgehe? Sie antwortet: »Ich bin ihm gleichgültig.« Ich frage sie, ob das das erste ist, was bei ihr ankomme. Sie bejaht: »Ja, ich habe dann das Gefühl, ihm liegt nichts an mir.«

Jetzt kommt der Schritt, diese Botschaft oder Energie »ich bin nicht liebenswert« ins Positive und nach außen zu kehren.

Ich frage sie: »In welcher Lebenssituation ist es ausnahmsweise o.k., jemandem zu vermitteln, daß er mir gleichgültig ist, mir nichts an ihm liege?« Sie überlegt einige Zeit und meint dann, jemandem gegenüber, der sie mit seinen Anträgen belästige und sich anders nicht davon abbringen lasse. Ich frage sie, wie sie dann dieses Verhalten positiv bezeichnen würde? »Ich schütze mich vor den Belästigungen und schütze ihn davor, sich Illusionen zu machen.«

Ich bitte sie, die Haltung des Schützens einzunehmen, indem sie sich eine Situation vorstellt, in der sie eine schützende Haltung einnimmt, die mit einem Nein verbunden ist, zum Beispiel einem Kind gegenüber, das zu viel Süßigkeiten ißt. Ich lasse sie diese Haltung deutlich wahrnehmen.

Dann bitte ich sie, in dieser Haltung zu bleiben und an die Situation mit ihrem Partner zu denken. Jetzt fühlt sie sich deutlich besser, und sie erkennt, daß es wohl eine Schwäche von ihm ist, gegenüber seinen Feunden nicht nein sagen zu können, daß sein Verhalten aber nichts mit ihrer Beziehung zu tun hat. Und es fallen ihr Beispiele ein, wo er ihr seine Zuneigung auf andere Weise zeigt. Ich empfehle ihr, diese neue Haltung zu üben.

Einige Wochen später frage ich sie, was aus der Sache geworden ist. Sie antwortet mir, daß es ihr nichts mehr ausmache, wenn er mit Freunden weggehe. Besonders interessiert mich, ob sich auch sein Verhalten verändert hat? Sie bestätigt es insofern, daß er sie rechtzeitig vorher davon informiere, wenn er etwas vorhabe.

Jemand anderen ändern zu wollen würde in der lösungsorientierten Therapie unter »nicht realisierbare Ziele« fallen. Da man dort eher kausal als paradox denkt, geht man davon aus, daß man nur sich selbst ändern kann. Daß dies möglicherweise dazu führt, daß sich dann auch der andere in seinem Verhalten zu mir ändert, wird nicht ausgeschlossen. Im

Systemischen Denken ist es durchaus erlaubt, zu denken, man könne einen anderen oder das Geschehen ändern. Wobei natürlich eine Haltungsänderung immer auch bedeutet, daß ich mich selbst ändere – was ja nicht verboten ist.

Wenn es fast auf das gleiche hinausläuft, wo ist dann der Unterschied? Im Systemischen Vorgehen wird mit geringerem Aufwand eine größere Wirkung erzielt, weil man »paßgenauer« vorgeht. Zudem besteht zwischen dem Systemischen Vorgehen und der Eigendynamik des Beziehungsgeschehens eine hohe Affinität.

Es gibt auch Beispiele, wo der Lösungsansatz darin besteht, daß man gerade nichts ändert, sondern die Erlaubnis bekommt, das zu tun, was man ohnehin tut. Auch dazu ein Beispiel.

Frau Merk berichtet, daß sie bei sich zwei Verhaltensmuster kennt: Entweder verfolgt sie tatkräftig ihre eigenen Ziele, dann fühlt sie selbst sich wohl, doch ihr Partner und ihre Beziehung leiden darunter. Oder sie stellt sich auf ihren Partner und die Beziehung ein, dann verliert sie ihre Ziele aus den Augen und beginnt sich unwohl zu fühlen. Dazwischen kennt sie nichts, und deshalb hat sie sich in letzter Zeit dazu entschlossen, ziemlich rigoros ihre Ziele zu verfolgen.

Im Team kommen wir mehrheitlich zu der Entscheidung, ihr zu erlauben, das zu tun, was sie ohnehin tut, nämlich sich für ihre Arbeit zu entscheiden, die ihr gegenwärtig mehr Spaß zu machen scheint als die Partnerschaft. Das tut ihr spontan gut. Später bestätigt sie, daß ihr diese Erlaubnis mehr Freiheit gibt, sich auf den Partner und die Beziehung einzulassen. Auch das erscheint paradox, doch ich glaube, Sie können aus ihrer eigenen Erfahrung nachvollziehen, daß ihr diese Erlaubnis nicht nur gutgetan, sondern daß sie auch etwas verändert hat.

So, wie man jemandem etwas zu tun erlaubt, damit er es nicht mehr tut, kann man jemandem etwas verbieten, damit er es tut. Das erinnert mich an das Beispiel einer Frau, die mit einem Mann zusammenlebte, der sie schlecht behandelte. Da er ihr trotzdem leid tat, schwankte sie ständig bei ihrer Entscheidung, ihn zu verlassen oder doch bei ihm zu bleiben. Das ging schon seit Monaten so. Ich vereinbarte mit ihr, im nächsten Vierteljahr keine Entscheidung zu treffen, sondern noch mehr Erfahrungen zu sammeln. Schon die nächste Woche kam sie mit dem festen Entschluß, sich von ihm zu trennen.

Wir möchten nicht nur mit Menschen gut zurechtkommen, sondern auch mit Situationen. Auch dazu ist das Systemische Konzept nützlich. Ein Beispiel: Frau Emmerich hatte vor einem Jahr ihren Mann, der seit längerem eine jüngere Freundin hat, gebeten, aus der gemeinsamen Wohnung auszuziehen. Besonders nach Telefongesprächen mit ihren schon erwachsenen Kindern hat sie nun immer wieder das Gefühl: »Dieser Mann hat mein Leben und meine heile Welt kaputt gemacht.«

Die Botschaft, die bei ihr ankommt, ist: Mein Leben ist zerstört worden. Ich frage sie: »In welcher Lebenssituation ist es o.k., das Leben eines Menschen zu zerstören?« Sie antwortet nach längerem Überlegen: »Das Leben eines Drogenhändlers zu zerstören.« Positiv ausgedrückt, bedeutet das für sie, ihn zu zwingen oder ihm zumindest die Chance zu geben, ein ehrliches Leben zu führen, also ihn auf den richtigen Weg zurückzubringen.

Ich lasse sie die Haltungsantwort einnehmen, jemanden mit Nachdruck auf den rechten Weg zurückzubringen, und dann mit dieser Haltung oder Energie an ihren Mann und die Trennung denken. Jetzt fühlt sie sich deutlich besser, und ihr wird klar, daß ihr Zusammenleben schon lange vor der Trennung faul und vergiftet war, und sie erinnert sich daran, daß sie sich mit ihrem neuen Leben jetzt die meiste Zeit recht wohl fühlt.

Deshalb entscheidet sie sich, als Weihnachten vor der Tür steht, es nicht mit ihrer Restfamilie zu verbringen, sondern mit guten Freunden in den Bergen. Doch sie hat Angst davor, diesen Entschluß ihrer Familie mitzuteilen. Wieder arbeite ich mit ihr daran systemisch. Später berichtet sie, daß es ihr recht leichtgefallen sei und ihre Familie ihre Entscheidung erstaunlich gut aufgenommen habe.

Noch einmal: Es sind nicht neue Erkenntnisse, die zu positiven Veränderungen führen, sondern die Verwandlung der leidvollen Energien in Fähigkeiten, also die Arbeit auf der Energieebene. Das führt in der Regel dazu, daß sich Menschen spontan besser fühlen. Auch die Veränderungsimpulse für den anderen sind nicht in erster Linie auf der Verhaltensebene zu suchen, sondern als Reaktion auf eine »Energiebotschaft«. Da das auf einer unbewußten Ebene geschieht, meint der andere, von sich aus etwas zu ändern, was sich durchaus positiv auf den gemeinsamen Veränderungsprozeß auswirkt.

(Wie man methodisch vorgeht beim Systemischen Arbeiten, finden Sie nochmals ausführlich im Anhang, ebenso, wie man die Haltungsantwort stabilisiert.)

2. Verblüffende Züge in Ihrem Spiel

Musterunterbrechungen – ein Spiel mit Phantasie und Humor

Die moderne Psychotherapie erreicht ihre erstaunlichen Erfolge oft mit verblüffend einfachen Methoden. Warum? Weil sie dort ansetzen, wo Veränderungen möglich sind. Ein Beispiel sind die Musterunterbrechungen. Sie sind besonders dann angesagt, wenn sich problematische Situationen in Ihrer Beziehung ständig wiederholen und darauf hinauslaufen, daß Sie immer wieder frustriert, verärgert oder verunsichert sind.

Weil Sie im voraus wissen, was da wieder auf Sie zukommt, können Sie sich gezielt darauf vorbereiten, etwas überraschend anderes zu tun. Doch es muß etwas sein, was so ganz anders ist, daß es nicht als Bestrafung oder Ironie verstanden werden kann. Nur dann haben sie eine effektive Chance zur Veränderung, denn die Verunsicherung durch die Musterunterbrechung wird im Partner (oder anderen) das Bedürfnis nach einer sinnvolleren Neuorientierung wecken.

Ein Beispiel: Wenn Ihr Partner zu spät nach Hause kommt, erwartet er Kritik oder Nachsicht von Ihnen. Doch wenn Sie ihm glaubhaft versichern: »Liebling, du bist genau zum richtigen Zeitpunkt da. Ich habe den Abend so dringend für mich gebraucht!« – dann paßt das sicher nicht in seine Erwartenshaltung. Wenn es sich bei dem Zuspätkommen aber um ein Psychospiel Ihres Partners handelt, etwa ein Machtspiel des **Beziehungstyps**, um Sie zappeln zu lassen, oder um ein Opferspiel des **Sachtyps**, um Sie zu bestrafen, dann haben Sie ihm mit Ihrer Reaktion gehörig den Wind aus den Segeln genommen und sein Spiel im Guten beendet.

Daß dies auch bei sogenannten schwierigen Problemen helfen kann, zeigt folgendes Beispiel: Eine Ausbildungsteilnehmerin lebte mit einem Mann zusammen, der sich in periodischen Abständen betrank. Als wir das Thema »Musterunterbrechungen« behandelten, beschloß sie, etwas gegen dieses Problem zu unternehmen. Er pflegte seine Trinkerei damit zu beginnen, daß er, statt am gemeinsamen Abendessen teilzunehmen, sich in sein Zimmer im oberen Stockwerk zurückzog und weder auf gute noch böse Worte reagierte. Diesmal verkleidete sie sich auf phantasievolle Weise, ging hinauf, öffnete die Tür und sagte nur: »Komm bitte zum Essen!« Er lächelte ein wenig, kam zum Essen und trank nicht weiter. Und als es das nächste Mal wieder soweit war, ließ sie sich wieder etwas »überraschend anderes« einfallen, und wieder hatte sie damit Erfolg.

Jetzt, nach einem Jahr, trinkt ihr Freund deutlich weniger, und seine Psyche ist zunehmend stabiler geworden.

De Shazer bringt in seinen Büchern anregende Beispiele für Musterunterbrechungen:

Eine Mutter beklagte sich darüber, daß ihre Tochter immer zu spät aufstehe. Was hat die Mutter auf den therapeutischen Rat hin getan? »Die Mutter schlich sich abends, nachdem die Tochter eingeschlafen war, in deren Zimmer und stellte den Wecker so, daß er zwei Stunden früher als gewöhnlich klingelte. Am nächsten Morgen maulte die Tochter, die Mutter sagte nichts. Am folgenden Abend stellte sie den Wecker so, daß er drei Stunden später als gewöhnlich klingelte. Wieder schimpfte die Tochter. Am dritten Abend änderte die Mutter nichts an der eingestellten Weckzeit. Am folgenden Morgen (und danach an den meisten Tagen) stand die Tochter rechtzeitig auf.«[1]

Eine Seminarteilnehmerin, die immer vor ihrem Sohn aufstand, damit er morgens rechtzeitig auf den Schulweg kam – was für sie mit viel Streß verbunden war, weil sie ihn drei-, vier-, fünfmal rufen und ermahnen mußte, bis er endlich mürrisch und immer im allerletzten Moment erschien – bat ihn, am nächsten Morgen leise aufzustehen, da sie ausschlafen wollte. Als dies funktionierte, bat sie ihn, sie zu unterschiedlichen Zeiten zu wecken. Interessanterweise stand der Sohn jetzt nicht nur rechtzeitig auf, sondern er war auch besser gelaunt.

Ein anderes Beispiel: Zwei Teilnehmer eines Fortbildungsseminars finden sich unsympathisch, weil der eine die Beiträge des anderen als Sich-wichtig-Machen interpretiert und der andere ihn als besserwisserisch und arrogant erlebt. Man schaut demonstrativ aneinander vorbei, und bei Diskussionen versucht der eine den anderen zurechtzuweisen. Das geht über viele Wochen und Monate so. Bis einer der beiden endlich einsieht, wie sein Verhalten ganz vom Verhalten des anderen bestimmt wird. Da es ihm unangenehm ist, abhängig zu reagieren, will er die Fäden (wieder) in der Hand haben. Es gelingt ihm, die Telefonnummer des anderen ausfindig zu machen, und er ruft ihn an einem Sonntagmorgen überraschend an. Dieser freut sich herzlich, weil er auch schon unter der Situation gelitten hat, und die beiden verabreden sich in einem Café. Das Seminar ist schon seit Jahren zu Ende, doch beide treffen sich noch hin und wieder.

Ein Seminarteilnehmer erzählte uns ein anderes Beispiel: In einem Supermarkt steht er mit seinem Einkaufswagen in einer langen Reihe vor der Kasse. Ein junger Mann schiebt

[1] Steve de Shazer: Wege der erfolgreichen Kurztherapie. Stuttgart 1992, S. 157.

sich mit seinem Wagen an ihm vorbei. Der Teilnehmer spürt, daß wie immer sein Puls steigt und Aggressionen in ihm aufkommen. Der nächste Punkt in seiner inneren Programmierung wäre: Er wird gleich losschimpfen.

Da fällt ihm plötzlich auf, daß der Mann eine ungewöhnliche Armbanduhr trägt. Er spricht ihn darauf an, sagt ihm, daß er die Uhr sehr ausgefallen finde. Der andere ist perplex und stottert, daß sie aus Italien sei. Der Teilnehmer setzt noch ein Kompliment drauf – und schiebt währenddessen seinen Einkaufswagen Zentimeter um Zentimeter am anderen vorbei. Fazit: Der Mann geht brav hinter ihm in die Schlange.

Schmunzelnd liest man ein Beispiel von Milton Erickson. Als er auf einem Spaziergang heftig mit einem anderen Passanten an einem Hauseck zusammenstieß, teilte er ihm betont höflich die falsche Uhrzeit mit. Der Mann hatte freilich ein »Pardon« von Erickson erwartet. Es wird berichtet, er sei noch eine ganze Weile wie versteinert dagestanden.

Die Reaktion des Passanten soll Erickson auf die Idee zu einer besonderen Form der hypnotischen Induktion gebracht haben, nämlich die sogenannte »Konfusionstechnik«. Die der Situation unangemessene Information (kein »Pardon«, sondern die Mitteilung der falschen Uhrzeit mit übertriebener Höflichkeit) brachte den Passanten vollkommen aus dem Konzept, denn sie entsprach ja nicht seiner Erwartungshaltung. Milton Erickson erkannte, daß das Bedürfnis, aus der Verwirrung herauszukommen, Menschen in einem hohen Maß dafür bereit macht, sich an die erstbeste Information zu klammern, die sie dann erhalten. Und diese Methode hat er für seine Psychotherapie erfolgreich eingesetzt.[2]

Andere Beispiele für Musterunterbrechungen: Ein Ehemann hatte die Gewohnheit, wenn er nach Hause kam, seine

[2] Aus: Paul Watzlawick: Lösungen. Bern 1974, S. 125.

Sachen überall in der Wohnung zu verstreuen. Sein Mantel lag auf der Kommode, sein Jackett über einer Stuhllehne, die Schuhe standen irgendwo im Gang herum, seine Aktentasche befand sich im Wohnzimmer. Seine Frau war es leid, ihm ständig hinterherzuräumen. Da er gerne Schokolade aß, legte sie auf jeden herumliegenden Gegenstand ein kleines Täfelchen Schokolade. Es dauerte eine ganze Zeit, bis er es merkte, dann lachte er, und sie berichtete, daß er sich in der Folge gebessert habe.

In einer Familie mit drei jungen Mädchen gab es beim Mittagessen immer nur eine lebhafte Unterhaltung zwischen der Mutter und ihren Töchtern, während der Vater in der Regel schweigend aß und sich nur gelegentlich mit kritischen und ermahnenden Bemerkungen ins Gespräch einbrachte. Das war für die übrigen recht unangenehm, und besonders die Mutter litt unter dieser Situation. Sie überlegte, wie sie das ändern könnte.

Wir schlagen Ihnen vor, sich selbst eine oder mehrere Musterunterbrechungen einfallen zu lassen. Es muß ein Verhalten sein, das deutlich anders ist, also keine Verwandtschaft zu gängigen Versuchen hat, etwa dem Vater gut zuzureden, ihn zu bitten oder, umgekehrt, verärgert und ablehnend zu reagieren. Sie werden später die Lösung erfahren.

Das folgende Beispiel zeigt, auf welche geheimnisvolle Weise Veränderungen wirken können. Ein Junge fragte seine Mutter regelmäßig beim Essen: »Mama, wie lange ist es noch bis Weihnachten?« Ganz egal, ob es Frühling, Sommer, Herbst oder Winter war. Die Mutter reagierte zunächst mit leiser Unruhe, dann aber zunehmend sauer. Die Geschichte ging in der Regel so aus, daß die Mutter wütend wurde und den Jungen in sein Zimmer schickte. Er hatte eine gut funktionierende Strategie entwickelt, seine Mutter immer dann zu ärgern, wenn er dazu Lust hatte oder das langweilige Sitzen am gemeinsamen Mittagstisch beenden wollte, so daß er zu dem zurückkehren konnte, was ihm mehr Spaß machte.

Wir besprachen dieses Beispiel in einer Ausbildungsgruppe, und die Teilnehmer machten zum Teil sehr lustige Vorschläge, wie sich die Mutter das nächste Mal verhalten könnte, wenn der Junge wieder seine berühmte Frage stellte: »Mama, wie lange ist es noch bis Weihnachten?« – hier einige der Vorschläge: Die Mutter solle aufstehen, unter ihren Stuhl schauen, den Kopf schütteln und sich wieder hinsetzen; oder sie solle rückwärts in die Küche gehen; oder sie solle einen kleinen Osterhasen aus der Tischschublade nehmen, ihn dem Jungen zeigen und ihn wieder zurücklegen; oder sie solle so tun, als ob sie nicht mehr wüßte, mit welcher Hand sie den Löffel oder die Gabel halten sollte.

Jetzt freute sich die Mutter auf die nächste Gelegenheit, um ihren Sohn mit einer völlig unerwarteten Reaktion abblitzen zu lassen. Doch es kam ganz anders. Obwohl der Junge keinerlei Informationen darüber hatte, daß seine Mutter in der Ausbildungsgruppe darüber gesprochen hatte, stellte er seine Frage von diesem Zeitpunkt an nicht mehr. Er mußte »den Braten gerochen« haben. Und jetzt war die Mutter ziemlich verblüfft. – Solche Begebenheiten sind nicht ungewöhnlich. Sie bestätigen: »Wenn du eine Situation verändern möchtest, dann kann es schon reichen, wenn du dich (innerlich) selbst veränderst!«

Mit Musterunterbrechungen können Sie auch sich selbst »überlisten« und negative Stimmungen beeinflussen. Wenn Sie beispielsweise traurige Gedanken aufkommen spüren, aber nicht wissen, was Sie dagegen machen sollen, unterbrechen Sie bei sich dieses (innere) Muster, indem Sie einfach etwas ganz anderes machen. Es ist vollkommen unwichtig, was, nur anders muß es sein. Vielleicht stehen Sie von Ihrer Arbeit auf und hüpfen auf einem Fuß durchs Zimmer. Nichts wäre schlimmer, als in der Opferrolle zu bleiben oder gar über das Problem nachzugrübeln und dabei noch tiefer hineinzurutschen. – Das Etwas-anderes-Tun bietet die Chance für positivere Gedanken und Spielraum für Lösungen.

Wie wenig die übliche Erziehung mit ständigem gutem Zureden, Ermahnen, Schimpfen und Strafen manchmal bewirkt, wissen alle Eltern mit kleinen oder größeren Kindern. Bei Milton Erickson finden sich recht drastische und ebenso erfolgreiche Musterunterbrechungen. De Shazer, Richard Bandler und andere Therapeuten haben diese wirksamen Instrumente übernommen, etwa wenn ein Klient sagte: »Ich bin depressiv!«, und Bandler antwortete: »Hallo, ich bin Richard!«

Ein anderes Beispiel von de Shazer:

»Ein achtjähriger Junge hatte zu Hause und in der Schule immer wieder heftige Wutanfälle. Die übliche Reaktion darauf sah so aus, daß er aus dem Klassenzimmer geschickt wurde, Strafpredigten und gelegentlich Schläge erhielt. Aber die Wutanfälle hörten deshalb nicht auf. Daraufhin versuchten die Eltern als auch die Lehrer es mit Belohnungen, wenn er mal friedlich war, aber auch das half nichts. Auf den Rat eines Therapeuten sollten die Eltern beim nächsten Wutanfall einmal »etwas anderes« tun. Je ausgefallener, desto besser. Beim nächsten Wutanfall reichte der Vater dem Jungen wortlos einen Keks. Der Anfall hörte auf. Als die Mutter das nächste Mal Zeugin eines Wutanfalls wurde, tanzte sie wie ein Indianer um ihren Sohn herum. Der Anfall hörte auf. Danach berichteten weder die Eltern noch die Lehrer von weiteren Wutanfällen.«[3]

Verblüffend? – Was auf den ersten Blick als verstärkende Belohnung gedeutet werden könnte, ist in Wirklichkeit eine erfolgreiche Unterbrechung des ständigen Schemas »Wutan-

[3] Steve de Shazer: Wege der erfolgreichen Kurztherapie. Stuttgart 1992, S. 170f.

fall → Bestrafung«. Der Junge ist durch die Reaktion des Vaters so überrascht, daß er auf seiner eingefahrenen Schiene nicht weitermachen kann. Wir lieben zwar die Abwechslung, doch wir sind noch viel mehr darauf angewiesen, daß sich die Dinge wiederholen, damit unsere Welt verläßlich und berechenbar bleibt. Gelungene Musterunterbrechungen treffen uns an einem heiklen Punkt, sind viel beunruhigender als Schimpfen oder Strafen.

Apropos die »lieben Kleinen«: Welche Mutter kennt nicht das Aufräumproblem bei ihren Kindern. Eine Seminarteilnehmerin hatte den Zirkus satt und legte die schmutzige Wäsche ihrer Sprößlinge sauber zusammengelegt in den Wäscheschrank zurück. Eine andere spannte eine Leine quer durchs Kinderzimmer und hängte dort die Wäsche auf. Eine andere Mutter berichtete, daß sie alle linken Schuhe ihres Kindes im Hause versteckt hatte. Die Methoden haben funktioniert.

Zum Thema Musterunterbrechung bringen Weiss und Haertel folgendes Beispiel aus einem Artikel der ›Frankfurter Rundschau‹ vom Mai 1987:

»Wer in einer Bank oder Sparkasse künftig lautes Pfeifen oder Singen vernimmt oder die Angestellten beim Tanzen überrascht, ist nicht auf einem Betriebsfest gelandet, sondern bei einer Übung der Mitarbeiter für das Verhalten bei Banküberfällen. Verantwortliche verschiedener Geldinstitute haben in internen Rundschreiben über das Verhalten bei Raubüberfällen den Beschäftigten geraten, sich im ›Ernstfall‹, wie es heißt, ›ungewöhnlich zu verhalten‹. So wird vorgeschlagen, daß Mitarbeiter und Mitarbeiterinnen im Falle eines Überfalles singen oder pfeifen oder sogar tanzen sollten.«[4]

Realitätsfern? – Doch wie die ›Badischen Neuesten Nachrichten‹ vom 24.12.94 unter der Überschrift ›Überfall? Vergiß

[4] Th. Weiss und G. Haertel: Familientherapie ohne Familie. München 1991, S. 143.

es!‹ berichten, scheint außergewöhnliches Verhalten doch zu funktionieren. Wir lesen dort: »Mit den Worten ›das kannst du vergessen‹ hat ein Radioladenbesitzer in Nauheim im hessischen Landkreis Groß-Gerau einen Mann abgefertigt, der mit vorgehaltener Waffe ›Kohle her‹ verlangt hatte. Der verhinderte Räuber trollte sich tatsächlich.«

Haben Sie auch schon bemerkt: Will ich jemanden beschleunigen, so muß ich ihn (oder auch mich selbst) bremsen. Folgendes Beispiel erlebte ich (D.F.) vor kurzem: An einer verkehrsreichen Straße in Freiburg stand ein alter, gehbehinderter Mann. Er bat mich, ihn zur Straßenbahninsel zu führen. Ich hakte ihn unter, und wir versuchten die ersten Schritte. Er setzte das linke Bein einige Zentimeter vor und zog langsam den rechten Fuß nach. Dann schob er wieder das linke Bein vor und zog den rechten Fuß nach. Bis zur Insel waren es plötzlich Kilometer geworden. Ich zog ihn, woraufhin er noch langsamer wurde. Da fiel mir ein: Ich hatte von einem ähnlichen Beispiel gelesen und dachte, jetzt kann ich überprüfen, ob das dort beschriebene Vorgehen funktioniert! Ich blieb also hinter ihm, bremste ihn etwas – und da zog er plötzlich an. Sein »Tempo« wurde fast doppelt so schnell, und wir erreichten bald die Verkehrsinsel. Als er in die Straßenbahn einstieg, sagte er: »Ich bin kein junger Springer, ich bin ein alter Löwe!« Ich schätzte, er war so an die neunzig.

... Und nun zu der Familie mit dem schweigsamen Vater am Mittagstisch. Ich bat die Ehefrau, darauf zu achten, wann ihr Mann Signale erkennen ließ, aus denen man schließen könnte, daß er bereit sei, sich ins Gespräch einzubringen, und ihn dann anzusprechen. Sie berichtete mir später, daß das gar nicht nötig war, denn ihr Mann hätte sich ohne ihr Zutun von selbst am Gespräch beteiligt. – Bei wem hat hier eine Musterunterbrechung stattgefunden?

Sowohl-als-auch statt entweder-oder

Viele Menschen versuchen eine Lösung dadurch herbeizuführen, daß sie einfach das Gegenteil von dem tun, was sie bisher gemacht haben. Haben sie sich bisher für andere aufgeopfert, so kehren sie jetzt den Egoisten heraus; waren sie überaus vorsichtig, so setzen sie jetzt alles auf eine Karte; waren sie zu korrekt und ordentlich, so schlagen sie jetzt über die Stränge. Doch das sind keine funktionierenden Lösungen, sondern sie wechseln nur von einem Extrem ins andere. Und so wird das neue Verhalten rasch in eine Sackgasse führen oder erst gar nicht funktionieren, und sie kehren enttäuscht oder bestärkt wieder zu ihrem alten Verhaltensmuster zurück.

Eine alleinerziehende Mutter legte großen Wert auf eine liberale und verständnisvolle Erziehung ihrer beiden Mädchen, drei und fünf Jahre alt. Doch von Zeit zu Zeit schrie sie die Kinder völlig unkontrolliert an, schimpfte und tobte in der Wohnung herum. Ihr Verhalten empfand sie schlimm und kränkend für die Kinder und peinlich vor ihren mithörenden Nachbarn, weil das ebenfalls liberale und verständnisvolle Eltern waren. Sie wollte ihre Wutanfälle auf keinen Fall fortsetzen.

Die Therapeutin konnte sie davon überzeugen, noch nicht so schnell damit aufzuhören, sondern herauszufinden, was genau dem Schreien vorherging.

In der nächsten Sitzung berichtete die Mutter, sie habe sich zweimal sehr geärgert, habe auch geschimpft, doch dabei nicht völlig die Fassung verloren. Beide Male sei sie müde und abgespannt gewesen und ihre Kinder überdreht und lustig. Es sei ihr so erschienen, als ob dieses Lustigsein der Kinder auf ihre Kosten ginge.

Nun empfahl ihr die Therapeutin, sich montags, mittwochs und freitags wie bisher zu verhalten, aber dienstags, donnerstags und samstags etwas Lautes und Lustiges zu machen, zum Beispiel auf laute Musik in der Wohnung herumzutanzen, auch dann, wenn sie müde sei.

Das nächste Mal erklärte ihr die Mutter, sie habe nur einen Teil der Hausaufgabe erfüllt, nämlich das Tanzen. Das Herumschreien sei ihr zu blöd gewesen. Die Kinder hätten mitgetanzt und später ruhig gespielt.

Die Aufgaben der Therapeutin hatten ihr einen Weg gezeigt, aus ihrem Entweder-oder-Schema herauszufinden, *entweder* immer eine verständnisvolle *oder* eine unkontrolliert schreiende Mutter zu sein. Es war vorherzusehen, daß das bisherige Schreien durch die Beobachtungsaufgabe gestört werden würde – herauszufinden, was dem Schreien vorherging –, ebenso durch die therapeutische Aufgabe, weiter zu schreien. Aus dem Entweder-Oder war ein Sowohl-als-Auch geworden. Auch wenn die Mutter künftig wieder einmal laut würde, wäre das nicht mehr so schlimm für sie, da es ja nun Teil ihrer Aufgabe ist.

Die Änderung des Entweder-oder-Schemas in ein Sowohl-als-auch-Schema bringt auch eine neue und interessante Veränderung der pädagogischen Qualität in der Familie mit sich. Das Lautwerden der Mutter hat für die Kinder jetzt eine andere Bedeutung, nämlich: »Vorsicht, die Mutter meint es jetzt ernst!« In das bislang durchgängige (Reaktions-)Schema »Schreien der Mutter« ist durch ihren ruhigen oder lauten Umgangston ein wertvoller Kontrast hineingekommen, der die Kinder unterscheiden läßt. Und zugleich ist die Reaktion der Mutter für die Kinder weniger vorhersehbar – »Wird sie die Kontrolle verlieren oder spricht sie in ruhigem Ton mit uns?« Entsprechend änderten sich auch Häufigkeit und Intensität ihrer Provokationen.

De Shazer bringt in ›Der Dreh‹ ein Beispiel, wie er einer Frau helfen konnte, die unentschieden in der Frage war, ob sie sich von ihrem untreuen Partner trennen sollte oder weiter mit ihm leben. De Shazer erkannte das Risiko durch ihren hohen Grad an Entschlußunfähigkeit und baute es paßgenau in die Therapie mit ein. Durch ein ausgeklügeltes Sowohl-als-auch-Schema brachte er die Frau dazu, sich gleichzeitig ein Leben mit und ohne ihren Partner aufzubauen. Für jede Eventualität war sie so gerüstet.[5]

Am einfachsten wird ein Entweder-oder-Schema in ein Sowohl-als-auch-Schema umgewandelt, indem Sie einfach ein »und« zwischen die Entweder-oder-Extreme setzen. Sie können das mit den Antreibern der Persönlichkeitstypen ausprobieren. (Näheres zu den Persönlichkeitstypen im folgenden Kapitel und Ausführliches zu ihren Antreibern im Kapitel ›Das Geheimnis der Kompetenz‹.)

Beim **Beziehungstyp 1** ist es die Botschaft: »Sei (immer) stark!«
beim **Beziehungstyp 2**: »Mach´s (immer) anderen recht!«
beim **Sachtyp 1**: »Streng dich (immer) an!«
beim **Sachtyp 2**: »Sei (immer) vorsichtig!«
beim **Handlungstyp 1**: »Sei (immer) perfekt!«
beim **Handlungstyp 2**: Mach´s (immer) perfekt!«

Probieren Sie nun aus, die Botschaft – beispielsweise »Sei immer stark!« – und die Verneinung der Botschaft – »Sei nicht immer stark!« – durch ein »und« zu verbinden, also: »Ich kann stark sein und ich kann schwach sein!« Genauso können Sie die Botschaft vom **Beziehungstyp 1** mit der Botschaft von **Typ 2** verbinden: »Ich kann stark sein und ich kann schwach sein, und ich kann es anderen recht machen und ich kann es ihnen nicht recht machen!« Das entspräche dann einer Typöffnung von 1 nach 2 und umgekehrt. (Lesen

[5] Steve de Shazer: Der Dreh. Überraschende Wendungen und Lösungen in der Kurzzeittherapie. Heidelberg 1993, S. 54.

Sie hierzu Weiteres im Kapitel ›Öffnen Sie die andere Seite Ihrer Persönlichkeit‹.)

Für den **Sachtyp** gilt analog: »Streng dich (immer) an!« **und** »Streng dich nicht immer an!« Für den **Handlungstyp**: »Mach´s (immer) perfekt!« **und** »Mach´s nicht (immer) perfekt!« – Wie geht es Ihnen damit? Ein weiterer spielerischer Ansatz, um alte Denk- und Verhaltensmuster zu verändern.

Finden Sie Lösungen in Ausnahmen

Ausnahmen sind Situationen, in denen der beklagte Sachverhalt nicht auftritt, sondern etwas anderes stattfindet. Doch meist wird dieses andere übersehen, weil die Erwartenshaltung auf Probleme aus ist und nicht auf Lösungen – nach dem Motto: »Ich hab es doch gewußt, daß ...!« Und solange man von verletzten Gefühlen und dunklen Gedanken beherrscht wird, ist es schwierig, diese Ausnahmen überhaupt wahrzunehmen. Deshalb ist in vielen Fällen zunächst eine Haltungsänderung angesagt, in der die negativen Gefühle in ihrer Qualität und Richtung verändert werden. (Siehe Kapitel ›Sie haben den ersten Zug im Spiel‹.)

Es gibt immer Zeiten, wo ein Problem nicht oder nur abgeschwächt auftritt. Das heißt beispielsweise, daß fast niemand ständig deprimiert, verängstigt, unsicher, ärgerlich, unzugänglich etc. ist. Wer das von sich behauptet, ist vielleicht unaufmerksam oder auch vergeßlich. Es gibt immer Zeiten oder Situationen, wo es einem besser geht, wo selbst eine Auseinandersetzung mit dem Partner konstruktiver abläuft, auch wenn es zunächst nur kleine Unterschiede sind. Und dann gilt es genau hinzusehen: Wie haben Sie sich da ein klein wenig anders verhalten oder anders gedacht?

Die moderne Psychotherapie geht davon aus, irgend etwas entscheidend anderes ist passiert. Dieses positiv andere Moment oder Detail herauszufinden und es bewußt einzusetzen oder mehr daraus zu machen ist ein bewährter Weg in der Lösungsfindung. Wie eine Lösung mittels Ausnahme in einer Therapie vor sich geht, schildert ein Beispiel von Walter und Peller:

Ein junger Mann hört Stimmen, die ihm sagen, daß er verfolgt wird und vorsichtiger sein soll. Auf die Frage der Therapeutin, was für ihn dabei das Problem sei (auf diese Frage muß man erst einmal kommen – die traditionelle Psychotherapie wäre ganz selbstverständlich davon ausgegangen, daß Stimmenhören immer ein Problem ist), antwortete er, daß er sich ziemlich verrückt und paranoid aufführe, wenn er auf sie höre.

Auf die Frage, ob es Ausnahmezeiten gäbe, wo er nicht auf die Stimmen höre, antwortete er: Ja, sie seien zwar immer da, doch er könne sie auch ignorieren und seinen eigenen Überlegungen folgen.

Als Lösungsansatz wurde herausgearbeitet, daß es unter bestimmten Umständen für ihn zweckmäßig sei, auf die Stimmen zu hören, wenn sie ihn vor realen Gefahren warnten, daß er sie aber ansonsten einfach ignorieren solle.[6]

Irgendwie clever diese Lösung – finden Sie nicht? Für uns wird das andere in der Ausnahmesituation wohl ein wenig anders beschaffen sein – es sei denn, Sie hören auch Stimmen. Das andere kann ein Lächeln, eine liebe Geste, ein nettes Wort, ein sanfterer Tonfall, eine andere Erwartenshaltung oder ironischerweise sogar ein Vermeiden sein, wenn beispielsweise die Ehefrau absichtlich eine halbe Stunde später

[6] J.L. Walter und J.E. Peller: Lösungs-orientierte Kurztherapie. Dortmund 1994, S. 119.

nach Hause kommt, um dem Dauerkrach mit ihrem Mann aus dem Weg zu gehen, und der, vom Kegelabend kommend, wiederum erleichtert ist, daß seine Frau nicht da ist, und sich daraufhin friedlich zu Bett begibt.

Und wenn dieses andere schon einmal eine Situation zum Guten beeinflußt hat, wird es das wahrscheinlich wieder tun. Das setzt natürlich voraus, daß es das *entscheidend andere* war, das die Situation tatsächlich so gewendet hat.

Und genau das können Sie ausprobieren. Wir wollen uns im folgenden ausschließlich auf das positiv andere konzentrieren beziehungsweise nach ihm fragen oder suchen.

Nehmen wir an, jemand meint, er würde nur ausgenutzt, dann wird er Situationen, in denen jemand etwas für ihn tut, verdrängen oder nicht wahrnehmen. Oder er interpretiert sie als jene Ausnahmen im negativen Sinne – die »die Regel bestätigen« – und sieht sie nicht als »Ausnahmen statt der Regel«. So kann er seine positiven Erfahrungen nicht als Möglichkeiten zu einer Lösung benutzen. Beginnt er jedoch Ausnahmen als Anzeichen für positive Veränderungen zu bemerken und weiter auf sie zu achten, dann hat er bereits ein wichtiges qualitatives Urteil getroffen: Er unterscheidet nämlich in unerwünschtes und erwünschtes Verhalten. Man könnte sagen, er hat in seinem diskreten Schwarzweißfilm – ab und zu – kleine, helle Farbtupfer entdeckt.

Nehmen Sie Ihren beklagten Sachverhalt, und fangen Sie an, nach diesen kleinen Farbtupfern Ausschau zu halten – rückblickend, gegenwärtig oder in der nächsten Zeit. Wie sind sie entstanden, wie entstehen sie? Was war und ist bei diesen erwünschten Situationen entscheidend anders? Kann es daran gelegen haben, daß Sie sich anders verhalten, andere Signale gesendet haben? Oder was haben Sie nicht gemacht, was Sie sonst, in vergleichbaren Fällen, gemacht hätten?

Wenn es Ihnen schwerfällt, diese Farbtupfer zu entdecken,

betrachten Sie Ihre Situation von außen mit den Augen Ihres Partners oder einer guten Freundin. Hierzu ein Beispiel: Eine Beziehung lief so, daß zwei von drei Begegnungen – die beiden sahen sich nur in größeren Abständen – für ihn enttäuschend und frustrierend waren und ungute Gefühle hinterließen. Obwohl das letzte Treffen, objektiv gesehen, wieder frustrierend verlaufen war, war er danach erstaunlich guter Laune. Er war darüber verwundert und konnte sich seine fröhliche Stimmung nicht erklären. Auf die Frage, wie er sich anders verhalten habe, meinte er, er wisse es nicht. Auf die Frage, was ein guter Freund bei ihm beobachtet hätte, fielen ihm nach und nach drei Dinge auf: Er hatte die Situation so akzeptiert, wie sie war. Er hatte, ohne seine Partnerin zu verletzen, gesagt, was er gedacht hatte, und seine Gefühle ausgesprochen, und er hatte sich nicht als »Opfer« ihres Verhaltens gesehen, sondern eigene Entscheidungen getroffen. Etwas später fügte er hinzu, er wisse es jetzt noch nicht, doch möglicherweise sei ihm klargeworden, daß er in dieser Beziehung nichts mehr zu suchen habe und die Erleichterung darüber schon bei ihm angekommen sei. Diese vorweggenommene Erfahrung hat sich wenige Wochen später bestätigt.

Wenn es etwas besser lief als sonst: Wer hat den Anfang mit dem Klein-bißchen-Anders gemacht? Ich oder mein Partner? Das ist tatsächlich nicht einfach herauszufinden, denn wir sind meist so tief in unser eigenes Erleben und Verhalten verstrickt, daß wir den berühmten »Wald vor lauter Bäumen« nicht sehen. Zum besseren Verstehen ein kleines Gedankenspiel:

Ihr Partner ist Ihnen »ausnahmsweise« zugewandt. Unsere Frage an Sie wäre: »Was war für Sie in dieser Situation anders?«

So könnten Sie beispielsweise antworten:

»Mein Partner war liebevoller und charmanter zu mir!«

»Er machte keine flapsigen Bemerkungen!«

»Er hörte mir aufmerksam zu!«

Das heißt, noch sehen Sie den Grund für das positivere Geschehen bei ihm.

Nehmen wir an, Ihr Partner würde uns auf die Frage antworten: »Meine Frau war netter als sonst. Sie hat mir Fragen gestellt und kam nicht gleich mit einem kritischen Einwand daher!« Ihr Partner sieht also die bessere Situation als Resultat Ihres Bemühens.

Das eigene Verhalten wird in der eigenen Wahrnehmung viel konkreter, wenn Sie sich fragen: »Woran könnte mein Partner merken, daß ich mich ihm gegenüber positiver verhalte?« Wenn eine Frage so formuliert ist, dann tauschen Sie in Gedanken den Platz mit Ihrem Partner. Sie nehmen jetzt seine Stelle ein und betrachten sich aus seinem Blickwinkel heraus.

Bitte verstehen Sie uns richtig. Wir wissen, Ihre Probleme sind groß, und trotzdem geht es uns nicht nur um »großartige« Veränderungen. Unsere Absicht ist, Sie mit dem ausnahmeorientierten Denken vertraut zu machen und Sie für das Aufspüren von Ausnahmesituationen zu sensibilisieren. Und da genügt es oft schon vollkommen, ein bißchen mehr von dem zu tun, das Sie sicher gelegentlich schon tun. Denn schon eine kleine Veränderung in Ihrem Verhalten oder Denken kann die Lösung auf den Weg bringen.

Wie so etwas geht, will ich (Klaus Fritz) an einem Beispiel zeigen: Wie viele Menschen meines Typs habe ich manchmal Probleme mit meiner überzogenen Selbstkritik – auch bei der Schreibarbeit. Wenn ich also früher anfing zu schreiben, kam immer eine lähmende Ich-kann´s-nicht-gut-genug-Stimmung in mir hoch. Ich betrachtete alles, was da auf dem Papier entstand, durch diese kritische Brille. Natürlich taugte dann das, was ich schrieb, auch nicht viel – subjektiv und vermutlich auch objektiv. Ich gab mir einfach keine Chance, es gut zu machen.

Wenn man solche negativen Botschaften immer mehr verinnerlicht, bis man sich an sie gewöhnt und sie nach und nach für unumstößliche Wahrheiten hält, dann sind das die sogenannten »Glaubenssätze«, die sich je nach Grad der Einschränkung ziemlich destruktiv auswirken können. Sie steuern unser Verhalten und Denken wie ein Programm den Computer. Durch mein Andere-können-es-Besser war ich so demotiviert, daß ich an ganz schlechten Tagen nach ein paar Zeilen den Computer am liebsten abgeschaltet oder das Blatt zerrissen hätte. Doch als der Typ, der ich bin, folgte ich meinem Antreiber »Sei stark!«, und so habe ich mich eben immer wieder zusammengerissen. Auf diese Weise verbrauchte ich einen großen Teil meiner Energie nur dafür, mich gleichzeitig zu bremsen und wieder anzutreiben.

Die Sache mit dem Schreiben habe ich inzwischen mit einem simplen Trick weitgehend ausgebügelt. Die positive Ausnahme war: Wenn ich etwas wie eine Skizze oder einen Entwurf schrieb, war ich sehr viel gelassener und entspannter! Ergo: Ich betrachte jetzt grundsätzlich alles, was ich schreibe, als Entwurf. Wie ich darauf gekommen bin? Es war reiner Zufall, denn von modernen Psychotherapiemethoden, die solche Probleme rasch aus der Welt schaffen, hatte ich bis dahin keine Ahnung. Doch so nach und nach wurde mir mein überkritischer Blick bewußt. Ich erkannte, daß ich mich immer noch mit den kritischen Augen meiner Lehrer von damals beurteilte. – Das allein schon war für mich eine wichtige Entdeckung.

Hätte ich mein Problem heute D.F. geschildert, so hätte er mich gefragt, wann mir das Schreiben leichter falle? Ich hätte geantwortet: »Nun, wenn ich es nicht so wichtig nehme, wenn ich etwas aufs Papier haue, etwa eine Notiz zur Erinnerung.«

Und seine Antwort wäre gewesen: »Dann mach es doch so, egal, was du schreibst!«

Auch wenn man die Lösung schließlich weiß, das Anders-Machen ist trotzdem nicht so leicht, denn das seit Jahrzehnten eingefahrene Muster spielt einem immer wieder Streiche und schleicht sich durch diverse Hintertürchen unmerklich von neuem ein. Doch ich weiß jetzt, wie ich es ausschalten kann.

Eine andere Lösungsstrategie für ein Problem via Ausnahmesuche diskutierten wir in einem unserer Seminare. Uschi, ein attraktiver **Beziehungstyp**, erzählte uns folgendes Problem: »Nach dem Tennis gehe ich noch gern ins Vereinslokal. Doch wenn ich an den Tisch zu meinen Kollegen komme, habe ich jedesmal ein eigenartiges Gefühl. Mir scheint, sie sitzen geschlossen in der Runde, amüsieren sich prima, und ich komme mir fremd und ausgeschlossen vor.«

Auf die Frage, wann sie denn das Gefühl nicht habe, antwortete Uschi: »Wenn ich jemanden entdecke, mit dem ich gleich ein Gespräch anfangen kann. Dann fällt es mir leichter. Meine Scheu ist gleich weg.«

Das war die Lösung. Uschi dachte sich verschiedene Strategien aus, beispielsweise gleich auf eine bestimmte Person am Tisch zuzusteuern, die sie entweder von allen am besten kannte oder mit der sich sofort ein Kontakt herstellen würde, »weil ich ihr noch kurz vorher begegnet war« oder »weil ich an sie schon immer eine Frage hatte« etc. – Das war ihr geglückter »Einstieg« in die Runde und die Lösung ihres Problems. Uschi mußte also nichts Neues machen, sondern konnte auf schon bewährte Verhaltensweisen bei sich zurückgreifen. Dadurch werden Lösungen einfacher, weil es eigentlich kein Verändern ist, sondern ein Mehr-von-dem-Machen, was schon immer funktioniert hatte.

Tun Sie so, als ob ...

Vielleicht nennen Sie es schwindeln? Jedenfalls können Sie mit dem Als-Ob problematische Situationen günstig beeinflussen, wenn Sie so denken oder handeln, »als ob« Sie das könnten oder fertigbrächten. Damit setzen Sie bei sich einen positiv verstärkenden Kreislauf in Gang, der ebenfalls Lösungen zustande bringen kann. Das heißt, mit Ihrer veränderten Einstellung oder Ihrem neuen Verhalten schaffen Sie eine andere Situation. Daß Sie sich dabei etwas unsicher fühlen, ist ganz selbstverständlich. Nehmen Sie dann eine Körperhaltung ein oder sprechen Sie so, als ob Sie schon sicher wären, und Sie werden sich tatsächlich sicherer fühlen. Auf diese veränderte Situation wird Ihr Partner wiederum anders reagieren – und Ihr Als-ob-Verhalten führt zu einer neuen, »tatsächlichen« Realität. Wie sieht das im einzelnen aus?

Angenommen, ein Mensch ist ängstlich. Jetzt überlegt er, wie würde ich gehen oder stehen, wie würde meine Stimme klingen, wenn ich mutig wäre. Wenn er dann so geht und sich hinstellt und spricht, als ob er mutig wäre – zum Beispiel kraftvoll, ruhig, präsent –, also so tut, als ob er selbstbewußt und sicher sei, wird er sich nach kurzer Zeit selbstbewußter und sicherer fühlen. Und die Reaktion seiner Freunde, Kollegen darauf wird wieder anders sein – weil er das, was er sagt, nicht mehr nur beiläufig, sondern vielleicht ausführlicher oder betonter formuliert. Da sie anders als sonst reagieren, wird der vormals Ängstliche plötzlich das Gefühl haben, daß das, was er sagt, auch tatsächlich wichtig genommen wird. Und das wird sein Selbstbewußtsein stärken. Ein positiv verstärkender Kreislauf ist in Gang gekommen.

Eine Seminarteilnehmerin beantwortete die Frage: »Wie würden Sie sich verhalten, wenn Sie so täten, als ob Sie sicher wären?« mit: »Ich würde beim Sprechen den anderen in die Augen sehen und nicht ihren Blick meiden.« Als sie das dann ausprobierte, konnte sie recht unbefangen sprechen.

Ein Beispiel: Ein Mann, der wegen Beziehungsschwierigkeiten und Depressionen in die Therapie kam, beklagte sich darüber, daß ihm seine Partnerin nicht richtig zuhörte, wenn er über Themen sprach, die ihn beschäftigten. Statt dessen würde sie ihn sofort unterbrechen und ihm widersprechen. Das führe dazu, daß er sich mißachtet fühle, gereizt und wütend reagiere und sie beschimpfe. Darauf ziehe sie sich gekränkt zurück und sei tagelang nicht ansprechbar. Er habe dann ein schlechtes Gewissen und fühle sich bedrückt und niedergeschlagen. Als Ziel nannte er, er wolle einen Weg finden, mit seiner Partnerin zufriedenstellend zu sprechen. Ihm fiel ein, daß sich seine Partnerin schon mehrfach beklagt hatte, daß er sie mit seinen Erzählungen »überfalle« und gar nicht auf sie eingehe.

Als ein Lösungsweg wurde herausgearbeitet, daß er sich zu Gesprächsbeginn bewußt auf seine Partnerin einstellen und einfach davon ausgehen solle, daß sie sich für ihn interessiere. Dann brauche er sich nicht mehr so krampfhaft um ihre Aufmerksamkeit zu bemühen und könne das Gespräch auf Themen bringen, die sie und ihn interessieren, und beobachten, ob und wie das Gespräch einen positiveren Verlauf nähme.

Bei der nächsten Sitzung berichtete er, daß sie ihm zwar wieder mehrfach widersprochen hatte, doch weniger schroff. Jetzt konnte er erkennen, daß sie mit ihrem Widerspruch teilweise recht hatte und sich darin Sorge um sein Wohl ausdrückte. Sie hatten zwar hitzig debattiert, doch der übliche Streit war ausgeblieben. Er hatte sich nach diesem Gespräch eher erfrischt und wohl gefühlt. Und statt sich depressiven Gedanken und Stimmungen hinzugeben, hatte er einige Dinge gemacht, die ihm Spaß machten.

Da sein Lösungsweg funktioniert hatte, wurde ihm aufgegeben, damit weiterzumachen. Und er sollte jetzt bei seiner Partnerin auf Unterschiede (Ausnahmen) achten, wann sie ihm mehr oder länger zuhöre, bis sie widerspreche. Eine Hilfe dabei könne sein, genau hinzuhören, ob und wie sie anders als er über etwas spreche, und sie dann nachzuahmen – nach dem Motto: Zu der Tür, durch die jemand aus einem Haus herauskommt, kann man in der Regel auch hineingehen, das heißt, er solle mit ihr sprechen, als ob er ihr ähnlich sei.

Vierzehn Tage später berichtete er, daß sie mehrmals gute Gespräche geführt hatten, nur einmal sei es zu einem heftigen Streit gekommen. Doch er konnte noch während des Streits einlenken. Er hatte festgestellt, daß sie immer einen Zusammenhang zwischen sich und dem Thema herstellte, daß sie gefühlsbezogen redete, während er oft über Dinge sprach, die nichts mit ihm zu tun hatten, sondern ihn eben nur interessierten. Er hatte mit ihr darüber gesprochen, und sie hatte ihn darauf aufmerksam gemacht, daß er sich zwar oft über Unrecht und Unfähigkeit aufrege, aber damit niemandem wirklich helfe. Darüber war es zu dem erwähnten Streit gekommen.

Wieder wurde ihm aufgetragen, auf dem eingeschlagenen Weg weiterzugehen, jedoch auf Rückschläge gefaßt zu sein. Sein Sinn für Gerechtigkeit und Verantwortung wurde ausdrücklich anerkannt und die Vermutung geäußert, daß es ihm guttun würde, sich in dieser Hinsicht noch konkreter zu engagieren.

In weiteren Sitzungen berichtete er von befriedigenden Erfahrungen in seiner Partnerschaft und daß er sportlich aktiv geworden sei.

Ein weiteres Beispiel ist eine unglückliche Ehefrau, deren Beziehung zu scheitern drohte. Ihr Mann lehnte es ab, mit ihr über die Probleme ihrer Beziehung zu sprechen. Er behauptete, sie würde sich die Probleme einreden, und schlug ihr vor, sie solle eine Therapie machen. Er könne ihr nicht helfen und habe genug Sorgen mit seinem Geschäft.

Sie erhielt die Aufgabe, bevor er nach Hause kam, sich ein Gespräch nach ihrem Wunsch auszudenken mit Rede und Gegenrede und ihn dann so zu begrüßen, als ob dieses befriedigende Gespräch bereits stattgefunden hätte.

Die Folge war, daß er sich tatsächlich gesprächsbereiter zeigte, doch sie erkannte auch, daß er lieber mit ihr über zukünftige, statt zurückliegende Dinge sprach. So zeigte er sich aufgeschlossener, wenn sie mit ihm über ihre Pläne sprach, und ihn in ihre Überlegungen einbezog, lieber eine Ausbildung zu machen oder bei einer Freundin in deren Laden zu arbeiten. Als sie sich mit den Augen ihres Mannes betrachtete, wurde ihr deutlich, daß ihm »Problemgespräche« eher angst machten, etwas falsch zu machen oder ihren Ansprüchen nicht genügen zu können. Daß er sich jedoch dabei wohl fühlte, sie bei irgendwelchen Vorhaben zu unterstützen. Es schien ihn zu entlasten, wenn sie etwas Eigenes vorhatte oder machte.

Der Therapeut schlug ihr vor, bei Bedarf ihre »Problemgespräche« ganz nach ihrem Geschmack im stillen zu führen und das Etwas-Eigenes-Machen auszuprobieren, um zu sehen, ob das schon ausreiche, ihre Beziehung zu retten. Sie entschied sich für die Mitarbeit im Geschäft ihrer Freundin.

Es gefällt ihr dort, und sie hat wieder Hoffnung, daß sich die Beziehung zu ihrem Mann intensiviert. Mit ihrer finanziellen Unabhängigkeit gewinnt sie an Selbstbewußtsein. Auch ihr Mann ist mit dieser Lösung zufrieden.

Wie ist es zu erklären, daß derart einfache und oberflächlich erscheinende Interventionen tiefgehende und folgenreiche Veränderungen bewirken? Das Leben ist ständig im Fluß, in Bewegung, verändert sich, allerdings nach uns paradox erscheinenden Gesetzen. Vermutlich werden sie mit dem Bild von Yin und Yang der altchinesischen Philosophie ganz gut beschrieben. Gewöhnlich versuchen wir, festgefahrene Situationen geradlinig, vernünftig, konsequent zu lösen, und setzen damit genau aufs falsche Pferd. Die Interventionen der Systemischen Psychologie machen dagegen etwas verblüffend anderes und bringen dadurch Bewegung in festgefahrene Situationen.

3. Was für ein Persönlichkeitstyp ist Ihr Partner?

Was sind Sie, was ist Ihr Partner für ein Typ? Ein liebenswürdiger **Beziehungstyp** oder ein nachdenklicher **Sachtyp** oder ein tüchtiger **Handlungstyp**? Woher kommen Sie, was sind Ihre schon lange vertrauten Reaktionen, und wohin geht Ihr Weg, was ist das immer noch Neue, was schätzen Sie oder Ihr Partner am meisten? Vielleicht als **Beziehungstyp** alles, was mit Erkennen und Wissen zusammenhängt, oder vielleicht sind Sie als **Sachtyp** von Power, Erfolg und Gewinnen fasziniert oder als **Handlungstyp** hingezogen zu Natur, Tieren und Menschen?

In Partnerschaften bestätigt sich immer wieder: Je besser Sie Ihren Partner kennen und je mehr Sie von seiner Charakterstruktur wissen, desto besser verstehen Sie ihn und desto mehr können Sie seine (doch einzigartige) Persönlichkeit würdigen. So gesehen, ist dieses Wissen eine Tür zur Individualität des Partners. Wenn sich Menschen nicht mehr mögen, dann meist deshalb, weil sie zu wenig nachvollziehen können, was im anderen vor sich geht. Sie schließen von sich auf den anderen, deuten sein Verhalten in ihrem Kontext – und mißverstehen ihn, sind enttäuscht, gekränkt, verärgert und leben sich, das heißt denken sich immer mehr auseinander.

Sie werden bald feststellen, daß es Menschen gibt, bei denen die Persönlichkeitsstruktur leicht zu erkennen ist, etwa beim männlichen **Sachtyp 2**: meist schlank, ruhig in seinen Bewegungen und gelassen im Sprechen, meist tiefe Stimme, weicher, ernster Gesichtsausdruck, locker und entspannt, fast nachlässig in Haltung und Gang, zurückhaltend und gutmütig wirkend (wie Jürgen Klinsmann). Oder der männliche **Hand-**

lungstyp: in seinem Aussehen markant, in seinem Auftreten kräftig und geradlinig. Bewegungen und Gang sind akzentuiert, die Stimme und Sprechweise nachdrücklich (wie Ulrich Wickert). Oder der weibliche **Beziehungstyp**: schlank, attraktiv, mit zurückhaltend gewinnendem Lächeln, lebhaft und doch kontrolliert in Haltung, Gang und Bewegung, die Stimme hell und melodisch, der Ton liebenswürdig und gewinnend wie bei Steffi Graf als ehrgeizigem, kontrolliertem, dynamischem **Beziehungstyp 1**.

Doch Sie werden auch merken, daß die Mehrzahl der Menschen nicht so leicht zu identifizieren ist, etwa der männliche **Beziehungstyp**, der weibliche **Sachtyp** und der weibliche **Handlungstyp** oder Menschen, die stark ihren Entwicklungsbereich betonen, Menschen aus anderen Generationen oder solche, die in einer uns fremden Umgebung aufgewachsen sind. Bei ihnen wird der Einblick in die Persönlichkeitsstruktur durch viele Faktoren verwischt. Um so mehr erfordert eine Persönlichkeitsdiagnostik genauestes Hinsehen und Hinhören, wobei die spezifische Sprache und das jeweilige Wertesystem immer aussagekräftige und zuverlässige Indizien sind.

So erkennen Sie den Beziehungstyp

Prominente **Beziehungstypen**:
MOZART, GOETHE, NAPOLEON – MICHAEL JACKSON, BEN KINGSLEY, ELVIS PRESLEY, CLAUDIA SCHIFFER, MARILYN MONROE, LADY DI, MONTSERRAT CABALLÉ

Der egozentrische und etwas abgehobene **Typ 1** ist meist (gerten)schlank, dynamisch und in Mimik und Bewegung beherrscht. Er lächelt zurückhaltend bis charmant und geht so elegant und auf Wirkung bedacht, als stünde er auf einem imaginären Laufsteg oder vor einem unsichtbaren Spiegel.

Der wohlproportionierte **Typ 2** wirkt mehr durch sein Temperament, seinen Charme, seine Herzlichkeit, Wärme und Zuneigung. Er ist die im doppelten Sinne rundere Persönlichkeit. Das hängt damit zusammen, daß der **Typ 1** eher Schwierigkeiten hat, sich auf etwas einzulassen und ja zu sagen, während dem **Typ 2** das Nein schwerfällt – auch beim Essen und Trinken. Der weibliche **Typ 2** ist oft eine Spur zu liebenswürdig und verführerisch, der männliche zu charmant.

Da **Typ 1** und **2** (generell bei allen Persönlichkeitstypen) keine grundsätzlich verschiedenen, sondern eng verwandte Prägungen sind, sind jedem Persönlichkeitstyp die Wesenszüge des anderen vertraut, und er wechselt zwischen beiden, trotz Dominanz einer Seite. Geht es dem **Beziehungstyp** schlecht, dann wird der **Typ 1** leicht reizbar, angespannt oder sehr kühl sein. Der **Typ 2** wird sich immer noch liebenswürdig und gewinnend geben, doch in seinem Lächeln ist eine Spur Eis enthalten. Fühlt sich der **Beziehungstyp** aber wohl, so wirft er nur so mit Komplimenten um sich, ist charmant, denkt klar und realistisch, sprüht vor Begeisterung und steckt die anderen mit seiner Lebendigkeit an.

Die Geschlechterrolle wirkt beim weiblichen **Beziehungstyp 1** und männlichen **Typ 2** im Temperament ausgleichend: Der weibliche **Typ 1** gibt sich nach außen weniger emotional, und der männliche **Typ 2** betont mehr seinen Verstand. Beim männlichen **Typ 1** und beim weiblichen **Typ 2** aber verstärken die Geschlechterrollen das Verhalten – und wir haben es dann gelegentlich mit dem Macho oder der verführerisch-attraktiven (Plakat-)Schönheit zu tun.

Der unentwickelte **Typ 1** denkt ideologisierend, weltfremd oder schwärmerisch, der **Typ 2** eher patchworkartig. Und so besteht bei ihm das Leben aus vielen dramatischen Einzelsituationen, die aber nicht zusammenpassen und auf Außenstehende diffus oder chaotisch wirken. So überblicken beide Typen weder die Gesamtsituation noch die möglichen Konsequenzen ihres Handelns.

Die Krux: **Beziehungstypen** sind von ihren Gefühlen (der Sympathie und Antipathie) sehr abhängig. Was sie empfinden und zeigen, ist meist echt – jedenfalls in diesem Augenblick. Doch zum einen fehlt es ihnen an emotionaler Konstanz, und zum anderen manipulieren sie ihre Gefühle. Der **Typ 1** kann Emotionen kühl und sachlich herunterspielen (wenn er es will oder wenn es die Situation von ihm verlangt – so wie Steffi Graf in Interviews). Der **Typ 2** aber wird seine Emotionen dramatisieren und dementsprechend zur Schau stellen – ziehen Sie ruhig die Hälfte davon ab, es stimmt immer noch.

Der liebenswürdige **Typ 2** wird aus seinem übergroßen Mitgefühl heraus schnell bereit sein zu helfen. Oder er wagt es nicht, nein zu sagen, weil er Angst davor hat, daß er den anderen verletzt und der dann sauer auf ihn ist. Das kann übertriebene Formen des Rettens oder Sich-unentbehrlich-Machens annehmen, und er läuft Gefahr, bei seinem großen Engagement für seine Mitmenschen emotional auszubrennen. Aus Hunger nach Zuwendung kennt der **Beziehungstyp** nämlich seine Grenzen nicht: Er gibt und gibt, aber bekommt meist wenig zurück. Bei manchen kommt es schließlich zu einem emotionalen Zusammenbruch und einer tiefen Verzweiflungsdepression.

Beide **Beziehungstypen** gehen unterschiedlich mit Distanz und Nähe um, ohne das bewußt zu registrieren. Der **Typ 1** wird erst auf Distanz gehen und sich dann nähern, wenn er liebevoll angenommen wird. Der **Typ 2** wird sofort Nähe zeigen, doch dann – wenn das zu wörtlich genommen wird – auf spürbare Distanz gehen. In heiklen Situationen reagieren beide unterschiedlich: Der **Typ 1** nimmt sich dann besonders zusammen und wird noch cooler auftreten, der **Typ 2** wird versuchen, mit noch mehr Liebenswürdigkeit die Situation in seinem Sinn zu beeinflussen.

Menschen von dieser Struktur sind durchweg modebewußt. Der **Typ 1** will etwas Besonderes sein, er möchte sich abgrenzen und abheben, darum kleidet er sich extravagant. Der **Typ 2** will sich weniger exponieren und mehr Sympathiepunkte sammeln. Er wählt deshalb sein Outfit in einem Stil, der von vielen akzeptiert wird. Das gilt auch für die Einrichtung der Wohnung. Der aparte **Typ 1** lebt in (Designer-) Möbeln, die intelligent, kühl, ästhetisch und funktionell wirken. Der **Typ 2** dagegen richtet sein Zuhause verspielt ein. Weil er Sinn für eine romantische Atmosphäre hat, stattet er seine Wohnung mit vielen hübschen Details aus: Kerzen, Puppen, Blumen, Bildern, Trockensträußchen, Obstschalen.

Auch mit dem Auto will der **Beziehungstyp** seine persönliche Note ausdrücken. Der **Typ 1** wird darum ein Faible für Sportwagen oder sportliche Fahrzeuge haben, der **Typ 2** für »sympathische« Autos wie ein Cabrio oder einen Oldtimer. Auch damit will er Sympathiepunkte sammeln. Kauft sich der **Beziehungstyp** ein besonders sicheres Fahrzeug, dann mag Überfürsorglichkeit (oder auch uneingestandene Ängstlichkeit) sein Motiv sein.

Zum Vergleich: Der **Sachtyp** bevorzugt eine funktionell und bequem eingerichtete Wohnung, die hauptsächlich ihm gefallen soll und weniger den anderen. Ein Besucher muß sich möglicherweise erst seinen Sitzplatz von Büchern, Papieren und Fachzeitschriften freimachen. Doch er wird sich in der Unordnung schnell wie zu Hause fühlen, wenn er sie ignorieren kann. Der **Handlungstyp** mag konservative, solide

Möbel und richtet sich so ein, daß sich auch ein Besucher bei ihm wohl fühlt. Trotzdem wird der Gast in der ordentlichen Wohnung immer das Gefühl haben, zu Besuch zu sein. Der **Handlungstyp** tendiert zu Autos, die eine hohe Qualität und Wertbeständigkeit haben. Und der **Sachtyp** fährt einen praktischen und geräumigen Wagen, den er selten oder nie putzt.

Komplimente und Anerkennung nimmt der **Beziehungstyp** auf seine Weise auf. Lobt man ihn für gute Leistung, dann bedeutet ihm das selbstverständlich viel, vorausgesetzt, es besteht ein vertrauensvolles Verhältnis zu dem, der ihm die Anerkennung gibt. Bewundert man aber seine Liebenswürdigkeit oder sein gutes Aussehen, wird er eher mißtrauisch reagieren und sich denken: »Sonst hält er mich wohl für dumm?« – Er spürt instinktiv, daß auch Gelobt-Werden bedeutet, daß jemand Kontrolle ausübt, und das liebt er nicht, denn er möchte selbst die Fäden in der Hand halten. Also lobt er kräftig zurück.

Der **Beziehungstyp** erfährt seine sogenannten Antreiber (**Typ 1**: »Sei stark!« – **Typ 2**: »Mach´s den anderen recht!«) als Zwang und persönliche Schwachstelle, weil er sich nicht so geben kann, wie ihm tatsächlich zumute ist. Antreiber sind Botschaften, die uns von den Eltern als Dauerstreßfaktoren eingeimpft wurden. Wenn so zum Beispiel der **Beziehungstyp** meint, er müsse immer liebenswürdig sein, es anderen immer recht machen, dann tut er das aus der heimlichen Katastrophenerwartung heraus: »Sonst werde ich (von allen) abgelehnt!« (Lesen Sie mehr zu den Antreibern im Kapitel ›Das Geheimnis der Kompetenz‹.)

Sie liegen beim **Beziehungstyp** mit Komplimenten richtig, wenn Sie seine Schlüsselenergien, also seinen Verstand und seine Intuition, diskret hervorheben, zum Beispiel, wenn Sie seine Einsicht in Zusammenhänge, seine tiefgründige Weltsicht (wenn er sie hat), seine Intuition, sein Feingefühl etc.

registrieren. Auf solche Komplimente wird er nicht mißtrauisch reagieren. (Genaueres dazu im Kapitel ›Verändern Sie Ihren Partner durch Anerkennung‹.)

Beziehungstyp 1 und **2** haben ein schauspielerisches Naturtalent und setzen sich gern wirkungsvoll in Szene. Auch wenn ihre Selbstdarstellung manchmal egozentrisch, überzeichnend oder plakativ ist – reizlos ist sie durch ihre Lebendigkeit nie. Während der **Typ 2** mehr im Reden zu Hause ist, tut sich der **Typ 1** damit schwerer. Dafür setzt er stärker die Körpersprache ein. Und so ist der **Typ 1** häufig in Berufen tätig, wo diese körperliche Ausdrucksweise entscheidend ist, beispielsweise bei Models, Schauspielern, Tänzern, Körpertherapeuten etc. Überhaupt findet man **Beziehungstypen** in Berufen, in denen der menschliche Kontakt im Vordergrund steht, in pflegerischen und therapeutischen Berufen, im Verkauf, Service, in Pädagogik und Psychotherapie.

Ist der **Beziehungstyp** verliebt, so wird er über seine früheren Lieb- und Leidenschaften den milden Schleier des Vergessens ausbreiten. Wenn nicht, dann sieht er – beim Blick zurück – seine Verflossenen nur selten positiv. Denn so erstrahlt der aktuelle Partner um so heller in neuem Glanz. Und der meist überschäumend begeisterte **Beziehungstyp** glaubt auch allen Ernstes, noch nie in seinem Leben so tief geliebt zu haben wie gerade jetzt. Dabei ist er immer bemüht, sein Verliebtsein, die Leidenschaft seiner Gefühle (oder auch das Trugbild seiner blühenden Phantasie) in Hochform zu halten, auch wenn er dafür die Realität samt Partner kräftig schönt. Genauso wertet er ihn bei einem Stimmungsumschwung überzogen ab und läßt dann keinen guten Faden mehr an ihm.

Flirten ist für ihn ein Lebenselixier und eine Kunst, die er meisterlich beherrscht. Viele **Beziehungstypen** lassen keine Gelegenheit aus, ihre Chancen beim anderen Geschlecht zu testen. Die Herzen fliegen ihnen aber auch meistens zu. Selbst ein fester Partner ist für den **Beziehungstyp** kein Hindernis zum Anbandeln. Doch schnell wird bei ihm dieses nervöse Prickeln verflogen sein und wird das Bedürfnis nach neuen pulsierenden Gefühlen und schwindelnden Höhen erneut locken. Dabei sehnt er sich nach dem einen Menschen, der es versteht, endlich alle seine Sehnsüchte nach Liebe und Geborgenheit zu stillen.

Denn der **Beziehungstyp** hat die Welt von Anbeginn als kalt, wenig einladend, ihm wenig Liebe und Geborgenheit schenkend erlebt. So träumt er von schöneren Welten und Märchenprinz(essinn)en. Um das frühe Gebot: »Existiere nicht!« (immer wieder) von sich abzuwehren und sich selbst zu stabilisieren, braucht der **Beziehungstyp** viel Kraft. Diese Seelennöte merkt man ihm freilich nicht an. Er powert ständig, um andere für sich durch ein besonders liebenswertes Wesen und attraktives Äußeres, durch interessante Gespräche oder durch herausragende Leistungen einzunehmen. Wenn er sich aber nicht weiterentwickelt, dann macht er damit ein Leben lang ein Tauschgeschäft nach der Devise: »Ich gebe dir das, von dem ich annehme, daß du dir es von mir wünschst. Und du gibst mir Liebe und Anerkennung dafür!«

Darin liegt eine doppelte Tragik. Einmal, weil er sich nie sicher ist, ob das jetzt spontane, »echte« Zuneigung und Liebe oder nur ein Reflex auf sein eigenes liebenswürdiges Verhalten ist. Zum anderen, weil er die Sympathie, die man ihm schenkt, nur schwer annehmen kann. Daß man ihn wirklich gerne haben, lieben könnte, darauf ist er nicht vorbereitet, und wenn er das geschenkt bekommt, worum er sich so heftig bemüht, reagiert er darauf mißtrauisch und nicht selten sogar panisch. Er kaschiert seine Persönlichkeitsdefizite äußerst gekonnt, und Außenstehende werden kaum etwas davon merken, wie es um sein verletztes Seelenleben wirklich bestellt ist.

Je größer die Verletzung, um so stärker ist sein Bedürfnis, in Traumwelten zu fliehen. Und er ersetzt sein mangelhaftes In-der-Realität-Sein durch subjektive Impressionen, die nah oder sehr fern von der Wirklichkeit sein können. Wird aber der Bezug zur Realität vernachlässigt, so geht auch der Bezug zum eigenen Ich verloren. Dann wird der **Beziehungstyp** sich selbst fremd und erlebt sich nicht als in sich geborgen. Er fühlt sich unstet, hektisch und nervös, immer in Sorge, die Kontrolle über sich zu verlieren. Doch er hat auch eine besondere Begabung, mit ausgetüftelten (Lösungs-)Strategien das auszugleichen, was ihm an echtem Bezug zum Leben und an Wissen und Erfahrung fehlt. Meist tragen ihn nur seine Intuition und Inspiration.

Der Arbeitsstil des **Beziehungstyps 1** ist dynamisch, rasch und beweglich. Mancher **Typ 2** wird mehr zaudern und zögern. Bei beiden besteht die Gefahr, daß ihr Handeln fremdbestimmt ist und durch ihre innere Unruhe auch hektisch wird. Der entwickelte **Beziehungstyp**, der an personaler Identität gewonnen hat und lockerer und gelassener geworden ist, schafft es durch gedankliches Innehalten, immer wieder Ruhe in seinen Arbeitsablauf zu bringen.

Unangenehm auffallen kann der **Typ 1** unter seinen Arbeitskollegen, wenn er sich ihnen gegenüber zu ehrgeizig, zu dominierend oder zu kritisch abwertend verhält; der **Typ 2**, wenn er Kleinigkeiten dramatisiert oder emotional manipulierend und konkurrierend mit ihnen umspringt. Der entwickelte **Beziehungstyp 1** dagegen muß sich nicht ständig etwas beweisen. Er integriert sich ins Team, verhält sich kooperativ seinen Kollegen gegenüber, ist realistisch, locker und begeistert; der entwickelte **Typ 2** kollegial, klug, konzentriert und heiter.

Vermeiden Sie zwei Dinge im Umgang mit dem **Beziehungstyp**. Erstens: Denken Sie ihm nicht vor, denn das bedeutet für ihn, daß er dumm sei! Zweitens: Schneiden Sie – besonders im Streit – nie den »Beziehungsfaden« zu ihm ab. Er braucht diesen Du-Bezug, sonst kommen schlagartig seine existentiellen Selbstzweifel und Vernichtungsängste in ihm hoch.

Doch der noch wenig entwickelte **Beziehungstyp** wirkt auf viele provozierend. Seine vorlaute Art und seine ständige Angst, für dumm gehalten zu werden, verleiten ihn zu voreiligen und unüberlegten Bemerkungen. Denn oft steht er vor dem Dilemma: »Sag ich etwas, könnte es falsch sein! Sag ich nichts, denken die anderen, ich weiß es nicht!« Den Mangel an intellektueller Sicherheit gleicht er wieder durch seinen gewinnenden Umgang oder seine Herzlichkeit aus. Wenn Sie also Mißverständnisse oder Konfrontationen mit ihm vermeiden wollen, dann lassen Sie gleich durchblicken, daß Sie seine Intelligenz oder seinen Sachverstand schätzen. Geben Sie ihm also – wenn Ihnen daran liegt – gleich zu Anfang einen Vorschuß an liebevollem Vertrauen.

Die zweite Verletzung ist für den **Beziehungstyp** weit schlimmer, weil sie ihn schlagartig an sein Urtrauma erinnert: Lassen Sie (auch in einem handfesten Krach) nicht den Bezugsfaden abreißen. Ein Beispiel: Eine jahrelange Freundschaft zwischen zwei Frauen, einem **Sachtyp** und einem **Beziehungstyp**, zerbrach wegen eines typischen Mißverständnisses. Als die **Beziehungstyp**-Freundin naiv ihre **Sachtyp**-Freundin fragte: »Du brauchst mich doch, ja?«, antwortete die ebenso typisch: »Nein.« – Das gab dem **Beziehungstyp** den seelischen Rest.

Auch in festen Beziehungen möchte der männliche **Typ 1** das Gefühl haben, frei und unabhängig zu sein. Lassen Sie ihn also an der langen Leine und üben Sie keinen Druck auf ihn aus. Er braucht Zeit, um seine Distanz zu überwinden und sich vertrauensvoll auf sie einzulassen. Doch dann wird er ja sagen. Dem anhänglichen und liebesbedürftigen **Beziehungstyp 2** fällt es schwerer, sich aus einer Beziehung zu lösen. Durch seinen Frust in der Kindheit hat er oft auch eine geringe Meinung vom anderen Geschlecht und betrachtet deshalb Freundschaften mit dem eigenen Geschlecht als tragfähiger.

Mit zunehmender Persönlichkeitsentwicklung denkt der **Typ 1** realitätsbezogener. Neue Erkenntnisse zu gewinnen sind für ihn jetzt aufregende Abenteuer. Der entwickelte **Typ 2** dagegen denkt umfassender und bringt so mehr Übersicht, Gelassenheit und ruhige Konsequenz in sein Leben. Beiden bleiben jedoch ihr Gespür und ihre Begabung für Kontakt und Beziehung erhalten. Sie werden immer vom Gefühl ausgehen, doch ihr klares Denken wird das Handeln stärker als früher bestimmen, und es wird pragmatischer und eigenständiger werden.

So erkennen Sie den Sachtyp

Prominente **Sachtypen**:
BACH, KANT, FREUD – EUGEN DREWERMANN, FRANZ BECKENBAUER, BORIS BECKER, HELMUT KOHL, JUTTA DITFURTH, ALICE SCHWARZER, ANKE HUBER, KATJA SEIZINGER

Der **Sachtyp** ist zunächst einmal im Denken zu Hause. Das ist nun leider eine unsichtbare Fähigkeit, deshalb kommt beim **Sachtyp** am wenigsten »rüber«, es sei denn, er ist gerade besonders gut drauf oder stinksauer. Für ihn gilt: »Stille Wasser gründen tief.«

Er ist ein schöpferischer Mensch, und es ist hochinteressant zu erleben, wie er sich über Konventionen oder Normen hinwegsetzen kann, um Neues zu schaffen. Ob er nun Arbeiter oder leitender Angestellter, Künstler oder Arzt ist, stets sucht er etwas zu verbessern, will Zusammenhänge wissenschaftlich oder gar philosophisch klären, neigt zum Theoretisieren, entwirft abstrakte Modelle oder betreibt Studien. Während er noch plant, kann es ihm passieren, daß andere sein Vorhaben schon in die Tat umgesetzt haben.

Der **Sachtyp** ist nicht so gewandt im Beziehungsverhalten wie der **Beziehungstyp** und nicht so geschickt im Handeln wie der **Handlungstyp**. Wegen seiner gedanklichen Überproduktion bleibt die gefühlsmäßige Betroffenheit auf der Strecke, und es kann mit ihm zu tragikomischen Situationen kommen, wenn er beispielsweise in erotisch prickelnden Situationen noch »rationalisiert«, weil er seine Gedanken nicht abschalten kann (denken Sie beispielsweise an Liebesszenen mit den **Sachtypen** Heinz Rühmann oder Woody Allen – einem **Beziehungstyp** tut das schon mal weh).

Gerade auf Körperberührung und Körperkontakt springt dieser kinästhetische Menschentyp besonders an. Ein Teilnehmer aus einem Seminar hat diese Sensibilität so umschrieben: »Angenommen, zwei Menschen sind mir gleichermaßen sympathisch, doch einer legt mir im Gespräch noch die Hand auf die Schulter oder berührt mich am Arm, dann hat der gewonnen.«

Wenn der **Typ 1** sich wohl fühlt, macht er einen gemütlichen und etwas verschmitzten Eindruck und kann dann auch sehr schlagfertig und witzig sein. Doch er ist ein ausgesprochener Pragmatiker mit der besonderen Begabung, andere für sich arbeiten zu lassen. Hauptsache, man behelligt ihn nicht. Der **Sachtyp 2** wirkt unauffällig, zurückgenommen und etwas gedankenabwesend. Würde man ihn karikieren, so gäbe er den »zerstreuten Professor« ab. Er ist weicher, vernünftiger und ruhiger als der **Typ 1** und mag den trockenen, tiefschwarzen Humor. Schattenhafte Ehemänner (und Ehefrauen) sind häufig **Sachtyp 2**. Sie sind übervorsichtig, harmoniebedürftig, nachgiebig und dadurch auch etwas langweilig und konturlos.

Hochsensibel sind beide **Sachtypen**: Der wichtigtuerische, kompaktere **Typ 1** wird sich in Situationen, in denen er sich angegriffen glaubt, gleich im voraus polternd wehren, während der gutmütige **Typ 2** (erst mal) harmonisierend schweigt. Wehrt sich also der **Typ 1** vorbeugend, so tut es der **Typ 2** erst dann, wenn niemand mehr damit rechnet. Er hat geschluckt und gesammelt, wieder geschluckt und wieder gesammelt – dann, aus einem scheinbar nichtigen Anlaß, macht er den Partner belehrend, wuterfüllt und unnachsichtig nieder. Auch wenn beiden Typen wenige Minuten später der Ausbruch leid tut, bei nächster Gelegenheit passiert ihnen das wieder. – Ein Tip: Lassen Sie sich nicht durch die Harmlosigkeit und Gutmütigkeit des **Sachtyps** täuschen! Achten Sie auf die warnenden Zwischentöne verdeckter Aggression, und versuchen Sie, die Situation sofort mit ihm zu klären.

Der noch wenig entwickelte **Sachtyp** kann sein betont vernünftiges Sprechen und reserviertes Verhalten dazu benutzen, sich in problematischen Situationen unverbindlich durchzulavieren – und das fast ein ganzes Leben lang. So braucht er sich nicht festzulegen, sich nicht zu entscheiden, nicht zur Sache zu kommen, nicht zu handeln. Er kann sachverständig das Für und Wider abwägen, kann kenntnisreich dafür und dagegen argumentieren oder abwiegeln und sich unverbindlich geben – und damit muß er auch keine Verantwortung übernehmen. Manche **Sachtypen** stellen vieles in Aussicht – und tun nichts. Sie sind die überzeugendsten, weil intelligentesten Schwätzer. (Daß sie sich damit um ihr erfolgsgeleitetes Wertesystem betrügen, steht auf einem anderen Blatt.)

Seine Antreiber »Streng dich an!« und »Sei vorsichtig!« wirken sich besonders in der eigenen Körperwahrnehmung und im Denken aus, verengen die Aufmerksamkeit, verleiten ihn zum Grübeln und halten ihn in seinem Persönlichkeitsbereich Erkennen fest. Statt zu handeln, sinniert der **Sachtyp**, grübelt, fühlt sich alsbald überfordert und ist völlig geschafft, bevor er überhaupt richtig angefangen hat. Seine Antreiber hindern ihn zu spüren, was er eigentlich will, und auch konsequent dafür zu sorgen, daß er das bekommt, was er möchte.

Die Gesichtszüge des **Sachtyps** sind weich, sein Blick ist ernst, beobachtend oder nachdenklich. Wenn er lächelt, dann verschmitzt, gutmütig, manchmal auch etwas schüchtern. Wenn er lacht – was eher selten vorkommt –, so lacht er laut, unkontrolliert und wiehernd. Meist ist er aber in seiner Gedankenwelt, dann wirkt er kühl und distanziert, so als interessierten ihn das Gespräch oder die geschilderten Probleme nicht. Er wirkt wie hinter einer Glasscheibe, doch das täuscht gründlich: Alles in ihm schwingt mit, betrifft ihn, und er nimmt sich sehr zu Herzen, was man ihm erzählt.

Wenn ihm etwas gefällt oder auch einfällt, kann er sehr spontan reagieren. Dann platzt er damit heraus und zeigt schlagartig etwas von seinem Witz und seiner komödiantischen Veranlagung. Beim weiblichen **Sachtyp** wirkt das frisch und natürlich, beim männlichen manchmal umwerfend komisch. Dann leuchten seine Augen, das etwas blasse Gesicht bekommt plötzlich Farbe, hat es Falten, so verschwinden sie, und die ganze Person ist voll sprühender Lebendigkeit. Doch das hält leider nicht sehr lange an, und er wird wieder sein ruhiges, ernstes und etwas melancholisches Gesicht zeigen.

Doch mit seiner sinnenhaften und gedanklichen Spontaneität kann er sich auch ziemlichen Ärger einhandeln, wenn er zu wenig Distanz, zu wenig Sensibilität oder diplomatische Klugheit zeigt. Und das ist meist dann der Fall, wenn er sich nicht wohl fühlt – oder in Gedanken ganz woanders ist und den Bezug oder Kontakt zu seinem Gegenüber für Momente verloren hat. Ist das ein **Beziehungstyp**, so fühlt sich der wie Luft behandelt.

Schade, gerade der **Sachtyp**, der von allen Typen am meisten auf »Beziehung« angewiesen ist, bringt es fertig, andere in die Pfanne zu hauen, sich wie ein Elefant im Porzellanladen aufzuführen, seine Mitmenschen zu langweilen, vor den Kopf zu stoßen oder, bei Desinteresse, sich abrupt von ihnen abzuwenden. Und er verwehrt dadurch die Einsicht in seine eigentlichen Qualitäten, nämlich in seine Natürlichkeit und geistige Flexibilität.

Denkt der **Beziehungstyp** in Bildern, der **Handlungstyp** in Selbstgesprächen, so geht das Denken beim **Sachtyp** mit Körperempfindungen einher. Und darum sind seine Reaktionen auch langsamer, und sein Wesen hat etwas Erdhaftes und Kreatürliches. Er spricht ruhiger, bedächtiger und auch meist tiefer, benutzt häufiger »Urlaute«, seufzt oder stöhnt. Erinnert die Stimme eines **Beziehungstyps** ein wenig an eine Violine, die eines **Handlungstyps** an eine Trompete, so die des **Sachtyps** an ein Saxophon.

Im Körperlichen fehlt es ihm an Leichtigkeit und Dynamik. Seine Haltung und sein Gang sind unverwechselbar: Geht der **Beziehungstyp** beschwingt und leichtfüßig, der **Handlungstyp** kräftig und geradlinig, so schlurft oder latscht der **Sachtyp** daher, wippt auf und ab, schwankt leicht auf eine oder beide Seiten beim Gehen, oder er schreitet mit durchgedrücktem Kreuz und rudernden Armbewegungen in großer Wichtigkeit voran. Genaugenommen bewegt er sich so, als ob er das aufrechte Gehen gerade erst erfunden hätte und es ausprobieren wollte.

Der **Sachtyp** möchte sich vom Leben und seinen Mitmenschen verwöhnen lassen. Das kann beim männlichen **Typ 2** extreme Züge annehmen. So ein egomanisches Mannsbild wird seiner Frau sämtliche Arbeiten in Haus, Garten und bei

Einladungen aufbürden (wo er sich dann wichtig machen kann) und selbst keinen Finger rühren. Er wird zwar auch – wie alle **Sachtypen** – scharfsinnig beobachten und kritisch registrieren, was andere angeht, aber sich selbst gegenüber kann er bemerkenswert nachsichtig sein.

Nicht jeder **Sachtyp** zeigt diese negative Tendenz. Da seine Persönlichkeitsentwicklung in Richtung Handeln geht, wird er meist zunehmend engagiert und tatkräftig, verantwortungsbereit und fürsorglich sein. Ihm gegenüber hat der **Beziehungstyp** zwar einen »natürlichen« Vorsprung in Beziehungsdingen und der **Handlungstyp** im Praktischen, und das, was jenen so leichtfällt, ist für ihn eine lebenslange Herausforderung. Doch wenn er sie annimmt und sich Zeit läßt und engagiert am Ball bleibt, dann kann er irgendwann beide übertreffen: den **Beziehungstyp** im Bereich Anziehung und den **Handlungstyp** in seiner Action.

Der **Sachtyp** ist häufig Langschläfer, und ähnlich dem **Beziehungstyp 2** braucht er morgens eine Anlaufzeit, um richtig in Schwung zu kommen. Seine Kleidung ist unkonventionell, bequem, sportlich, selten modisch und häufig auf dem Schnäppchenmarkt erstanden. Er mag Naturmaterialien und eine nicht übertriebene, gesunde Ernährungsweise. Ist der **Sachtyp** teuer und elegant angezogen, dann wird es – trotz der aufwendigen Klamotten – immer etwas an ihm geben, das nicht paßt. Vielleicht sind seine Schuhe nur oberflächlich oder gar nicht geputzt, oder sie sind zu sportlich, oder das Hemd ist zu bunt, und die Socken stimmen farblich nicht.

Auch wenn der weibliche **Sachtyp** für den Durchschnittsgeschmack selten eine Bilderbuchschönheit ist und sie durch ihre innere Sammlung manchmal eine fast arktische Gleichgültigkeit ausstrahlen kann, so hat sie doch eine natürliche Anmut und eben Wichtigeres im Kopf als irgendwelchen modischen Firlefanz. Sie ist selten passend angezogen, entweder zu elegant oder – was viel häufiger vorkommt – zu leger. Meist ist sie bequem gekleidet. Hier spiegelt sich auch ihre typische Abneigung gegen äußeren Druck auf der körperlichen Ebene wider. Sie mag nichts, was zwickt, drückt oder einengt. Sie schminkt sich, wenn überhaupt, sehr dezent. Sie ist im Umgang »echter« als mancher **Beziehungstyp 2** oder ungezwungener als der **Typ 1** und nicht so direkt wie die **Handlungstyp**-Frau, sondern eher frisch und locker.

In Beziehungen ist das Verhalten des **Sachtyps** sehr widersprüchlich: Einerseits bringt er es fertig, Menschen – wie seine Gedanken – mühelos hin- und herzuschieben, was denen freilich sehr weh tut. Andererseits geht er symbiotische Liaisons ein. Da ihm als Kind nicht erlaubt wurde, »er selbst« zu sein, sich klar und deutlich abzugrenzen und sich als autonome Persönlichkeit zu erleben, neigt er in Beziehungen wieder zu diesem Verhalten, das aber unvermeidlich zu Konflikten führt. Auch hier scheint er den Schmerz auf sich zu ziehen, indem er sein Herz dem Falschen oder der Falschen schenkt oder hartnäckig einer unerwiderten Liebe nachläuft. Vielleicht steckt hinter seiner unglücklichen Wahl auch der unbewußte Wunsch, sich nicht binden zu müssen.

Während **Beziehungstypen** leicht viele zärtliche Kontakte genießen, der **Handlungstyp** auch im verliebten Zustand noch ganz »er selbst« ist und den Überblick hat, so ist die Liebe für den **Sachtyp** oft ein quälendes Erleben und oft mit ein Grund für seine Neigung zur Melancholie. Er hat sowieso schon große Probleme, seine Liebe überhaupt zu gestehen. Wenn er nämlich über seine Gefühle sprechen oder sie ausdrücken soll, bringt er meist keinen Ton heraus. Über alle anderen Themen redet er mit faszinierender Leichtigkeit, doch wenn es um ihn geht, wird den introvertierten **Typ 2** eine Mischung aus Zurückhaltung und Befangenheit lähmen, und der **Typ 1** wird seine Empfindungen nicht so genau wissen wollen.

Dem **Sachtyp** (im Gegensatz zum **Beziehungstyp**) hilft es wenig, wenn man mit ihm über seine Probleme spricht. Das hat die Wirkung, daß sie ihm noch bewußter werden. Seine Zurückhaltung und seine Distanz sind daher auch gesunde Abwehrmechanismen. Nehmen Sie darauf unbedingt Rücksicht. Gibt der **Sachtyp** diesen Schutz auf und breitet seine Probleme vor Ihnen aus, dann geht es ihm manchmal noch schlechter als zuvor, weil er die Probleme richtig herbeiredet.

Obwohl der **Sachtyp** Mitleid herausfordert – eine leichte Erkältung läßt ihn in düstere Betrachtungen über sein nahes Ende versinken – wissen Sie, was Sie davon zu halten haben. Sollten Sie doch einmal versuchen, ihn zu trösten, dann bitte mit Humor, denn es ist so gut wie sicher, daß sich sein Kummer durch Ihren Zuspruch noch verschlimmert. Bemitleiden Sie ihn nicht, geben Sie ihm eher Auftrieb, etwa: »Ich kenne dich, das schaffst du schon!«, damit er sich nicht noch mehr in seinen Kummer vergräbt.

Umgekehrt: Erwarten Sie vom **Sachtyp** auch keinen Trost, denn Ihre Probleme werden ihn etwas unbeholfen reagieren lassen. Und wenn er doch etwas Tröstliches sagt, dann klingt das meist ein wenig verunglückt, so wie bei diesem zuversichtlichen Automechaniker: »Mit etwas Glück schaffen Sie es mit dem Wagen noch bis zum nächsten Schrottplatz!« Auch wenn es sich nicht so anhört – irgendwie steckt eine gute Absicht dahinter.

Im Grunde ist der **Sachtyp** ein überaus liebenswerter, klarer und integerer Mensch, ein treuer und aufmerksamer Freund, der stets bereit ist, mit Ihnen lange und ernsthafte Gespräche zu führen und sich Ihre Sorgen anzuhören. Nicht vergessen: Wenn Sie ihm Komplimente machen, dann in Richtung seines Persönlichkeitsbereichs. Also loben Sie seine schnelle Auffassungsgabe, sein ästhetisches Empfinden, seine geistige Unbestechlichkeit, sein flexibles Denken, seinen Witz und trockenen Humor.

Fähigkeiten, die in seinem Entwicklungsbereich Handeln liegen, sprechen Sie bitte vorsichtig an, da er sich in ihnen eventuell noch nicht sicher fühlt: also seine Aktivität, seine Energie, sein Durchsetzungsvermögen, seine denkerische Weitsicht etc. Sie werden vielleicht keine Reaktion in seinem Gesicht sehen, und er wird sachlich und unbeirrt im Gespräch fortfahren, doch seien Sie sich sicher: Die Komplimente kommen bei ihm an! Er ist in Gefühlsdingen ein Wiederkäuer, im Guten und im Schlechten.

Der **Sachtyp** hat ein feines Gespür für Ungerechtigkeit und Benachteiligung. Er reagiert hypersensibel auf Kritik – auch wenn sie berechtigt ist – und kann dann den Menschen gegenüber, die ihn verletzt haben, sehr nachtragend sein. Auch sein Stolz ist überempfindlich. Einen Irrtum zuzugeben bedeutet besonders für den **Typ 1** eine Erniedrigung, und sich zu entschuldigen fällt diesem ungeheuer schwer. Wenn Sie den **Sachtyp** korrigieren wollen, dann grundsätzlich mit viel Lob, vorsichtigen Verbesserungsvorschlägen und ja keiner Kritik!

Der **Sachtyp** liebt seine Freiheit, und er arbeitet gern selbständig und eigenverantwortlich und – mit zunehmender Persönlichkeitsentwicklung – auch mit Power, zielorientiert und erfolgreich. Er kann stundenlang, ja tagelang allein in seinem Zimmer verbringen, dort – Musik hörend – studieren, lesen und dabei die Welt vollkommen vergessen. Der Partner, die Freunde müssen ihn manchmal wieder richtig ins Leben zurückholen.

Sachtypen sind häufig Spätentwickler. Wenn sie ihre Schlüsselenergien aber nützen, können sie ihre Leistungen und Qualitäten bis ins hohe Alter auf beeindruckende Weise steigern. Viele Tüftler, Ingenieure, Erfinder, Schriftsteller,

Filmemacher, Architekten, Redakteure, Ärzte, Wissenschaftler etc. sind **Sachtypen** – der berühmteste ist wohl Albert Einstein. Sie sind an geistiger Vitalität, Ausdauer und Produktivität nicht zu übertreffen. Um so mehr, als sie häufig eine Art Sendungsbewußtsein besitzen und schon von klein auf zu spüren meinen, daß sie zu Großem berufen sind. Es ist eine stille, aber um so stärkere Kraft, die den **Sachtyp** vorantreibt.

Dem **Sachtyp** bekommt es schlecht, wenn er sich in eine passive Rolle drängen läßt, obwohl er andere dazu regelrecht einlädt. Sein Manko ist eben: Er kann sich nicht recht durchsetzen, selbst wenig absichern, kaum zu den eigenen Bedürfnissen, Erkenntnissen und Handlungen stehen und sich auch schwer gegen autoritäre Menschen, unzumutbare Ansprüche oder Kritik wehren. Und wenn er sich zur Wehr setzt, dann meist so überzogen und verletzend, daß er sich selbst damit ins Unrecht setzt.

Der **Sachtyp** liebt Schönheit, Sprache, Witz und trockenen Humor. Er mag Kunst allgemein, hört gern klassische Musik oder Jazz und liebt anspruchsvolle Literatur. Alles in einem Zuhause, das für ordnungsliebende Menschen eine Zumutung ist. Wenn niemand da ist, der mal aufräumt, bleibt die Wohnung eben so, wie sie ist. Nicht, daß er das heillose Durcheinander liebt, doch er hat immer etwas Wichtigeres zu tun als aufzuräumen, und wenn es ein Mittagsschläfchen ist. So macht er aus der Not eine Tugend und empfindet die Unordnung, das Chaos oder auch die Kargheit seiner Behausung keineswegs als störend – im Gegenteil, er läßt sich davon inspirieren.

Der **Sachtyp** hat einen schlimmen Hang zur Kopflastigkeit. Ist er darin befangen, dann passiert es, daß er sich wiederholt, in (über)sachlichen Ausführungen verliert, ungenau ausdrückt oder langatmige Monologe hält, zu großzügig oder zu nachlässig ist, irgend etwas übersieht oder auch vergißt. Er fühlt sich schnell überfordert und hat es daher gerne, wenn er sich auf eine einzige Sache konzentrieren kann. Doch andererseits liebt er es, wenn es in seiner Umgebung wie in einem Bienenstock zugeht – abwechslungsreiche Sinnesreize stimulieren seine Kreativität.

Während sich der **Handlungstyp** eher wohl fühlt, wenn viel zu tun ist und unterschiedliche Anforderungen an ihn gestellt werden, so fühlt sich der **Sachtyp** meist überlastet und reagiert gereizt. Und der **Beziehungstyp** mischt gern vorne mit. Er will seinen hohen Maßstäben gerecht werden. Er wird sich zusammenreißen, nicht aufgeben und sich und den anderen auch nicht eingestehen, wenn er intellektuell überfordert ist.

In stressigen Situationen, zum Beispiel bei autoritärem Druck oder Kontrolle von oben, können sich die typischen Aussetzer des **Sachtyps** häufen. Denn dann kommen meist zu Störungen im Wahrnehmen, Denken und Wollen noch Schwächen aus seinem diffusen Bedürfnis nach Wichtigsein und Zuwendung hinzu. Das führt dann zu einer brisanten Gegensätzlichkeit zwischen äußerer, gezeigter Ruhe und innerer Unruhe, zwischen zur Schau getragener Gelassenheit und innerem Verletztsein, äußerer Kompromißbereitschaft und innerlicher Rebellion. Über diesen Zwiespalt täuscht er sich eine Zeitlang selbst hinweg, indem er ihn einfach nicht registriert – bis das Faß irgendwann überläuft und er entweder plötzlich und lautstark explodiert (so der **Typ 1**) oder ihn vernichtende Gefühle der Enttäuschung und Niedergeschlagenheit überfallen (**Typ 2**).

Auch beim **Sachtyp** begegnen uns unterschiedliche Ausprägungen: Den aktiven und wichtigtuerischen **Sachtyp** könnte man mit dem **Handlungstyp** verwechseln. Doch er ist viel beweglicher im Denken und wird sich unkonventioneller verhalten. Freilich, es gibt auch **Sachtypen** mit konservativen Tendenzen, die sich betont ordentlich und zurückhaltend kleiden, Traditionen schätzen, Altes lieben und sich damit (oder darin) wohl fühlen. Doch das ist meist nicht ihr durchgängiger Lebensstil, sondern sie schaffen sich »Inseln« einer heilen, guten alten Welt. – Beim **Handlungstyp** ist das ganz anders. Er kommt aus dieser Welt und hat oft umgekehrt gerade das Bedürfnis, sich von ihr freizumachen und den Konventionen und Einschränkungen zu entfliehen.

Der ausgelassen-lebhafte **Sachtyp** wird häufig mit dem **Beziehungstyp 2** verwechselt, doch er hat sich weniger im Griff als der **Beziehungstyp**. Eine **Sachtyp**-Frau achtet viel weniger auf ihr Äußeres, auf ihre Wirkung und ob sie eine »gute Figur« macht, und sie hat auch einen lässigeren bis lasziven Gang.

Auch das ist typisch: Eine Teilnehmerin aus meinem Seminar konnte ich (D.F.) schon von weitem an ihrem unbekümmerten und lauten Lachen erkennen; eine Dozentin führte während ihres Vortrags immer wieder Selbstgespräche: »Wo bin ich stehengeblieben? Wo habe ich das jetzt?« – Das kann nur der **Sachtyp** fertigbringen. Während der **Beziehungstyp** ständig einen unsichtbaren Spiegel mit sich herumträgt, in dem er den Effekt seines »Auftritts« überprüft, ist der **Sachtyp** eher gedankenverloren und reflektiert weit weniger seine Wirkung auf die anderen – obwohl sie ihm nicht gleichgültig ist.

Der cholerische **Sachtyp 1** schluckt erst seine Enttäuschungen hinunter und macht gute Miene zum bösen Spiel, bis ihm schließlich der Kragen platzt und er blindwütend um sich schlägt. Der rebellische **Typ 1** macht die anderen dafür verantwortlich, daß er selbst zu kurz kommt, so als hätten gerade sie ihn um Ruhm, Erfolg und Lebensfreude betrogen. Er streitet auch gerne und findet in diesen Auseinandersetzungen ein Ventil, um gründlich und befreiend Dampf abzulassen. Es geht ihm nicht so sehr um die Sache selbst, sondern um das Wortgefecht, das er auch gerne provoziert, indem er zuerst den Partner anschießt. Er übersteht die verbale Auseinandersetzung auch bestens, weil er innerlich auf der rationalen Ebene bleibt und sich emotional keineswegs einläßt, auch wenn er sich momentan sehr aufregt.

Der depressive **Sachtyp** (häufig **Typ 2**) richtet die Aggression gegen sich selbst und entwertet das Leben, wie der Fuchs, dem die Trauben zu hoch hängen. Die Welt wird für ihn so reizlos und grau, daß er lehrbuchmäßig die Symptome einer klassischen Depression zeigt. Eine lange Reihe permanenter Verletzungen, die zwar oberflächlich überwunden schienen, doch innerlich nie richtig aufgearbeitet wurden, führen dann eventuell auch zum (schleichenden) Zusammenbruch.

So erkennen Sie den Handlungstyp

Prominente **Handlungstypen**:
BEETHOVEN, KLEIST, SOPHOKLES – THEO WAIGEL, GERHARD POLT, ROMAN HERZOG, DIETER THOMAS HECK, RITA SÜSSMUTH, USCHI GLAS, CAROLIN REIBER, ILONA CHRISTEN

Der **Handlungstyp** wirkt geradlinig, zuverlässig und tatkräftig. Dabei macht er einen aufgeräumten und verhalten energievollen Eindruck. Daß dahinter viel Gefühl steckt, wissen die, die ihn kennen und mögen. Er fürchtet Gefühle manchmal ein bißchen, und doch nehmen sie mit seiner Persönlichkeitsentwicklung zunehmend mehr Raum in seinem Leben ein. Da sie für ihn einen hohen Stellenwert haben, möchte er auch von anderen als ein Mensch mit Herz gesehen werden, doch sein kantiges und etwas autoritäres

Wesen erschwert die Einsicht in seine gefühlsmäßige Sensibilität.

Auch beim **Handlungstyp** unterscheidet sich der eher ichbezogene **Typ 1** vom mehr ich-vergessenen **Typ 2**. Der **Typ 1** orientiert sich an Personen, ist autoritätsgläubig und selber ein wenig autoritär. Der **Typ 2** hält sich stärker an Regeln, ist deshalb gerecht und pflichtbewußt. Er weiß sich und dem, was er wertschätzt, Respekt zu verschaffen, auch wenn er sich dabei zeitweilig unbeliebt macht.

Im Vergleich mit dem **Beziehungstyp** ist er direkter, offener und bescheidener. Und verglichen mit dem **Sachtyp** ist er kraftvoller, ordentlicher, doch im ganzen konventioneller. Der **Handlungstyp** besitzt in der Tat alle Voraussetzungen, um ein guter Geschäftsmann, Politiker oder Diplomat zu werden. Daher findet man ihn häufig in verantwortlichen Positionen, in wirtschaftlichen, politischen und sozialen Institutionen und Verwaltungen, aber auch in handwerklichen und technischen Berufen.

Er, der auf andere so solide und ordentlich wirkt, hat doch eine starke Sehnsucht nach dem, was lebendig ist, was seine Gefühle befreit und strömen läßt. So kann ihm beim Erleben der Natur oder im Umgang mit Kindern und Tieren das Herz aufgehen, oder wenn er Musik hört oder mit guten Freunden Feste feiert. Dann gehört das Glas Bier oder Wein dazu, um sich zu entspannen und wohl zu fühlen.

Der **Handlungstyp** spricht meist mit fester Stimme und hat ein kräftiges Lachen, das gute Laune ausdrückt, die anstecken soll – auch die anderen sollen sich wohl fühlen. Seine Sprache vermittelt, daß er etwas zu sagen hat, daß er recht hat und daß es überflüssig ist, ihm zu widersprechen. Denn das, was er sagt, sagt er überzeugend, und es stützt sich auf allgemeine Erfahrungen, anerkannte Werte, Normen, Vorschriften und leider auch auf manche solide Vorurteile.

Flirten liegt ihm meist weniger, lieber zeigt er dem anderen offen seine Gefühle, so wie sie eben sind. Seine Ansicht vertritt er entschieden, wobei nicht herauszufinden ist, ob sie so überzeugend ist, weil er sie so entschieden vorträgt – oder umgekehrt. Er unterstreicht sein nachdrückliches Sprechen entweder mit einem belehrenden Zeigefinger oder mit beidseitig synchronen, etwas mechanisch wirkenden Hand- oder Armbewegungen, sitzt oder steht ganz leicht nach vorne gebeugt (allzeit »handlungsbereit«) und hält dabei den Oberkörper (auch beim Gehen) etwas steif und unbeweglich.

Handlungstypen wollen, daß man sie mit Respekt behandelt, und nicht wenige genießen es, wenn man in ihnen jemanden sieht, der ganz und gar o.k. ist, das heißt, sie wollen nichts Besonderes sein, nicht über den anderen stehen, sondern »richtig«, »in Ordnung« sein. Manch einer fühlt sich von **Handlungstypen** regelrecht an die Wand gedrückt, obwohl sie das nicht beabsichtigen. Die Ursachen für ihr solides Selbstbewußtsein sind ihr Können und Wollen, ihre Zielstrebigkeit und ihr enormes psychisches und körperliches Durchhaltevermögen. Sie konzentrieren ihre Energie auf die praktischen Lösungen und halten sich nicht auf mit gefühlsmäßigem Entweder-Oder oder gedanklichem Sowohl-als-Auch.

Der weibliche **Handlungstyp** ist – im Gegensatz zum weiblichen **Beziehungstyp** – oft etwas weniger attraktiv. Sie hat manchmal herbere Gesichtszüge und einen kräftigeren Körperbau. Doch das stört sie weniger. Solange sie sich von ihren Freunden gemocht und ihrem Partner geliebt fühlt, ist für sie die Welt in Ordnung, auch wenn ihre Figur nicht ganz (oder ganz und gar nicht) den Idealmaßen entspricht. Der **Typ 1** wirkt burschikos, sportlich und natürlich. Der **Typ 2** ist femininer, von zurückhaltendem Charme, ist warmherzig und gibt sich selten so überschwenglich wie der weibliche **Beziehungstyp 2** oder auch so kontrolliert wie der **Beziehungstyp 1**.

Der männliche **Handlungstyp** redet laut und verständlich. Die Stimme des weiblichen **Handlungstyps** klingt nicht so melodisch wie die des **Beziehungstyps** oder so natürlich wie bei vielen **Sachtypen**. Sie hört sich mehr tonangebend an, forsch, auch eine Spur gepreßt – je nach Stimmung. Achten Sie genau darauf, die Stimme ist im Zweifelsfall oft ein entscheidender Hinweis für die Typidentifikation.

Für den weiblichen **Handlungstyp** ist eine Partnerschaft immer eindeutig. Fühlt sie sich darin halbwegs wohl, wird sie kaum nach anderen schauen oder Gefühle fremder Personen gar flirtend herausfordern oder testen, ob sie noch ankommt (wie der **Beziehungstyp**). Ein Techtelmechtel kommt nur dann für sie in Frage, wenn eine Person sie ernsthaft interessiert – und sie selbstverständlich solo ist oder in ihrer Beziehung seit langem frustriert wird. Jemandem einfach so schöne Augen zu machen, das geht ihr gegen ihre Auffassung von dem, was sich gehört. Sie braucht auch in Beziehungen eine klare Linie.

Wenn es die **Handlungstyp**-Frau doch einmal außerplanmäßig »erwischen« sollte, so ist sie für aufrichtige Verhältnisse. Es wird bei ihr kaum eine Affäre oder Liebelei hinter dem Rücken ihres Partners geben. Heimlichkeiten mag sie nicht. Sie ist für klare Fronten, und die macht sie ihrem Partner recht bald und manchmal wenig einfühlsam deutlich. **Handlungstyp**-Männer sehen das freilich nicht so eng. Sie lassen sich immer noch gern von dem alten Vorurteil leiten, daß das bei Männern etwas anderes ist.

Besonders dem **Beziehungstyp** gehen die Unbeweglichkeit und das konventionelle Denken des unentwickelten **Handlungstyps** gegen den Strich. Doch wenn der **Beziehungstyp** den **Handlungstyp** angreift, ihn auflockern oder umerziehen möchte, wird der um so pingeliger und konsequenter auf dem bestehen, was er für richtig hält, und auf Benehmen, Vorschriften und Konventionen beharren. Der **Sachtyp** hingegen tut sich mit dem **Handlungstyp** leichter, zum einen, weil er dessen Umtriebigkeit eher als Fürsorglichkeit und Stärke interpretiert und darum schätzt (der **Handlungstyp** ist ja da, wo der **Sachtyp** hin will, nämlich im Handeln). Zum anderen, weil ihn der **Handlungstyp** mit seiner moderaten Art emotional nicht so durch die Mühle dreht wie der **Beziehungstyp**.

Mit den Antreibern »Sei perfekt!« und »Mach's perfekt!« hält sich der **Handlungstyp** in seinem Persönlichkeitsbereich Handeln fest und erschwert sich den Zugang zu seinen Gefühlen. Er versucht, vieles auf der Ebene des Machens zu lösen, und zwar so, wie er glaubt, daß man es von ihm erwartet, und wird dabei konsequent Fehler vermeiden und darauf achten, nicht gegen Regeln und Normen zu verstoßen.

Ordnung und Tüchtigkeit sind für ihn ein Muß. Gefühle, Spiel und Spaß sind für ihn sehr anziehend – doch sie müssen auch ihre Ordnung und ihren Rahmen haben. Zur Muße gibt er sich gewissermaßen selbst erst die Erlaubnis: »Jetzt darfst du dich wohl fühlen, Sympathie und Freude empfinden, froh sein und lachen! Jetzt ist es o.k. zu feiern!« Daß sich mit Wein, Weib und Gesang schon frühere Generationen entspannt und wohl gefühlt haben, macht dieses Erlauben für ihn überzeugender. Und er tut viel, solche Gelegenheiten zu organisieren, freut sich darauf, läuft jedoch Gefahr, daß er vor lauter Planen, Vorbereiten und Durchführen (immer bedacht, daß sich alle wohl fühlen) wieder am Machen ist und gar nicht so richtig dazu kommt, unbeschwert mit dabeizusein.

Der **Handlungstyp** gehorcht seinem starken Pflichtbewußtsein. Er nimmt dabei wenig Rücksicht auf gesundheitliche Schwachstellen. Hauptsache ist, daß er arbeiten kann. Er hat meist viel handwerkliches Geschick, und es macht ihm Freude, daß er vieles selbst reparieren oder fertigen kann. Selbstverständlich sind Wohnung, Haus, Garten und Auto in einem Topzustand und werden vom weiblichen **Hand-**

lungstyp nach einem Schema festgelegter Zeiten gründlich gesäubert. Auch in seiner oft knappen Freizeit (er arbeitet einfach zu viel) und bei seinen eher bescheidenen Vergnügungen liebt er Konventionelles. Seine politische Einstellung ist meist konservativ, er braucht das traditionell Bewährte und Gewohnte. Es sei denn, er entscheidet sich für seine Schlüsselenergien. Dann verhält er sich mit derselben Konsequenz menschlich oder liebevoll, bricht mit Denkkonventionen und Vorurteilen und geht entschlossen neue Wege. Dann wird aus dem Bewahrer ein Erneuerer, mutig, tatkräftig, humor- und phantasievoll.

Ist der **Handlungstyp** gut drauf, ist er entscheidungsfreudig, konsequent und sehr aktiv. Doch in Belastungssituationen kann diese Tüchtigkeit verlorengehen (beim **Beziehungstyp** das Gefühl für den anderen und beim **Sachtyp** das Denken). Dann zeigt er Entscheidungsskrupel und Handlungsblockaden. Die Ursachen sind jene frühen Verbote, in denen man ihm »Tu das nicht!«, »Spüre nicht, was du willst!« und »Fühle nicht!« eingetrichtert hat. Diese Negativbotschaften haben ihn zum braven Kind und angepaßten Erwachsenen werden lassen.

In Konflikten wird sich der **Handlungstyp** (besonders der **Typ 1**) taktisch klug verhalten. Es kann Ihnen sogar passieren, daß er sich weigert, zu streiten oder zu verhandeln, weil er ohnehin überzeugt ist, im Recht zu sein. Seine gute Meinung von sich, seine Robustheit und Vitalität, sein Vertrauen in Glück und Kraft machen ihn überdurchschnittlich leistungs- und durchsetzungsfähig.

Der **Handlungstyp** bevorzugt einen soliden Lebensrahmen im Beruf, in der Partnerschaft, selbst in der Freizeit. Anders als der **Beziehungstyp**, der Institutionen oft als seelenlos erlebt (oder sie zu seinen Zwecken gebraucht), und anders als der **Sachtyp**, der die damit verbundene Abhängigkeit als bedrückend empfindet, fühlt sich der **Handlungstyp** in ihnen recht wohl. Sie geben ihm vor allem die Gewißheit, das Richtige zu tun. Die Forderungen, die Institutionen in puncto Anpassung, Loyalität, Einsatz und Ausdauer stellen, sind Eigenschaften, die ihm liegen.

Weil der **Handlungstyp** fest umrissene Begriffe von Moral und Identität hat, wird er es sich nicht erlauben, Beziehungen leichtfertig abzubrechen. Auch in unglücklichen Beziehungen wird er lange ausharren und sich nur schwer eingestehen, daß er nicht in der Lage ist, mit allem zurechtzukommen. Auch wird er es vermeiden, mit seiner Familie, seinem Partner, seinen Freunden oder Kollegen im (Dauer-)Clinch zu liegen. Das kann auch der Grund sein, warum er nach einer Scheidung ein freundschaftliches Verhältnis mit seinem Ex-Partner pflegen will.

Probleme in der Partnerschaft flickt er eher oberflächlich – anders der **Beziehungstyp**, der die Beziehung auf einer tieferen Ebene klärt und so wieder neu aufbaut. Warum sollte das der **Handlungstyp** auch tun? Er kennt seine emotionalen Grenzen, und er hat gelernt, wie er seine psychische und physische Stabilität bewahren und sich vor seelischer Überforderung schützen kann.

Der (weibliche) **Handlungstyp** wird auf Komplimente eher abwehrend reagieren, es sei denn, sie sind ehrlich und kommen wirklich von Herzen. Da er seine Gefühle nicht manipuliert, sie weder schönt wie der **Beziehungstyp** noch sie anpaßt wie der **Sachtyp**, hat er ein sicheres Gefühl dafür, was andere ihm entgegenbringen, und läßt sich kaum täuschen.

Mehr Probleme hat der **Handlungstyp** mit der Frage: »Wer bin ich?« Hier verwechselt er leicht Identifikation mit Identität. Das heißt, er identifiziert sich weitgehend mit vorgegebenen Rollen und Erklärungsmustern, und das führt leicht zur Ausbildung einer Pseudo-Identität, die sein wirkliches Ich – gewollt oder ungewollt – kaschiert. Sein tieferes Selbst kann er so lange nicht »wahrnehmen«, solange er sich mit vordergründigen Rollenvorstellungen identifiziert.

Die anderen Persönlichkeitstypen identifizieren sich auch mit Rollen, doch auf eine flexible Art, indem sie leichter zwischen verschiedenen Rollen wechseln und sie auch nicht ganz so ernst nehmen. Durch seine starre Rollenidentifikation macht sich der **Handlungstyp** zugleich unnötig abhängig von Maßstäben und Normen. Das wird besonders spürbar, wenn die übernommene Rolle nicht mehr trägt, wenn zum Beispiel die Kinder erwachsen sind und aus dem Haus gehen und die Mutter nicht mehr als Mutter gefragt ist oder wenn jemand seinen Beruf aufgeben muß, weil er arbeitslos wird, in Rente oder Pension geht, und er sich ganz mit seiner beruflichen Position identifiziert hat. (Hierzu mehr im Kapitel ›Spiele zwischen Partnern – wie stelle ich die ab?‹)

Der **Handlungstyp**, dem man am häufigsten begegnet, ist der etwas zurückhaltend fürsorgliche mit kraftvoller Struktur und Statur – ein überaus liebenswerter Mensch. Er ist tüchtig, hilfsbereit und trotz seiner autoritären Tendenzen freundschaftlich und solidarisch gegenüber seinen Mitmenschen, seinem Partner, den Mitarbeitern und dem Unternehmen. Die Voraussetzung dafür ist, daß er seine Schlüsselenergien Vertrauen, Sympathie und Spontaneität ausreichend entwickelt hat. Das macht seine Grundstruktur aufgeschlossen und beweglich.

Mit wachsender emotionaler Sensibilität legt er immer größeren Wert auf die menschliche Qualität einer Verbindung. Doch er hat auch Angst davor. Und darum wird er immer wieder seine Gefühle und Bedürfnisse zurückstellen und seinem vielseitigen Pflichterfüllungsprogramm folgen. Er selbst merkt das kaum und mutet ganz selbstverständlich auch anderen sein etwas frustrierendes emotionales Sparprogramm zu, es sei denn, es gelingt ihnen, ihn in sein Kind- und Beziehungs-Ich zu locken. Mit zunehmender Persönlichkeitsentwicklung beginnt der **Handlungstyp** so nach und nach, sein Leben zu genießen, doch zunächst einmal auf eine »aktivistische« Weise. Erst allmählich erlaubt er sich das Faulenzen, ohne gleich ein schlechtes Gewissen zu haben und darum wieder losschuften zu müssen.

In einer Zeit, in der viele nur auf ihren eigenen Vorteil und ihr Fortkommen bedacht sind, wirken sich die Qualitäten des entwickelten **Handlungstyps** besonders positiv aus. Gerade seine Bereitschaft zu gemeinsamem Handeln und seine Orientierung an ethischen Zielen sind überaus wertvolle Eigenschaften, die es zu unterstützen und auszubauen gilt. Sein Verantwortungsgefühl für das gemeinsame Wohl, seine fürsorgliche Haltung und sein soziales Engagement, das nicht aus einer Retterposition kommt, sondern seiner urigen Tüchtigkeit entspricht, sind im positivsten Sinne konservative und stabilisierende Faktoren einer funktionierenden Gesellschaft.

Negativ wirkt sich sein pragmatisches Beharren am scheinbar Bewährten aus. Er erstickt damit gründlich unkonventionelle Ideen, Begeisterungsfähigkeit und das so wichtige Engagement für Neues. Doch die heutige freizügigere, kindgemäßere Erziehung und die Bejahung von Lebensfreude und Lebenslust fördern ihn in seiner positiven Entwicklung. Und ein entwickelter **Handlungstyp** wird sich dann tatkräftig, also **handlungstypisch** mit viel Engagement und Durchhaltevermögen, für positive Veränderungen oder sogar soziale Reformen einsetzen.

Nun, haben Sie sich und Ihren Partner vielleicht schon erkannt? Wenn nicht, dann können Sie sich im weiteren Text umfassender über die Typidentifizierung informieren. Im Anhang finden Sie zudem einen Fragebogen für sich und Ihren Partner, der Sie dabei unterstützt.

Die typischen Partnerkonstellationen

Was zieht die Charaktertypen gegenseitig an, was macht ihnen das Zusammenleben schwer, welchen Zündstoff liefern die verschiedenen Temperamente? Wir werden sehen, daß es letztlich unsere typischen Schwachpunkte sind, auf die sich das Gros der Meinungsverschiedenheiten in Beziehungen reduzieren läßt: Der **Beziehungstyp** hat das Gefühl, daß man ihn nicht mag. Der **Sachtyp** fühlt sich mißachtet oder spürt kein Interesse für seine Person. Der **Handlungstyp** fühlt sich schnell eingeengt oder meint, man unterstellt ihm, er könne etwas nicht oder habe es falsch gemacht.

Charakteristisch (aber für andere oft mißverständlich) ist für den **Beziehungstyp**, daß er ganz plötzlich auf Distanz zum Partner geht, um wieder zu sich selbst zu finden. Das kann der **Sachtyp** als mangelndes Interesse verstehen. Dem **Sachtyp** dagegen wird sein Bedürfnis nach Anerkennung vielleicht als Geltungssucht ausgelegt, während der **Beziehungstyp** das fürsorgliche und ordnende Verhalten des **Handlungstyps** als einschränkende Bevormundung empfindet – und der **Sachtyp** es genießt.

Im entrückten Zustand des frischen Verliebtseins wurde das distanzierte Verhalten des **Beziehungstyps** als Selbständigkeit interpretiert und bewundert, der harmoniebedürftige, distanzlose Umgang des **Sachtyps** als weiche, sinnliche Zärtlichkeit genossen und das umtriebige, bestimmende Tun des **Handlungstyps** als wohltuend, fürsorglich und schützend empfunden. Doch ist der erste Höhenflug vorbei, dann läßt sich dieses Verhalten auch anders interpretieren, vielleicht als Anklammern, Einengen, Wichtigtun und Lieblosigkeit, und dann kommt es zu Verletzungen und Kränkungen, die immer stärker weh tun: Denn, darauf angesprochen, erscheinen dem Partner die Vorwürfe unverständlich, ungerechtfertigt und unannehmbar. Man kritisiert ja gerade das an ihm, wo er sich eh unsicher fühlt und froh ist, einigermaßen damit zurechtzukommen.

Nimmt man den **Beziehungstyp** an die kurze Leine, so fühlt er sich von seinem Partner vereinnahmt und will sich darum befreien; wird der **Sachtyp** zu wenig beachtet, so fühlt er sich vernachlässigt und versucht den anderen deshalb unter Druck zu setzen; und kann der **Handlungstyp** nicht planen und tun, dann fühlt er sich nicht geschätzt und macht dem Partner deshalb Vorwürfe.

Jeder Persönlichkeitstyp hat auch seine typische Art, Beziehungen einzugehen, abzubrechen oder aufrechtzuerhalten. Der **Beziehungstyp** wird eine Liaison ebenso leicht beenden, wie er gegen alle Vernunft auch an quälenden und destruktiven Beziehungen festhält, wenn er einmal tief innen ja gesagt hat. Dann wird der weibliche **Beziehungstyp 2** nach hysterischen Ausbrüchen entweder zurückstecken oder große Zugeständnisse machen, um einen endgültigen Bruch zu vermeiden, der sie ins existentielle Aus bringt, während der **Typ 1** sich kühl, überlegen und vernünftig gibt, aber so lange an den Partner hinbaggert, bis die Sache aus der Welt geredet ist.

Der männliche **Sachtyp** reagiert stärker und feiner auf die Beziehungssignale des Partners, als ihm selbst bewußt ist. Er läßt sich anlocken oder wegschicken. Der gutmütige **Typ 2** nimmt es hin und scheint unendlich geduldig zu sein. Und doch kann er die ihm zugefügten (oder von ihm so verstandenen) Kränkungen kaum je vergessen. Wie Bleigewichte ziehen sie ihn in die Tiefen seines melancholischen Lebensgefühls. Der selbstgefällige, eruptive **Sachtyp 1** kann schnell explodieren, oder der wichtigtuerische bellt schon im voraus. Er merkt gar nicht, wie er den Partner verletzt, und fällt freilich aus allen Wolken seiner Selbstzufriedenheit, wenn der ihm die Rechnung präsentiert.

Der weibliche **Sachtyp** wird (je nach Anteil von **Typ 1** oder **2**) wundenleckend und geduldig abwarten. Entweder es gelingt ihr, gedanklich harmonisierend weiter zu schlucken und gute Miene zum bösen Spiel zu machen, oder sie kontert bei (nichtiger) Gelegenheit vorwurfsvoll und ausführlich oder explodiert schließlich heftig und schlägt, wenn sich bei ihr genug angesammelt hat, mit treffsicheren Worten hart und unnachsichtig zurück. Hinterher tut es ihr dann leid. Sie wird die Verbindung selten so schlagartig beenden – wenn sie sich überhaupt dazu durchringt – wie der grüblerische männliche **Sachtyp 2**, der zu Anfang grenzenlos verständnisvoll ist, doch in der Reaktion dann fest entschlossen sein kann. Er kann überraschend und mit der ihm eigenen ruhigen Konsequenz endgültig Schluß machen.

Der **Handlungstyp** sieht in einer Beziehung so etwas wie einen Vertrag, an den man sich hält, auch dann, wenn sein Herz (heimlich oder offen) ganz woanders ist. Der **Typ 1** wird eher besonnen reagieren und versuchen, die Verbindung zu erhalten und sich mit dem Partner zu versöhnen – allerdings nicht so überschwenglich und emotional wie der **Beziehungstyp**. Der mag zwar Ehekrach prinzipiell auch nicht, doch er weicht ihm, wie etwa der diplomatisch agierende **Handlungstyp**, nicht aus, und er kann je nach Temperament – und gegen seinen eigentlichen Willen – das schönste Porzellan so gründlich zerschlagen, daß es sich kaum mehr kitten läßt.

Der **Handlungstyp 2** hält sich bei ehelichen Auseinandersetzungen an obsolete Regeln. Dabei wird der Mann herumbrüllen, während die Frau eisern schweigt. Sie ist hart im Nehmen. Wenn sie doch etwas entgegnen sollte, dann schulmeisterlich und mit gepreßter Stimme.

Wären wir Menschen uns ähnlicher, gäbe es sicher weniger Mißverständnisse, Verletzungen und Tragödien, doch das Leben würde viel an Reiz und Spannung verlieren. Da Menschen nun einmal verschieden sind, ist es dann nicht besser, spielerisch diese zwischenmenschlichen Herausforderungen in der Partnerschaft (und im Alltag) anzunehmen? Schließlich sind Gleich- und Andersartigsein unumstößliche Regeln in unserem Lebensspiel, das wir mit Gewinn oder Verlust spielen können. Dabei ist zweifellos von großem Vorteil, die Spielregeln genau zu kennen.

Die Verbindung **Beziehungstyp** – **Beziehungstyp**:

Diese Lovestorys sind der endlose Stoff für klassische Liebesromane. Sind beide glücklich, dann kann ihre feurige Begeisterung und Leidenschaft sie beflügeln und verzaubern. Doch wenn es ihnen schlechtgeht, dann wird ihre Bereitschaft zur (überzogenen) Kritik den Partner tief verletzen. Weil man den Partner so gut kennt und durch eine sehr ähnliche Brille in die Welt schaut, ist inniges Verstehen und zärtliche Freundschaft möglich. Entscheidend für das Gelingen dieser Beziehung ist, daß beide in ihre Schlüsselenergie Erkennen gehen.

Die Beziehung **Sachtyp** – **Sachtyp**:

Diese Beziehung ist etwas für stille Genießer, denn der **Sachtyp** ist im allgemeinen geduldig, verständnisvoll und sinnenfreudig. Beide mögen es geruhsam und behaglich. Doch beide können unter Mangel an Zuwendung, Fürsorglichkeit und gezeigten Gefühlen leiden. Der **Sachtyp** gibt sich zwar umgänglich, doch hinter der Fassade freundlicher Unverbindlichkeit können Frust und Aggressionen hochkommen. Die verpackt er so lange in gedankliche (nicht gefühlte!) Harmonie, bis er (oder sie) reizbar wird und plötzlich explodiert. Die Lösung: Wenn sich der **Sachtyp** aktiviert und auf seinen Partner zugeht, gewinnt die Beziehung an Pep.

Die Beziehung **Handlungstyp** – **Handlungstyp**:

Beide sind stark im Machen, aber karg in den Gefühlen. **Handlungstypen** »arbeiten« eher kameradschaftlich zusammen, als daß sie heftige Zuneigung füreinander empfinden.

Selten, daß ein **Handlungstyp** frühzeitig aus einer problematischen Verbindung ausbricht, meist erst nach jahre- oder jahrzehntelangem Frust, dann aber richtig. Für beide ist die Schicksalsfrage: Wird die Beziehung zur Pflicht, oder macht sie das Gefühl der Liebe füreinander frei, das heißt, realisieren sie die Schlüsselenergien ihres Beziehungs-Ichs?

Die Verbindung **Beziehungstyp** – **Sachtyp**:

Eine hochinteressante Kombination. Der trockene **Sachtyp** wird von dem verführerisch lebendigen **Beziehungstyp** angezogen, und der **Beziehungstyp** bewundert dessen geistige Potenz. Doch dem ruhigen **Sachtyp** wird die Dynamik des **Beziehungstyps** bald zuviel, und er zieht sich still zurück. Das geht dem **Beziehungstyp** gegen den Strich. Er braucht Gespräche und Zuwendung. Ob diese Beziehung gelingt, hängt entscheidend davon ab, ob der **Beziehungstyp** sein penetrantes »Ja, aber ....« und sein Retten aufgeben kann und dem **Sachtyp** interessante Fragen stellt.

Die Beziehung **Handlungstyp** – **Beziehungstyp**:

Da kommen zwei recht gegensätzliche Charaktere zusammen. Der **Beziehungstyp** schätzt die (großzügige) Fürsorglichkeit des **Handlungstyps** – besonders ein weiblicher, der nach stürmischen Amouren etwas Ruhiges sucht. Umgekehrt ist der **Handlungstyp** fasziniert vom verführerischen **Beziehungstyp**. Tüchtig sind sie beide: Der **Handlungstyp** auf seine bodenständige Art; der **Beziehungstyp**, weil er hohe Maßstäbe hat. Doch Probleme gibt es, wenn der lebendige **Beziehungstyp** durch einen kleinkarierten **Handlungstyp** eingeengt wird. Die wütende Kritik des **Beziehungstyps** ärgert wiederum den **Handlungstyp**, der es »doch nur gut meint«. Es klappt in der Beziehung, wenn sich der **Beziehungstyp** vernünftiger verhält und der **Handlungstyp** seine Gefühle zeigt, dann reagiert der überschießende **Beziehungstyp** cooler, und der **Handlungstyp** wird emotionaler. Das Gelingen dieser Beziehung hängt vor allem vom **Handlungstyp** ab. Wenn er dem **Beziehungstyp** ganz das Gefühls- und Beziehungsleben überläßt, leben sie sich auseinander. Statt dessen muß der **Handlungstyp** »gefühlsintensiv« und offen im Denken werden.

Die Beziehung **Sachtyp – Handlungstyp**:

Sie macht einen grundsoliden Eindruck. Der **Sachtyp** kann sich an den schaffigen **Handlungstyp** anlehnen, und der schätzt die Klugheit und Lockerheit des **Sachtyps**. Aber der ruhige **Sachtyp** spricht im **Handlungstyp** zu wenig dessen Gefühlsseite an, und der **Sachtyp** hat durch den umtriebigen **Handlungstyp** kaum Chancen, selbst aktiv zu werden. Die Lösung des Problems: Der **Handlungstyp** kann freier und der **Sachtyp** liebevoller werden, wenn der **Sachtyp** mehr Verantwortung in der Beziehung übernimmt. Dann fällt es dem **Handlungstyp** leichter, seine Gefühle herauszulassen. Ob diese Beziehung gelingt, hängt entscheidend vom **Sachtyp** ab. Wenn er es sich bequem macht und gefühlsmäßig dranhängt, geht es sicher schief. Statt dessen muß er gleich zwei Schritte tun: sich engagieren und zu seinen eigenen Gefühlen stehen.

4. Wie und warum ist mein Partner anders?

Zunächst möchte man annehmen, Menschenkenntnis sei etwas ganz Einfaches und Pragmatisches: Wie komme ich mit jemandem klar, mit dem ich zusammenlebe oder -arbeite? Doch wir wissen, daß bei unserem Erleben vorgeprägte Denk- und Sichtweisen eine entscheidende Rolle spielen. Und auch bei der Menschenkenntnis gilt: Man sieht nur, was man weiß. Und das, was wir sehen, bestimmt wiederum unser Erleben.

Wenn es tatsächlich so ist, daß man nur das sieht, was man weiß, dann kommt es sehr darauf an, was für ein Wissen man sich aneignet. Ist es ein Wissen, das zu einer guten Beziehung beiträgt, das geeignet ist, den anderen zu mögen und wertzuschätzen, oder ist es ein Wissen, das die Realität des anderen entstellt, verzerrt und abwertet, ein Wissen, das so etwas wie einen »bösen Blick« verleiht? Denn in der Tat findet man dort, wo Menschen übel miteinander umgehen, immer und zuerst ein abwertendes, zynisches und verächtliches Denken über andere.

Wie ist das mit der Menschenkenntnis, kann auch sie zum Guten oder Schlechten beitragen? Ganz gewiß! Das berührt zunächst die Verantwortung der Autoren dieses Buches, doch noch mehr ist es die Entscheidung des Lesers: Was mache ich daraus? Benutze ich dieses Wissen als ein wertvolles Werkzeug für andere, oder kehre ich es als Waffe gegen sie? Richte ich meine Aufmerksamkeit eher auf ihre sichtbaren und verborgenen Qualitäten, oder konzentriere ich mich auf ihre Schwächen?

Die herkömmliche Charakterkunde denkt eher statisch und problem- oder pathologieorientiert. Sie sieht die Menschen in den Zerrspiegeln ihrer Krankheitsbilder. Statisch meint, daß Menschen so oder anders sind, mehr von diesen oder jenen Eigenschaften haben. Unser Verständnis von Charakterkunde ist eher dynamisch und lösungs- beziehungsweise ressourcenorientiert. Dynamisch bedeutet, daß die Bausteine unserer Psyche Elemente unterschiedlicher Prozesse sein können, etwa so, wie aus gleichen Tönen verschiedenartige Melodien erzeugt werden können. Und ressourcenorientiert meint, daß der Blick auf die eher verborgenen Qualitäten der jeweiligen Schlüsselenergien und der sie unterstützenden Wertesysteme gelenkt wird.

Mit diesem neuen Wissen werden Sie rückblickend verstehen, warum die oft schmerzlichen Erfahrungen, daß der Partner anders fühlt, denkt oder handelt, so lange zu keiner wirklichen Menschen- beziehungsweise Partnerkenntnis führen, solange für Sie diese Einzelerfahrungen nicht in einem größeren Verstehenszusammenhang Sinn gewinnen. Es ist so, wie wenn man ohne Stadtplan sich in einer fremden Stadt zurechtfinden möchte. Man wird sich zunächst gröbere, dann feinere Orientierungshilfen schaffen und sich nach und nach immer besser zurechtfinden.

So gesehen, ist die ressourcenorientierte Charakterkunde so etwas wie eine Landkarte, die Ihnen die Orientierung in der menschlichen Wirklichkeit erleichtern kann. Ich möchte Sie Ihnen erläutern, indem ich Ihnen schildere, wie ich sie selbst Schritt für Schritt erkundet habe.

Es begann mit der Fragestellung, wie sich die menschliche Wirklichkeit mit Hilfe einer einfachen Theorie beschreiben läßt. Dabei machte ich die verblüffende Entdeckung, daß sie durch drei unterschiedliche Themen oder Lebensbereiche charakterisiert ist: durch Beziehung, Erkenntnis und Handeln.

Diese Dreiteilung ist keine willkürliche oder zweckmäßige Unterscheidung, sondern mir war klar, daß ich da auf grundlegende Strukturen unserer Wirklichkeit gestoßen war, also auf etwas, das da ist und sich von selbst unterscheidet, ohne mein Zutun. Und zwar deshalb, weil diese drei Bereiche eigengesetzlich sind. Das heißt, um mit diesen Lebensthemen zurechtzukommen, muß man sich jeweils themen- oder bereichsspezifisch anders verhalten. Also: Was in einem Bereich angemessen ist und funktioniert, ist in einem anderen verkehrt und untauglich – und umgekehrt.

Um im Bild der Landkarte zu bleiben: Es handelt sich bei diesen Unterscheidungen nicht um zweckmäßige Orientierungshilfen wie die Himmelsrichtungen oder die Gradeinteilung, sondern um so etwas wie Flüsse, Berge oder Küsten, also um etwas, das wirklich vorhanden ist. Das gleiche gilt für die ressourcenorientierte Menschenkenntnis. Sie beschreibt nur Dinge, die jeder beobachten, bestätigen und weiterverfolgen kann.

In den fünfziger Jahren hat der amerikanische Psychiater Eric Berne (1910–1970) eine Entdeckung gemacht, die zwar weltweit bekannt wurde, doch hinter der, wie ich meine, noch weit mehr steckt, als man bisher vermutet hat. Er beschreibt den Menschen als eine Verbindung von drei Ich-Zuständen:

dem **Kind-Ich-Zustand**
dem **Erwachsenen-Ich-Zustand**
dem **Eltern-Ich-Zustand.**

Als ich dieses Modell in meiner Psychotherapieausbildung kennen- und anwenden lernte, brauchte es noch einige Zeit, bis mir der Zusammenhang mit meiner eigenen Entdeckung der drei Lebensbereiche klar wurde. Zwar sprach Berne gelegentlich schon von »psychischen Organen«, aber das hatte niemand so richtig begriffen. Die Bezeichnungen »Eltern-«, »Erwachsenen-« und »Kind-Ich« verstellten den Blick dafür, daß die drei Ichs viel weniger mit Psychologie als mit Lebenspraxis zu tun haben: daß sich jedes Ich auf einen der drei eigengesetzlichen Lebensbereiche spezialisiert hat, so wie das Auge auf das Sichtbare, das Gehör auf das Hörbare oder die Körpersinne auf die Empfindungen.

Deshalb nannte ich das Kind-Ich das **Beziehungs-Ich**, das Erwachsenen-Ich das **Erkenntnis-Ich** und das Eltern-Ich das **Handlungs-Ich**. Das heißt, wenn die drei Lebensbereiche eigengesetzlich sind (was sich zweifelsfrei zeigen läßt), also ein jeweils eigenes Denken, Fühlen und Handeln erfordern, um in und mit ihnen zurechtzukommem, ist es nun klar, weshalb wir drei Ichs haben und was ihre Funktionen sind: Sie haben sich auf diese jeweils eigengesetzlichen Bedingungen dieser drei Lebensbereiche spezialisiert. Sie sind also weniger entwicklungspsychologisch als lebenspraktisch zu definieren. Sie ermöglichen uns, daß wir uns »automatisch« richtig verhalten, erkennend, wenn es ums Erkennen geht, beziehungsangemessen, wenn es um Beziehung geht, und handelnd, wenn es ums Handeln geht.

Man kann sie durchaus als »psychische Organe« verstehen, die mit ihren spezifischen Fähigkeiten ganz unterschiedliche Aufgaben erfüllen:

Das **Beziehungs-Ich** mit seinen kommunikativen Fähigkeiten, seinem gefühlsmäßigen Erleben und Bezogensein auf andere, seinem Vertrauen und seiner Liebesfähigkeit, spezialisiert auf den Bereich BEZIEHUNG.

Das **Erkenntnis-Ich** mit seinen Fähigkeiten des Wahrnehmens und Erkennens, seinem sinnenhaften Vermögen, den verschiedenen Fähigkeiten des intuitiven und bewußten Denkens und seiner geistigen Bewußtheit wie Konzentration und Sammlung, verbunden mit der Erfahrung des Sich-Unterscheidens und Eins-Seins, spezialisiert auf den Bereich ERKENNEN.

Das **Handlungs-Ich** mit seinen Fähigkeiten des Wollens und Handelns und mit seinen vielfältigen energetischen Fähigkeiten wie Entschlossenheit, Tatkraft und Fürsorglichkeit, spezialisiert auf den Bereich HANDELN.

Die drei Lebensbereiche und die dazugehörigen Ich-Bausteine lassen sich zu einem Dreieck anordnen:

Kind-Ich-Zustand ~
Beziehungs-Ich =
BEZIEHUNG

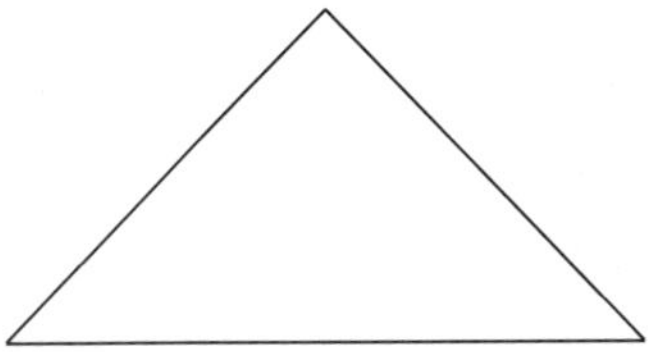

Eltern-Ich-Zustand ~
Handlungs-Ich =
HANDELN

Erwachsenen-Ich-Zustand ~
Erkenntnis-Ich =
ERKENNEN

Doch unsere Persönlichkeitsentwicklung ist keineswegs ein ausgewogener, alle drei Bereiche gleichmäßig umfassender Prozeß. Und daher machen wir die Erfahrung, daß es Menschen gibt, die entweder mehr

im BEZIEHUNGSVERHALTEN
(oder) im DENKEN
(oder) im HANDELN zu Hause sind.

Deshalb habe ich den Menschen, dessen Domäne das BEZIEHUNGSVERHALTEN ist, den **Beziehungstyp** genannt; den, der im DENKEN zu Hause ist, als **Sachtyp** bezeichnet (er müßte konsequenterweise **Erkenntnistyp** heißen); und den aktiven, TÄTIGEN Charaktertyp als **Handlungstyp** – ohne Rücksicht darauf, daß Menschen sich weiterentwickeln (können). Sie werden also nach ihrem »Heimatort« genannt und nicht nach späteren Wohn- und Aufenthaltsorten, weil ihre Herkunft ihre stärkste Prägung ist.

Diese dominanten Grundfähigkeiten nennen wir auch die Persönlichkeitsbereiche der drei Charaktertypen:

Beziehungstyp
BEZIEHUNG

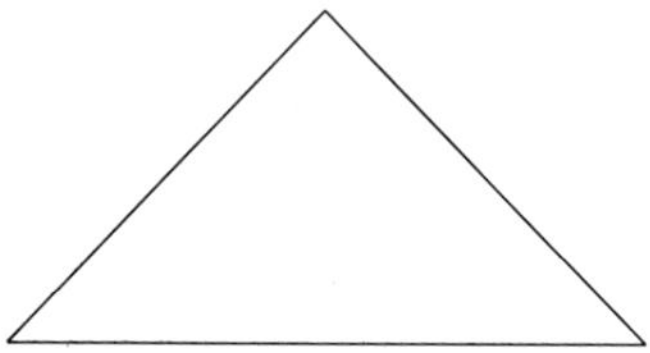

Handlungstyp
HANDELN

Sachtyp
ERKENNEN

Weil sich jeder Mensch in seinem Persönlichkeitsbereich vertraut und sicher fühlt, greift er gern auf ihn zurück und bringt ihn in viele Situationen ein. Das hat sich immer wieder bewährt (und ihn bestärkt), besonders, wenn die Situation dazu paßt:

Dann kann der gewinnende **Beziehungstyp** im Bereich BEZIEHUNG optimal sein einfühlsames Wesen und seine kommunikativen Talente nutzen;

der denkerische **Sachtyp** im Bereich ERKENNEN seine analytische Fähigkeit bei der Lösung theoretischer Probleme anwenden;

und der aktive **Handlungstyp** im Bereich HANDELN seine Kompetenz zur Lösung praktischer Aufgaben.

Wenn aber die Situationen und die Grundfähigkeiten nicht

übereinstimmen, fühlen sich besonders die weniger entwickelten Persönlichkeitstypen (und zwar hauptsächlich in Belastungs- und Krisensituationen) eher unsicher:

Ist Dialog und Einfühlung weniger gefragt, sondern nüchterner Verstand, Sachlichkeit und klare Distanz, dann tut sich der unentwickelte **Beziehungstyp** schwer.

Ist nicht Denken angesagt, sondern Machen und Handeln, Initiative, Zupacken und Unternehmungslust, dann zeigt der unentwickelte **Sachtyp** Schwächen.

Und geht es nicht um Action, sondern ist Sensibilität und Einfühlungsvermögen gefragt, dann kommt der unentwickelte **Handlungstyp** ins Schwimmen.

(Komiker nutzen das, indem sie gezielt und systematisch danebengreifen: In einer Situation, wo sie denken sollten, machen sie auf Gefühl; wo sie handeln sollten, denken sie umständlich nach, und wenn es um Gefühle geht, dann tun sie irgend etwas. Da die Zuschauer oder Zuhörer intuitiv situationsangemessen das passende Ich »einschalten«, spüren sie den Kontrast und das Daneben-Liegen und lachen.)

Genau hier beginnen die unterschiedlichen Entwicklungsprozesse: Hat sich das Kind zuerst auf das Beziehungsverhalten spezialisiert, so sorgt im weiteren Lebensverlauf sein »Erkenntnisinteresse« für die Entwicklung seines Erkenntnis-Ichs. Das ist der Weg des **Beziehungstyps**. Was gehört alles zum Erkennen? Es sind interessiertes Wahrnehmen und Wissenwollen, es sind die vielfältigen Sinneswahrnehmungen und Sinnesgenüsse, es ist das intuitive und bewußte Denken, das mit Konzentration, Sammlung und Entspannung, mit Bewußtsein und Ich-Entwicklung zusammenhängt.

Wurde bei einem anderen Kind zuerst das Erkennen ausgebildet (so beim **Sachtyp**), dann wird später das »Erfolgsinteresse« sein Wollen und Handeln fördern. Das ist sein persönlicher Schlüssel zu mehr Lebensqualität. Erfolgsorientierung zielt ab auf praktisches Gelingen, Selbstverwirklichung im Wollen, Sich-Ziele-Setzen, Entscheidungen treffen, Verantwortung übernehmen und schöpferisch handeln. Die dafür notwendigen Fähigkeiten sind sprachlich häufig mit dem Wort »Kraft« verbunden, zum Beispiel Willenskraft, Entschlußkraft, Tatkraft, kraftvoll handeln, oder mit Wörtern, die das Kraftvolle anschaulich ausdrücken, wie zupacken, sich engagieren, Durchsetzungsvermögen, Verantwortungsbewußtsein, autonome Lebensgestaltung und Fürsorglichkeit anderen und sich selbst gegenüber.

Hat sich das Kind zuerst aufs Handeln festgelegt (als künftiger **Handlungstyp**), so wird durch sein »Sympathieinteresse« später sein Beziehungs-Ich und damit sein Beziehungsverhalten entwickelt. Sympathie, das sind die gefühlsmäßigen und auf Beziehung orientierten Impulse wie Liebe, Freundschaft und Kameradschaft, auch Lebenslust und Lebensfreude, Lachen und Humor, Spiel und Spaß. Die Sympathie kann sich auf Menschen, Tiere oder die Natur beziehen.

> Fassen wir zusammen:
> Der **Beziehungstyp** entwickelt sich in Richtung ERKENNEN (beziehungsweise in Richtung **Sachtyp**);
> der **Sachtyp** in Richtung HANDELN (beziehungsweise in Richtung **Handlungstyp**);
> der **Handlungstyp** in Richtung FÜHLEN (beziehungsweise in Richtung **Beziehungstyp**).
> Das heißt, für den **Beziehungstyp** ist der Entwicklungsbereich oder die sogenannte Schlüsselenergie das **Erkennen** (also die Domäne des **Sachtyps**);
> für den **Sachtyp** ist der Entwicklungsbereich und die Schlüsselenergie das **Handeln** (die Domäne des **Handlungstyps**);
> und für den **Handlungstyp** ist der Entwicklungsbereich und die Schlüsselenergie die **Beziehung** (die Domäne des **Beziehungstyps**).

Geht die Tendenz ins Fühlen (wie beim **Handlungstyp**), so spricht man von einer sympathiegeleiteten Entwicklung, geht sie ins Denken (wie beim **Beziehungstyp**), von einer erkenntnisgeleiteten, und geht sie ins Wollen (wie beim **Sachtyp**), so von einer erfolgsgeleiteten Persönlichkeitsentwicklung.

Doch jeder Persönlichkeitstyp hat auch die Tendenz, in seinem Entwicklungsbereich zu übertreiben und an sich und die anderen besonders hohe Anforderungen zu stellen:

So meint der **Beziehungstyp**, daß er (beziehungsweise sein Partner) ganz besonders intelligent sein sollte, und es besteht die Gefahr, daß er vor lauter Denken nicht wirklich erkennt. Erst dann, wenn er nicht mehr meint, intelligent sein zu müssen, kann sich sein intuitives Erkennen wirklich entfalten.

Ähnliches gilt für das Handeln des **Sachtyps** und für sein Erfolgsstreben. Wenn er es überbewertet und den Mißerfolg fürchtet, handelt er zu vorsichtig oder zu angestrengt. Erst wenn er die anderen und das Geschehen in sein Handeln einbezieht, wird es wirklich erfolgreich sein.

Und dem **Handlungstyp** tut es gut, wenn er in seinem Entwicklungsbereich lernt, daß Liebe und Sympathie nicht »gemacht«, hergestellt werden können. Denn oft versucht er Stimmung zu machen und gute Laune durch humoriges, burschikoses oder kumpelhaftes Verhalten zu produzieren. Besser für ihn und die anderen ist es, wenn er die leisen Töne des Glücks, der Zuneigung und Freude wahrnimmt.

Jeder Persönlichkeitstyp hat zwar den intensiven Wunsch, in seinen Entwicklungsbereich zu gehen – doch bedingt durch seine Prägung hat er auch Schwierigkeiten und Probleme damit. Wäre dem nicht so, bestünde die Menschheit aus lauter voll entwickelten Persönlichkeiten. Leider ist das (noch) nicht so. (Lesen Sie mehr über Persönlichkeitsentwicklung im Kapitel ›Das Geheimnis der Kompetenz‹ unter ›Die verborgenen Fähigkeiten sehen‹.)

Der persönlichkeitstypische Prozeß Ihres Beziehungstyp-Partners

Weil der **Beziehungstyp** viel Gespür für seine Mitmenschen hat und es versteht, sie für sich zu gewinnen, kommt er bei vielen an. Ist er jedoch nicht gut drauf, wirkt er distanziert, angespannt, nervös und verkrampft, und man wird dann vielleicht befürchten, daß man sich von seiner freundlichen Art zu viel versprochen hat. Ist er glänzend aufgelegt, dann will der **Beziehungstyp** gleich die ganze Welt umarmen, ist überaus herzlich, charmant und gewinnend.

Ob dramatisierend oder unterkühlt, emotional schießt der **Beziehungstyp** oft übers Ziel hinaus – dann fühlt er zu sehr und denkt zu wenig. Oder, genauer gesagt, er putscht seine Gefühle mit dramatisierenden inneren Bildern auf, statt sich auf das Hier und Jetzt zu konzentrieren. Das ist der eine Schwachpunkt. Und der andere: Er buhlt zu sehr um den Applaus seiner Mitmenschen. Der Grund dafür ist, daß der **Beziehungstyp** die Welt und die Menschen von Kindheit an als fremd und abweisend, kühl und ihm wenig Liebe und Geborgenheit gebend erlebt hat. Und darum meint er, aus seinen Mitmenschen immer wieder Zuwendung und Liebe herauslocken zu müssen.

Der Entwicklungsweg des **Beziehungstyps** führt heraus aus den dramatischen Gefühlen und geht über das klare Erkennen zum selbstbestimmten Handeln.

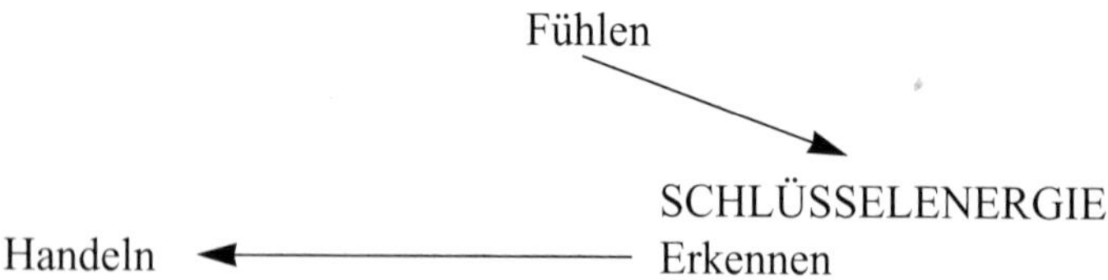

Während der unentwickelte **Beziehungstyp 1** ungeduldig und besserwisserisch ist, meist in einem Entweder-oder-Schema denkt und von einmal gewonnenen Einblicken so gut wie nicht abzubringen ist, zeigt sich der entwickelte **Typ 1** aufgeschlossen, neugierig und interessiert. Er kann sich von dem, was er früher für richtig gehalten hat, lösen (oder es zumindest in Frage stellen) und sich gelassener auf fremde Menschen und neue (Lebens-)Situationen einstellen.

Dann setzt er seine Kontaktfähigkeit auch nicht mehr naiv oder manipulativ ein, sondern er wird dosiert, klug und verantwortungsbewußt damit umgehen. Er nimmt sich jetzt mehr Zeit, um die Menschen wahrzunehmen, ihnen zuzuhören und nicht gleich kritisch zu bewerten oder abzuwerten. Dieses gelassene Sehen und Hören interessiert ihn und gibt ihm das gute Gefühl der Unabhängigkeit – freilich ein fremdes Terrain, das er sich Schritt für Schritt, aber immer wieder neu erschließen muß. Er wendet sich zum Beispiel Sportarten zu, die hohe Konzentration verlangen, oder er hat geistige Interessen, die analytische Energien voraussetzen.

Der unentwickelte **Beziehungstyp 2** ist ständig damit beschäftigt, irgendwelche (Beziehungs-)Träume zu verwirklichen. Er möchte »der Star« sein, allen helfen und von allen geliebt und bewundert werden. Ganz in diesen Retter-Phantasien befangen, bleibt ihm gar keine Zeit, Situationen distanziert zu betrachten und aus eigenen Erfahrungen die richtigen Schlüsse zu ziehen. Die immer wieder abgewehrten und viel Energie schluckenden Kehrseiten seiner Träume sind Sinnlosigkeit, Leere, Stumpfsinn und Ernüchterung – die er wieder mit neuen Phantastereien auffüllt.

Eine positive Entwicklung zeigt sich beim **Beziehungstyp 2** darin, daß er seine eigene Lebenssituation (immer wieder) konsequent durchdenkt und der Wahrheit und Wirklichkeit vertraut. Dann wird er sich und das Verhalten der anderen immer wacher und bewußter wahrnehmen. Das hat aber vielleicht auch die Nebenwirkung, daß er unbequem wird, weil er beginnt, Fragen und Forderungen an seine Mitmenschen zu stellen – und nicht mehr weiter das liebe oder gelegentlich auch unrealistische Kind ist.

Den **Beziehungstyp** unterstützen bei seiner Entwicklung auch Konzentrations- und Meditationsübungen. Und wie wir gesehen haben, hilft ihm beim Finden von Lösungen das Nachdenken über Ausnahmesituationen, was ja seine Schlüsselenergie anspricht. Denn wichtig für ihn ist, daß er selbst und unabhängig vom Einfluß anderer sein Leben durchdenkt.

Der persönlichkeitstypische Prozeß Ihres Sachtyp-Partners

Der Weg des **Sachtyps** geht vom Denken zm Handeln und endet in einem autonomen Beziehungsverhalten; dann kommen zu seiner Klugheit Tüchtigkeit und Fürsorglichkeit dazu. Wenn er ihn ganz durchlaufen hat, dann hat er nicht nur gelernt, sich durchzusetzen und auf sich achtzugeben, sondern auch zu den anderen liebevoll, aufmerksam und fürsorglich zu sein und Verantwortung für sich und sie zu tragen.

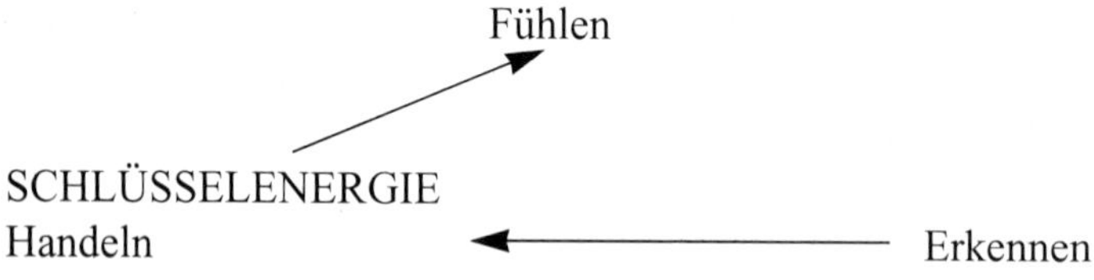

Der entwickelte **Sachtyp** wird ein hohes Maß an Eigeninitiative entwickeln und eine Aufgabe entschlossen und mit Unternehmungsgeist zu Ende bringen. Wenn ihm das gelingt, ist er zufrieden und zu neuen Aufgaben motiviert (wobei er allerdings seine Erfolge oft zu wenig wahrnimmt und wertschätzt). Mißerfolge in seinem sensiblen Bereich Handeln durch Behinderungen von außen – zum Beispiel im Beruf durch unfähige Vorgesetzte – können ihn fürchterlich ärgern.

Wenn der **Sachtyp** seine Energie ausbaut, wird er entschlossener (und damit erfolgreicher) sein und nicht im Denken oder Grübeln versumpfen, wenn Tatkraft angesagt ist. Für ihn ist es wichtig, zu spüren, was er will, die Verantwortung für sich zu übernehmen und Ziele und Vorhaben konsequent zu verfolgen. Das fällt ihm nicht immer leicht, und er tut gut daran, sich seine Ziele immer wieder klarzumachen.

In den Seminaren zur Persönlichkeitsentwicklung kommt das Training des Willens, der Entschlossenheit und Tatkraft zu kurz, vielleicht weil dies eher eine Angelegenheit des praktischen Lebens und des beruflichen Alltags ist. Im japanischen Zen gab es die Verbindung von Samurai- und Zen-Ausbildung, etwa in der Schwertkunst, doch das ist heute fast nur noch von historischem Interesse. Der **Sachtyp** ist bei der Ausbildung seiner Schlüsselenergien – mehr als die anderen Strukturtypen – auf sich selbst gestellt.

Wenn man Sorgen und Probleme hat, der **Sachtyp** ist ein aufmerksamer, verständnisvoller und geduldiger Zuhörer, der einem mit Rat zur Seite steht. Wer es harmonisch und zärtlich mag, der »liegt« bei ihm richtig. Doch der **Sachtyp** muß gepflegt werden. Er braucht sehr viel Anerkennung und verträgt so gut wie keine Kritik!

Der persönlichkeitstypische Prozeß Ihres Handlungstyp-Partners

Ihr Partner ist im Machen zu Hause, und er zeigt mehr als die anderen Energie, Tatkraft, Verantwortungsbewußtsein und Fürsorglichkeit. Doch in seinem Denken ist er oft recht unbeweglich. Was nicht heißen soll, daß er sich nicht an wechselnde Schauplätze und unterschiedliche Situationen anpassen kann. Im Gegenteil, recht gut sogar, doch er selbst bleibt in seiner Identität ziemlich unverändert und drückt so jeder Situation seinen Stempel auf. Er verfügt über eine natürliche Autorität, sagt ehrlich und offen seine Meinung (auch wenn sie anderen weh tut), ist kameradschaftlich und sehr korrekt. Seine Robustheit und Vitalität, sein Vertrauen in sich und seinen Erfolg geben manchem **Handlungstyp** das Image der psychischen und physischen Unerschütterlichkeit.

Dabei wird leider übersehen, daß er tief in seinem Inneren ein sensibler Gefühlsmensch ist, der sehr verletzlich reagieren kann. Menschliche Enttäuschungen tun ihm sehr weh, und daß er darunter mehr leidet, als er zeigt, wissen nur seine besten Freunde. Denn der **Handlungstyp** legt Wert auf gute zwischenmenschliche Beziehungen, auf freundschaftliche Gefühle, während ihm die eigene Tüchtigkeit als selbstverständlich und nicht weiter beachtenswert erscheint.

Seine Entwicklungslinie geht vom Handeln über das Fühlen zum Erkennen:

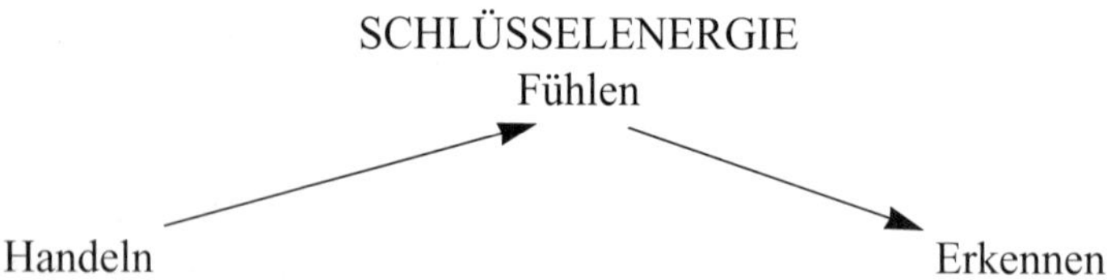

Dieser Weg (der Übergang vom geradlinigen Handeln zum liebenden und vergnügten Fühlen) endet in einem freien, harmonischen und klaren Erkennen. Es erweitert sein Erleben, seine Kreativität und Spontaneität und bereichert seine gefühlsmäßige Beziehung zu den Mitmenschen. Der entwickelte **Handlungstyp** steckt darum voller Emotionen und Herzlichkeit. Jetzt wird er nicht mehr moralisierend die Gefühle anderer übergehen. Er wird sich menschlich einfühlen und mitfühlen. Geht der **Handlungstyp** diesen Weg nicht, dann wirkt er barsch in seiner Art, autoritär oder regelhaft, ist voll bitterer Vorurteile, so daß man die gefühlsmäßige gute Absicht, die hinter seinem Verhalten steht, weder wahrnimmt noch vermutet.

Doch wenn die rastlosen **Handlungstypen**, die unermüdlichen Macher und immer Hilfsbereiten, ihre Gefühle wecken, werden sie sich erlauben, ihr Leben zu genießen, und dabei überraschend erfahren, daß Sympathie und Liebe lohnender sind als Pflicht, Moral und Gehorsam. Und wer einen guten Freund und Kumpel sucht, geradlinig und verläßlich, der mit einem durch dick und dünn geht und mit dem man »Pferde stehlen« kann – auf ihn kann man bauen. Doch man sollte nie vergessen: Die Beziehung zu ihm muß gepflegt werden.

Offenheit und Ehrlichkeit sind ihm wichtig, aber noch mehr sind es freundschaftliche und liebevolle Gefühle. Auch in der Psychotherapie stehen Gefühle im Vordergrund. Doch vieles davon bleibt an der Oberfläche, hat manipulative Züge und wird dem viel tiefergehenden Bedürfnis des **Handlungstyps** nach Freundschaft und Liebe nicht gerecht. Deshalb hat er manchmal Vorbehalte gegenüber gefühlsbetonten Therapien. Die ihm kostbaren Gefühle kann er nur in sich und in seinem Leben ganz verwirklichen.

5. Verändern Sie Ihren Partner durch Pacing

Es sind die einfachsten und unauffälligsten Methoden, die die erstaunlichsten Wirkungen erzielen. Pacing ist eigentlich gar keine Methode oder Technik, sondern das, was Kommunikation und Beziehung ausmacht, nämlich das Sich-Einschwingen auf dieselbe Wellenlänge. Und ähnlich wie homöopathische Mittel wirken, hilft es dem anderen, sich auf seine Weise zu entfalten und positiv zu verändern.

Der Begriff »Pacing« kommt aus dem Englischen und heißt soviel wie »mit jemandem Schritt halten«. Schritthalten ist hier freilich in einer übertragenen Bedeutung gemeint: Es ist ein dezentes, behutsames und unmerkliches Angleichen meines Kommunikationsverhaltens an das des Partners, besonders das körpersprachliche. Sie verstehen sofort, was mit Pacing gemeint ist, wenn Sie beobachten, wie Verliebte, wenn sie sich unterhalten, in ihren Bewegungen, im Gesichtsausdruck, in den Gesten etc. eine verblüffende Übereinstimmung zeigen. Das ist gelungenes Pacing.

Pacing ist zugleich die direkteste und innigste Form der Anerkennung, die zwischen Menschen überhaupt möglich ist. Und es ist zugleich eine fast geheimnisvoll wirkende Herausforderung an den Partner, sich zu öffnen und in seine wertvollsten Fähigkeiten zu gehen. Wenn Sie ihn pacen, dann schwingen Sie sich auf ihn ein, stellen eine feine innere Verbindung zu Ihrem Partner her, und er wird, ohne es zu merken, durch Sie in seiner ganzen Wesensart bestätigt. Das heißt, Sie machen ganz direkt oder konkret das, was das Wort »anerkennen« meint: Sie »erkennen« seine Art an oder ihm zu.

Und es kommt noch etwas dazu. Sie führen ihm Energie dort zu, wo sie ihm am meisten weiterhilft, nämlich in seinem Persönlichkeitsbereich. Das heißt, der **Beziehungstyp** fühlt sich gemocht, der **Sachtyp** beachtet und der **Handlungstyp** wertgeschätzt. Wenn Ihnen diese Synchronisation gelingt, dann bewegen Sie sich auf das zu, was man »mit jemandem ein Herz und eine Seele sein« nennt.

Wenn Sie beispielsweise Ihrem Partner gegenübersitzen, sitzen Sie so da wie er, ähnlich aufrecht oder entspannt oder lebendig, schweifen so wie er mit dem Blick umher oder schauen ihn auch so konzentriert oder so offen an wie er Sie. Des weiteren gleichen Sie sich ihm im Sprechen an. Das heißt, spricht er ruhig, sprechen auch Sie ruhiger. Redet er laut und energisch, werden auch Sie betonter. Klingt seine Stimme melodisch und gefühlvoll, sprechen auch sie weicher und emotionaler, doch machen Sie es unauffällig, damit er sich nicht irritiert fühlt.

Milton Erickson, der amerikanische Hypnotherapeut, verstand es in vollendeter Form, seine Klienten zu pacen. Er glich sich ihnen in ihrem Atemrhythmus, Tonfall, der Stimmlage, der Sprechgeschwindigkeit an, übernahm ihre Lieblingsvokabeln, ihre Körperhaltung und Gesten so diskret und natürlich, daß sie zu ihm in ganz kurzer Zeit eine starke, vertraute Verbindung aufbauten und meinten, sie würden Erickson schon seit ewigen Zeiten kennen. Pacen bedeutet also, den anderen in seiner ganzen Wesensart intensiv annehmen, ihn bestätigen und ihm das zurückgeben, was er selbst ist (in der Fachsprache nennt man das ein »positives Feedback« oder »Rapport«).

Es ist so, als ob man die Lebensmelodie des Partners hört, mit ihr mitschwingt und sie noch verstärkt. Ihr Partner fühlt sich durch Sie in ganz hohem Maß akzeptiert, ist dann »bei sich selbst zu Hause«. Und das gibt ihm den Rückhalt und die Sicherheit, sich verändern zu können. Und da Veränderungen auf der Linie des Lebens liegen, spürt Ihr Partner auch das Bedürfnis, sich verändern zu wollen. Sie haben ja durch das Pacen seine Kompetenz angesprochen. Das Verändern kommt dann bei ihm ganz spontan von innen, ist jetzt sein Anliegen geworden und daher um so motivierender, als wenn Sie ihn schieben oder an ihm zerren.

Charakterkundliches Pacing

Wenn Sie Ihren Partner dazu noch typspezifisch begleiten, bauen Sie eine viel tiefere Verbindung zu ihm auf. Das heißt, jetzt pacen Sie weniger durch Nachahmen als mit Hilfe Ihres charakterkundlichen Wissens. Ist Ihr Partner **Beziehungstyp**, gehen Sie in Ihr eigenes Beziehungs-Ich, ist er **Sachtyp**, gehen Sie in Ihr Erkenntnis-Ich, ist er **Handlungstyp**, gehen Sie in Ihr Handlungs-Ich. Sie benutzen also den passenden Ich-Baustein als Schlüssel für den Persönlichkeitsbereich Ihres Partners. Das gibt ihm das Gefühl großer innerer Sicherheit, er kann leichter loslassen und in seinen Entwicklungsbereich überwechseln, das heißt, sein Verhalten wird konstruktiver werden und entscheidend an individueller Qualität gewinnen.

Und Sie werden durch das psychographisch unterstützte Pacen Ihren Partner noch viel besser verstehen. Sie wissen jetzt gefühlsmäßig, was ihn bewegt, in ihm vorgeht, wie er aus seiner Persönlichkeitsstruktur heraus tatsächlich lebt. Und Sie machen die Erfahrung, daß Sie ihm jetzt inhaltlich besser zuhören können und weniger Gefahr laufen, in seine Aussagen und Reaktionen permanent Ihre eigenen Deutungen hineinzuinterpretieren. So werden typische Mißverständnisse entweder gar nicht erst aufkommen oder mehr und mehr reduziert.

Wie kann man sich auf die lebendige, emotionale Art des **Beziehungstyps** einstimmen? Diese Frage stellt sich natürlich nur **Handlungstypen** und **Sachtypen**, denn das Pacen läuft bei Menschen vom selben Persönlichkeitstyp wie von selbst. Es gibt zwei Möglichkeiten: Ein guter erster Weg für das »Gefühlslernen« ist der von außen her, das oben beschriebene feine Nachahmen der Körpersprache des **Beziehungstyps**. Beobachten Sie also einen **Beziehungstyp**, und machen Sie ihn ganz leicht und unmerklich nach. Das ist nicht einfach. Vielleicht haben Sie eine **Beziehungstyp**-Freundin?

Der zweite Weg ist der typspezifische Zugang von innen her, das mitfühlende Einschwingen in die Grundstimmung des **Beziehungstyps**. Wenn Sie daran denken, daß er die Welt oft als fremd, kühl und abweisend empfindet, können Sie sehr leicht nachvollziehen, wie wohltuend es für ihn ist, wenn Sie seine Impulse spiegeln und verstärken. Er erlebt es als liebevolles Angenommen-Werden, und das tut ihm gut. Elke, eine Seminarteilnehmerin, hat das so formuliert: »Das zu erfahren und davon überzeugt zu sein, daß man so gemocht und angenommen wird, wie man ist, ohne sich anstrengen und Liebe ›verdienen‹ zu müssen, das ist *das* beglückende Erlebnis für den **Beziehungstyp**.«

Und Sie selbst kommen in ein stark gefühlsbetontes (Mit-) Erleben, und Ihr Körpergefühl, Ihre Haltung, Ihr Blick, Tonfall und Ihre Gesten, auch der Inhalt Ihrer Sätze, Ihre Intentionen oder der Tenor Ihrer Begegnung werden sich dieser gemeinsamen Stimmung angleichen. Stimmen Sie mit Ihrem **Beziehungstyp**-Partner in dieser Grundschwingung überein, dann macht ihn das frei und löst in ihm Veränderungsimpulse aus.

Wenn Sie (als **Handlungstyp** oder **Sachtyp**) beim **Beziehungstyp** diesen Wechsel in die Schlüsselenergie bemerken, sollten Sie Ihre liebevolle Zuwendung nicht plötzlich abbrechen und den »Beziehungsfaden« zu ihm loslassen, sonst wird der sensibel registrierende **Beziehungstyp** rasch enttäuscht wieder in seinen Persönlichkeitsbereich zurückkehren und auf alte Verhaltensmuster zurückgreifen. Er spürt sofort, daß plötzlich etwas nicht mehr stimmt. Dann wird der **Typ 1** wieder distanzierter sein und kühler wirken, weil er sich in den Griff bekommen will, und der **Typ 2** wird Anzeichen von Unzufriedenheit zeigen.

Dieser spielerische Umgang mit dem **Beziehungstyp** kann eine interessante Herausforderung für Sie sein. Es wird den Dialog mit dem Partner (wieder) interessant und abwechslungsreich machen. Ist man aber in diesem wechselhaften Umgang ungeübt, dann wirkt sein »Aprilwetter der Gefühle« und der plötzliche Wechsel des **Beziehungstyps** von **1** nach **2** (von Distanz auf Nähe und umgekehrt) anfangs irritierend. Nehmen Sie es als Spiel, und spielen Sie mit ihm locker und flexibel mit.

Einen **Sachtyp** zu pacen erscheint auf den ersten Blick einfacher, weil sein tendenziell ruhigeres und wenig kontrolliertes Verhalten überschaubarer ist und er sich im Verhalten anderen gegenüber viel konstanter geben wird. Versuchen Sie, ihn konzentriert anzuschauen, dann gehen Sie automatisch in Ihr Erkenntnis-Ich und finden leichter zu seiner besonderen Form der Sammlung. Hören Sie ihm aufmerksam und sachlich zu, und Sie werden sich mehr und mehr entspannen.

Es hilft Ihnen, wenn Sie sich wie Ihr **Sachtyp**-Partner hinsetzen (oder bei ihm stehen), nämlich locker und lässig. Wenn Sie ihn so pacen und die innere Sammlung des **Sachtyps** in sich aufnehmen, spüren Sie seine besondere Form der Konzentration und typischen Gefaßtheit. Den lässigen, aber auch manchmal distanzlosen und unvorteilhaft wirkenden Körperausdruck des **Sachtyps** nachzuahmen fällt allerdings dem korrekten **Handlungstyp** nicht einfach und dem auf Wirkung bedachten **Beziehungstyp** sogar ausgesprochen schwer.

Sollten Pausen im Gespräch mit dem **Sachtyp** auftreten (und das wird sicher der Fall sein), reagieren Sie nicht nach alter Gewohnheit und versuchen ängstlich die Gesprächslücken zu füllen – das kann besonders dem **Beziehungstyp 2** passieren. Probieren Sie doch einfach aus, die Pausen zu genießen. Erleben Sie es auf keinen Fall als peinlich, »wenn der Engel durchs Zimmer geht«, sondern empfinden Sie diese Momente einfachen Da-Seins als wohltuend.

Gerade in Pausen kann man sich dem anderen besonders aufmerksam widmen, kann für sich selbst neue Energie aufbauen, kann nachdenken, sich weiter entspannen und neugierig sein auf das, was vom **Sachtyp** Neues kommt oder was einem plötzlich und überraschend selbst einfällt. Und im Gegensatz zu Ihnen sind Pausen für ihn keineswegs unangenehm. Da er in Gedanken mit sich oder dem Thema und den Randthemen, die er dabei assoziiert, sehr beschäftigt ist, empfindet und interpretiert er eine Unterbrechung nicht so wie Sie. Seine Gedanken laufen weiter, oder er hat sie einfach angehalten, während Sie aus der Situation wahrscheinlich »aussteigen« und über sich und den anderen reflektieren. Das bedächtige Tempo des **Sachtyps** rührt daher, daß er mehr über Körperempfindungen »denkt«.

Apropos Pause. Da fällt mir (K.F.) das bemerkenswerte Verhalten eines Arztes, **Sachtyp 2**, ein. Er war sehr oft in unserem Haus, weil mein Großvater schwer erkrankt war. Jedesmal, nachdem er ihn sorgfältig untersucht und abgehört hatte (die unumstößliche Diagnose stand längst fest), schaute er den dahindämmernden Patienten minutenlang schweigend an. Sein Blick hatte etwas sehr Andächtiges, Gelassenes, Beobachtendes und Metaphysisches.

Dieses **sachtypische** Verhalten, die Ruhe und Lockerheit, die dieser Persönlichkeitstyp ausstrahlt, tut besonders dem unruhigen **Beziehungstyp** gut. Hinzu kommt, daß die meisten **Sachtypen** durch ihre Flexibilität und Geistigkeit faszinieren und fesseln und ein Gespräch mit ihnen schon von vornherein Niveau hat. Lassen Sie sich aber nicht irritieren: Sein oft regungsloses Gesicht verrät wenig darüber, wie intensiv er nachdenkt. Und man weiß über lange Zeit im Gespräch nicht, wie man mit ihm dran ist und was sich wirklich in ihm abspielt (man wird es auch selten ganz erfahren). Der **Sachtyp** wird Sie ernst, beobachtend oder nachdenklich anschauen. Lassen Sie etwas von der geistigen Kraft auf sich wirken, die aus seiner Fähigkeit resultiert, sein Denken anhalten zu können und einfach dazusein, wach, gesammelt und aufmerksam.

Sie verstehen den **Sachtyp** noch besser, wenn Sie sich seine sogenannten »Antreiber« vergegenwärtigen und seine Wünsche nach Anerkennung und Interesse nachvollziehen können. (Lesen Sie zu den »Antreibern« im Kapitel ›Das Geheimnis der Kompetenz‹.) Er hat sich nämlich auf eine Welt eingerichtet, in der es wenig Aufmerksamkeit gibt, wenig Beachtung, wenig Bedeutung. Ob eine Erkenntnis richtig oder falsch ist, hat nichts mit der eigenen Person zu tun. Da muß man sich raushalten, hier gelten nur objektive und »unpersönliche« Spielregeln. Denn beim Erkennen sind Emotionen und Wünsche eher störend, weil Vorlieben oder Neigungen einen Erkenntnisprozeß verfälschen. – Doch der Haken dabei ist: Über seinem ehrlichen Erkennen vergißt der **Sachtyp** oft sich selbst und was er eigentlich will.

Aus diesem Defizit an Interesse und Aufmerksamkeit für seine Person heraus möchte der **Sachtyp**, daß man sich ihm interessiert widmet. (Der **Handlungstyp** möchte, daß man ihn wertschätzt, der **Beziehungstyp**, daß man ihn liebt.) Wenn Sie ihn also diese innere Haltung an aufgeschlossenem, aktivem Interesse spüren lassen und durch Pacen wiedergeben, werden Sie ihn mühelos für sich gewinnen.

Mir (K.F.) ist es damit gelungen, das ramponierte Verhältnis zu meinem wichtigtuerischen **Sachtyp 1**-Nachbarn zu verbessern. Bei jedem Treffen mit ihm sage ich mir leise vor: »Nimm ihn wichtig!« Dadurch verändern sich schon meine Haltung und mein Blickkontakt. Ich stelle interessiert Fragen, schaue ihn konzentriert an und höre ihm aufmerksam zu. Mein **beziehungstypisches** »Ja, aber ...« (das für ihn besserwisserisch klingt, aber wissenwollend gemeint ist) lasse ich weg. Es ist unglaublich, wie gut das funktioniert.

Ganz anders fühlt sich das Pacen beim **Handlungstyp** an. Bei **Typ 1** und **2** spürt man stets ihr kraftvolles Wesen. Der **Typ 1** begegnet einem mit kameradschaftlicher Freundlichkeit. Der **Handlungstyp 2** gibt sich zurückhaltender. Er ist sehr zuverlässig, pflichtbewußt und besonders geeignet, verantwortungsvolle Aufgaben zu übernehmen. Er mag es herzhaft deftig, und der Kontakt zu ihm wird sich schnell einstellen. Sein geradliniges Denken, seine herzliche, offene und unkomplizierte Art erleichtern den Umgang mit ihm – und den Einstieg ins Pacen.

Entschlossen, tatkräftig, humorvoll – diese Attribute zeichnen den **Handlungstypen** aus. Er wirkt immer handlungsbereit – das fängt beim Stehen und Gehen an und hört auch beim Sitzen nicht auf. Seine Muskeln, Brust, Rücken, Oberarme sind leicht angespannt, dadurch wirkt er etwas steif und unbeweglich. Ahmen Sie diese gespannte, kraftvolle Haltung nach, und das wird Ihnen den Zugang zu seiner Art des Denkens erleichtern. Es ist stark von Handlungserfahrungen geprägt. Der **Handlungstyp** meint, was er sagt und spricht deutlich und etwas laut. Es ist eine Handlungs-Ich-Sprache, einfach und verständlich. Sprechen Sie so mit ihm, und er wird sich sicher fühlen und schnell in sein freudiges, weiches und herzliches Beziehungs-Ich gehen.

Manche Handlungstypen sind eher vornehm und konventionell, andere kumpelhaft und herzlich, wieder andere förmlich distanziert und sehr auf ihre Rolle bedacht. Haben Sie es mit letzterem zu tun, überschreiten Sie bitte diese Grenze nicht. Geben Sie sich gegenüber dem **Handlungstyp** offen, aber keinesfalls so emotional wie dem **Beziehungstyp** gegenüber und auch nicht so leger und sachlich trocken wie beim **Sachtyp**. Bei einer Überdosis an Gefühl oder Anerkennung macht der **Handlungstyp** schnell zu. Gehen Sie authentisch, freundschaftlich und ausgeglichen mit ihm um – das schätzt er an Ihnen. Denken Sie daran: Er hat zwar eine feste Schale, doch einen weichen Kern.

Der **Handlungstyp** lacht gern und kräftig. Vermutlich erzählt er deshalb gern Witze (nicht der vornehm-konventionelle Typ). Lassen Sie ihm seine Freude daran. Erkennen Sie seine ehrliche Art an, und akzeptieren Sie seine Autorität. Das reicht schon, denn im Grunde ist er großzügig und läßt Sie sowieso machen, was Sie wollen. Seine knappen Gesten spiegeln sein durch viele Gebote kontrolliertes Temperament. Wenn Sie das übernehmen und sich etwas gebremst geben, kann er lockerlassen.

Er versucht das meiste auf der Ebene des Machens zu lösen, und zwar so, wie er glaubt, daß man es von ihm erwartet. Und dabei will er nicht gegen Regeln und Normen verstoßen. Gefühle, Spiel und Spaß sind für den noch wenig entwickelten **Handlungstyp** zwar anziehend, doch er lebt das fast nur im konventionellen Rahmen aus, wie bei Familienfesten oder Vereinsfeiern oder beim Spielen mit seinen Enkelkindern. Wenn Sie ihn mehr in seinem Beziehungs-Ich lockern wollen, dann lachen Sie ihn innerlich an, machen aber nach außen eher ein ernstes Gesicht.

Die besonders angenehme Seite des entwickelten **Handlungstyps** ist, daß er Menschen so akzeptiert, wie sie sind. Und er reagiert auch nicht so überzogen begeistert oder kritisch wie der **Beziehungstyp** oder läßt sich so leicht entmutigen wie der **Sachtyp**. Das schafft eine gute, erwartungsfreie Situation mit ihm. Man fühlt sich in der Gegenwart des entwickelten **Handlungstyps** wohl, weil er einem das Gefühl gibt, daß er einen so nimmt (oder sogar schätzt), wie man eben ist.

Pacing in der Partnerschaft

Wo liegen nun die spezifischen Schwächen, aber auch Stärken der verschiedenen Persönlichkeitstypen, und wie können Sie das mit Pacing ausgleichen beziehungsweise verstärken?

Wenn Sie als **Beziehungstyp 2** mit einem **Beziehungstyp 1** liiert sind, dann werden Sie beide emotional, romantisch, überschwenglich und sogar kindlich verspielt miteinander umgehen. Auf dieser Ebene findet viel Pacing statt. Doch es mangelt Ihnen gelegentlich an Realitätssinn und bei so viel Temperament und Kritikfähigkeit dann auch in heiklen Situationen an Gelassenheit dem Partner gegenüber. Wenn es heikel wird, bleiben Sie am besten im positiven Beziehungs-Ich und lassen Ihren Partner ins Erkenntnis-Ich gehen.

Besonders wenn Sie als weiblicher **Beziehungstyp 2** mit einem männlichen **Typ 1** verbandelt sind, dann ist Ihre Verbindung, wenn es Ihnen beiden gutgeht, fast so etwas wie eine Idealbeziehung, doch in Konfliktfällen wird es recht brisant. Hier werden die typischen Schwächen durch traditionelle Rollen noch verstärkt: Ihr Partner mimt wahrscheinlich den coolen Macho, und Sie akzentuieren dann die launische Kind-Frau. Pacen Sie seine Distanz, ohne sich von ihm abzuwenden. Ihnen wird eine gelassene und liebenswürdige Beobachterrolle (nicht nur Ihrem Partner gegenüber) guttun. Und ihm erleichtert das, Ihnen wieder näherzukommen und sich mehr auf Sie einzulassen. Überfluten Sie ihn jedoch mit Ihrem Gefühlsüberschwang, so wird er sich bestimmt in noch kühlere Regionen seiner an sich gemäßigten bis warmen Gefühlswelt zurückziehen.

Sind Sie jedoch ein **Beziehungstyp 1** und Ihr Partner der **Typ 2**, dann wirken Ihre Temperamente eher ausgleichend. Sie können sich gegenseitig mit dem richtigen Maß an Einfühlung und Verstand begegnen. Pacen wird dadurch leichter und selbstverständlicher. Doch vergessen Sie nicht, daß der **Typ 2**-Mann viel Wärme und Anerkennung braucht. Sollten Sie ihn zu kühl behandeln, dann holt er sich den Beifall und die Bewunderung schnell woanders – nicht sehr schwierig für einen kontaktfreudigen und charmanten **Beziehungstyp**-Mann.

Treffen zwei vom **Typ 1** oder zwei vom **Typ 2** aufeinander, entsteht automatisch so viel Pacing, daß Sie vielleicht zu rasch in Ihren Entwicklungsbereich Denken und Erkennen gehen. Vielleicht sollten Sie es dann einmal mit Anti-Pacing probieren, das heißt, Sie geben sich anders, fremd oder geheimnisvoll, um die Beziehung auf der Beziehungsebene spannend zu machen. Beides, Pacing und Anti-Pacing, ist sehr wirksam, und keine Methode ist ein Allheilmittel. Versuchen Sie es deshalb gelegentlich mit dem Gegenteil, also der Nichtübereinstimmung, zunächst äußerlich, und achten Sie auf die Reaktion Ihres Partners.

Sind Sie als **Sachtyp** mit einem **Sachtyp** liiert, dann ermöglicht diese Seelenverwandtschaft schon viel Pacing beim gemeinsamen, behaglichen Genießen und dem harmonischen, verständnisvollen Umgang miteinander. Wohltuendes Laisser-faire ist Ihr Motto. Bei so viel Gemütlichkeit besteht allerdings die Gefahr, daß es Ihrer Verbindung bald an lebendiger Spannung mangelt. Versuchen es auch Sie mit einem spielerischen Anti-Pacing, geben Sie sich anders als Ihr Partner, und wenn er, ohne es zu wissen, beginnt, Sie zu pacen, seien Sie wieder anders. Machen Sie es spannend.

Als **Sachtyp** haben Sie die große Begabung, das Richtige zum richtigen Zeitpunkt zu tun. Zwar haben die anderen Persönlichkeitstypen ebenso diese intuitive Kraft, doch der **Beziehungstyp** folgt oft seinen Emotionen und der **Handlungstyp** seinen Verhaltensmustern. Da zwischen Ihnen als **Sachtypen** viel Pacing stattfindet, wechseln sie nämlich automatisch ins Handeln. Doch achten Sie darauf, daß Sie sich nicht mit Arbeit überhäufen. Unternehmen Sie lieber etwas zusammen, wenden Sie sich dem Partner liebevoll zu, und stehen Sie für ihn ein.

Wenn Sie wollen, können Sie vom **Handlungstyp** lernen, die eigenen Bedürfnisse auszusprechen, und vom **Beziehungstyp**, was man dafür tun kann, damit sie vom anderen erfüllt werden. Lassen Sie sich dabei Zeit, und gehen Sie in ganz kleinen Schritten vor – eines Tages werden Sie darin sogar die von ihrem Naturtalent verwöhnten **Beziehungstypen** übertreffen. Denken Sie daran: Sie haben Ihre Sinnlichkeit, Ihre innere Schönheit und eine Anmut, der kaum jemand widerstehen kann – aber nur, wenn Sie sich dessen bewußt sind.

Damit Sie den Blick für Ihre Qualitäten und die Energie zur Eigenverantwortlichkeit nicht buchstäblich vergessen, können Sie sich als **Sachtyp 2** (wenn Sie einmal nicht mehr mit sich im reinen sind) immer wieder sagen:

»Meine Zukunft, das bin ICH!«

Oder bei Schwierigkeiten:

»Die Lösung bin ICH!«

Und als **Sachtyp 1**:

»Die Lösung ist schon vorhanden!«

Das wird Ihnen weiterhelfen und guttun.

Die Beziehung **Handlungstyp** – **Handlungstyp** hat viel

Power im gemeinsamen Handeln. Mit ihm gemeinsam arbeiten ist Ihre Art, den Partner zu pacen. Und für manchen **Handlungstyp** ist darum Partnerschaft so etwas wie Gartenarbeit. Er macht sie gewissenhaft und beständig, hat seine stille Freude und heimlichen Stolz daran, macht aber wenig Aufhebens darum.

Daß Leidenschaft und Romantik (etwas) zu kurz kommen, ist ihm nicht unlieb. Seine Lebenserfahrung sagt ihm: Ein kleines Feuer, das behaglich und (lebens-)lang wärmt, ist besser als lodernde Flammen, an denen man sich verbrennen kann und die schnell vergehen.

Ihre Beziehung wird sich vertiefen, wenn Sie dabei im spielerischen Hier und Jetzt der Gefühle leben und Ihre Liaison nicht tief unter Arbeit, Aufgaben, Pflichten und Konventionen begraben. Das Wichtigste in Ihrem Leben – Ihr Gefühl – ist wie eine blühende Pflanze, die Platz braucht, Sonne, Luft zum Atmen und viel Pflege. Verwandeln Sie Ihr starkes Pflichtbewußtsein in eine neue Art von Pflicht: nämlich die, lebendig, spontan und frei zu sein. Ersetzen Sie Ihr starres Muß durch die Lebendigkeit der Schöpfung, der Natur und des Lebens. Und erlauben Sie sich immer wieder Momente des »ziellosen« und »absichtslosen« Spielens.

Sind Sie als **Sachtyp** mit einem **Beziehungstyp** liiert, dann kann Ihre Beziehung eine großartige Ergänzung und faszinierende Bereicherung für beide sein. Sie selbst werden durch die lebendige, überschwengliche und gefühlsbetonte Art Ihres **Beziehungstyps** angezogen und mitgerissen. Und dem tut Ihre Gelassenheit und Nachdenklichkeit besondes gut, denn er bekommt von Ihnen ja ständig »Erkenntnis-Futter«. Ihre denkerischen Fähigkeiten wird er ganz sicher an Ihnen bewundern. Aber widerstehen Sie dem (verständlichen) Drang, Ihrem **Beziehungstyp** vorzudenken – wie Sie wissen, hemmt ihn das in seiner Entwicklung und macht ihn fuchsteufelswild.

Sachtypen neigen allerdings dazu, ihren **Beziehungstyp**-Partner viel zu wenig zu umgurren. In ihrer arktischen Art lassen sie ihn (ohne es selbst freilich zu bemerken) gefühlsmäßig auskühlen, weil sie ihre Gefühle rationalisieren. Und Ihrem frustrierten **Beziehungstyp** bleibt dann nur noch die energische Vaterrolle. Doch vielleicht haben Sie ihn auch selbst in diese (über-)väterliche Rolle gedrängt, weil Sie sich hilflos, ungeschickt oder unaufmerksam gegeben haben?

Am Beginn Ihrer Liebe haben Sie seine Power bewundert und seine Selbstkontrolle (besonders spürbar beim **Beziehungstyp 1**) als Souveränität ausgelegt. Doch später sahen Sie darin Egozentrik oder Arroganz und haben in der Rolle der Unterlegenen gelitten. Die Folge war Rebellion, oder Sie suchten Hilfe und Verständnis bei Freunden und drückten sich vor Initiative, Verantwortung und einer klärenden Aussprache mit Ihrem Partner.

Diesen unguten Zustand unterstützt Ihr **Beziehungstyp**-Partner durch seine unbewußte Tendenz zu Retter- und Machtspielchen. Zu Anfang war er als Retter nämlich angerührt von Ihrer Hilflosigkeit. Doch irgendwann begann er ungeduldig und gereizt auf Ihr unsicheres und (über-)anlehnungsbedürftiges Verhalten zu reagieren. Sie waren gekränkt und haben sich zurückgezogen. Den heftigen Gefühlsausbrüchen Ihres Partners begegneten Sie vernünftig, schweigend oder mit endlosen Erklärungsversuchen, was ihn noch mehr reizte und in schroffe Distanz oder hysterische Überreaktionen trieb.

Spitzte sich die Situation weiter zu, kam es zu einem seltsamen Showdown mit komplettem Rollentausch: Jetzt wurden Sie laut und wütend, und Sie schlugen mit ziemlich harten Argumenten auf ihn ein, während Ihr **Beziehungstyp** mit schneidender Schärfe oder dramatischen Auftritten konterte und zu Ihrer hilflosen Empörung die Angelegenheit so zurechtbog, wie er sie gerade für sich brauchte.

Ihre Beziehung stabilisiert sich, wenn Sie sich darauf besinnen, daß Ihr Partner Ihre Liebe und Fürsorglichkeit braucht, mehr als Sie denken und mehr als er vor sich selbst und Ihnen bereit wäre zuzugeben. Doch er will Ihre Zuneigung nicht schwach und anklammernd, sondern aus Ihrer starken und liebevollen Haltung heraus. Vergessen Sie nicht: Sie sind eine sinnliche Frau mit einem wunderschönen Lächeln. Und bei welchem Mann kommt das nicht an! Lassen Sie ihn wieder Erotik spüren. Dann wird er nicht nur glücklich sein und weniger fordern, sondern er wird auch in seine Schlüsselenergien wechseln, also sein Denken und Erkennen aktivieren. Überholen Sie ihn dabei nicht, auch wenn Ihnen das leichtfällt. Stellen Sie das Licht Ihres Scharfsinns eher unter den Scheffel und lassen Sie ihn »leuchten«.

Wenn Sie sich also klar und selbstverantwortlich ihm gegenüber verhalten, entlastet das Ihren **Partner**. Er driftet dann nicht in seine überkontrollierende und überfürsorgliche Lieblingsrolle ab. Und wenn Sie keinen Druck auf ihn ausüben, kann er sich tiefer in die Beziehung mit Ihnen einlassen. Sollte Ihnen das schwerfallen, weil Sie unter Verlassenheits- und Verlustängsten leiden und zu übergroßer Eifersucht neigen, – so läßt sich das heute mit den therapeutischen Möglichkeiten des fortgeschrittenen NLP recht einfach und zuverlässig heilen.

Ihre Beziehung als **Sachtyp** mit einem **Handlungstyp** ist ausgeglichen und solide. Sie können sich vertrauensvoll an Ihren **Handlungstyp** anlehnen und die Hände in den Schoß legen (wenn Sie wollen), weil der **Handlungstyp** zunächst ganz automatisch Ihren Part samt Arbeit und Verantwortung gleich mit übernimmt. Doch vermutlich wissen Sie schon, daß Sie sich damit selbst keinen Gefallen erweisen, denn damit bringen Sie sich um Ihre wertvollsten Erfahrungen und Ihre schönsten Erfolge – und Ihr Partner würde in typischen Zwängen festgehalten werden, die ihm wiederum nicht guttun. Versuchen Sie im Gegenteil, ihn im Handeln zu überholen oder zumindest gleichzuziehen.

Ihr **Handlungstyp**-Partner schätzt Ihre Flexibilität, Ihre unkonventionelle Art, Ihre Klugheit und Lässigkeit. Es ist eher eine bestätigende (und weniger herausfordernde) Beziehung. Doch die Gefahr ist, daß Ihre Verbindung eben dadurch konventionell und langweilig wird, weil der Pfeffer fehlt. Dann sprechen Sie im **Handlungstyp** mehr die Seite des braven, angepaßten Kindes an und weniger die des lebendigen, freien und sehr gefühlvollen Menschen.

Dafür haben Sie dann einen übereifrigen Menschen an Ihrer Seite, der Ihnen, bevor Sie richtig nachgedacht haben, schon längst die Initiative aus der Hand genommen hat. Bei so viel Tüchtigkeit verlieren Sie selbst die Lust, aktiv zu werden, Ihr Leben zu planen und nach Ihren Vorstellungen zu gestalten. Und Sie fallen dann in Ihre alten Strukturen des sorgenvollen Grübelns und wehleidigen oder empörten Räsonierens zurück. Dann sind Sie freilich schlecht drauf und bremsen mit Ihrer jetzt sehr distanzierten und kühlen Art wieder den **Handlungstyp** im Gefühl und in seiner Leidenschaftlichkeit. (Wenn es Ihnen schlechtgeht, können Sie eine unübertreffbare Gleichgültigkeit ausstrahlen.)

Im Gegenzug blockt Ihr Partner Ihr erfrischend erfinderisches und zu Blödsinn aufgelegtes Temperament ab und reagiert je nach Grad des **Typanteils 1** oder **2** bürgerlich konventionell bis kleinkariert und spießig. Dann ist es selbstverständlich, daß verlockende Anreize von außen an Attraktivität gewinnen. Vorsicht: Das Verführerische ist für Sie beide häufig ein lebhafter **Beziehungstyp**! Doch genug der Schwarzmalerei.

Für Sie genügt es, daß Sie selbst aktiv werden und sich dabei nicht von Ihrem willensstarken Partner überfahren oder einschüchtern lassen. Kopieren Sie seine Power. Er macht es Ihnen doch Tag für Tag vor. Das macht Sie frei. Der zweite Schritt ist dann, daß Sie Ihr introvertiertes Beziehungsverhalten aufgeben. Drehen Sie auf, zeigen Sie Gefühl und Ihre Erotik, agieren Sie lebendiger und kommunikativer – oder wollen Sie sich wirklich von einem sprühenden **Beziehungstyp** den Rang ablaufen lassen? Lernen Sie lieber von den **Beziehungstypen** so lange und so gut, bis Sie besser sind als die.

Das macht Sie nicht nur für Ihren Partner interessanter, sondern Sie werden gleichfalls autonomer. Dann kann Ihr Partner den erhobenen Zeigefinger gleich in der Tasche lassen. Er wird Sie weniger »behandeln« beziehungsweise maßregeln oder bevormunden, sondern Ihnen dafür gefühlvoll antworten. Achten Sie auf den lebendigen Glanz in seinen Augen, und freuen Sie sich an seiner Leidenschaft und Gefühlstiefe. Es ist wie eine Entdeckungsreise.

In der Beziehung **Beziehungstyp** – **Handlungstyp** treffen zwei recht gegensätzliche Charaktere aufeinander. Gerade die Kombination weiblicher **Beziehungstyp** – männlicher **Handlungstyp** entspricht den traditionellen Rollen: Sie sind gefühlvoll, liebenswürdig und spontan; Ihr Partner ist tüchtig, bestimmend und fürsorglich. Was im ersten Moment glänzt, kann zu einer Falle werden. Wenn jeder auf seine Art eskaliert – Sie emotional und kämpferisch, Ihr **Handlungstyp** starr und regelhaft –, dann kann die Beziehung mit lautem Knall explodieren.

Zu Anfang fanden Sie die Verläßlichkeit, Fürsorglichkeit und Großzügigkeit Ihres **Handlungstyps** ganz toll, besonders wenn Sie als sprühende und lebenslustige Frau mit dementsprechend turbulenten Beziehungskisten sich (endlich) Sicherheit und Geborgenheit bei ihm erhofften. Umgekehrt war Ihr **Handlungstyp** fasziniert von Ihrer Spontaneität, Liebenswürdigkeit und Lebendigkeit. Sie verkörpern für ihn genau das, was ihn am meisten fasziniert: Gefühlsüberschwang, Charme, Herzlichkeit und gezeigte Liebe.

Probleme sind entstanden, weil Sie die Kleinkariertheit und Fürsorglichkeit Ihres **Handlungstyps** einengt, so als würden Sie mit Ihrem Schwung und Ihrer Begeisterungsfähigkeit immer gegen eine Wand laufen. Ihr **Handlungstyp** aber ist durch Ihr emotionales Feuerwerk, Ihre Ausbrüche und Kritik verunsichert. Er wird sich daher noch mehr an seine männliche Rolle und seine Vorstellungen von einem »rechten Leben« klammern. Und vor allem: Er flüchtet noch mehr in seine Arbeit. Vielleicht hält er Sie für weltfremd, hochfahrend, arrogant, irrational? Und er ist sauer auf Sie und fühlt sich zutiefst mißverstanden, weil Sie sein wohlmeinendes Verhalten in den Wind schießen.

Wenn Sie diese Fallstricke umgehen und Ihre Überreaktionen drosseln, wird die Beziehung wieder erblühen. Versuchen Sie doch, in ihm vielleicht auch den Freund zu sehen – da wird er Sie sicher nicht enttäuschen. Das erinnert mich an die Geschichte eines jungen Mannes, der die Beziehung zu seiner Frau mit einem einfachen Trick rettete: Ihm war plötzlich der Gedanke gekommen, daß Freunde zusammenarbeiten und nicht versuchen, zu gewinnen oder den anderen zum Verlierer zu machen.

Es klappt besser, wenn sich der **Beziehungstyp** verständiger gibt, also seine Emotionen etwas beiseite schiebt. Das fällt ihm ungeheuer schwer! Doch dann wird sich der **Handlungstyp** emotional nicht so bedrängt fühlen. Er kommt mit der (schnell wechselnden) Gefühlswelt des **Beziehungstyps** ohnehin schwer klar. Er ist verunsichert, denn lodernde Gefühle machen ihm angst. Wenn sich der **Beziehungstyp** weniger emotional fordernd zeigt, wird das den **Handlungstyp** sehr entlasten. Dann kann nämlich er zum Gefühl finden, der **Beziehungstyp** hat ja den Platz für ihn frei gemacht. Der **Handlungstyp** wird also spontaner und einfühlsamer werden. Und der **Beziehungstyp** wird wiederum entspannter reagieren können.

Die Beziehung weiblicher **Handlungstyp** – männlicher **Beziehungstyp** ist deutlich ausgeglichener. Sie genießen es, daß Ihr Partner Ihnen immer wieder emotionale Brücken baut und Sie sich gefühlsmäßig und erotisch voll bei ihm entfalten können. Eine tolle Beziehung, doch seien Sie sich ihr nicht zu sicher. Der **Beziehungstyp** will immer wieder umworben werden, sonst könnte er das, was ihm fehlt, bei anderen Frauen finden. Das war schon zu oft der Beginn einer langen und schmerzlichen Trennungsgeschichte. Achten Sie darauf, was Ihre **Beziehungstyp**-Konkurrentinnen alles tun, um attraktiv zu bleiben – Konkurrenz belebt das Geschäft!

Es klappt mit der Verbindung, wenn sich Herz und Verstand die Waage halten. Wenn nicht, werden Sie versuchen, den **Beziehungstyp** zu kassieren und zu Ihrem Kind zu machen, zu bemuttern und fürstlich zu bekochen. Und der **Beziehungstyp 2** wird Ihnen vielleicht lieb und brav aus der Hand essen. Er weiß es zu schätzen, daß Sie die »starke Frau« sind und ihm Schutz geben. Doch wenn Sie nur hausfrauliche Qualitäten zeigen und wenig Pep und Charme, wird es in Ihrer Beziehung bald ganz schön kriseln. Ihr **Beziehungstyp** mag lieber den Hauch eines verführerischen Parfums an Ihnen als Küchengeruch. Sie können doch so unwahrscheinlich aufdrehen, wenn Sie richtig wollen.

Sie sind nämlich fasziniert von der herzlichen, gewinnenden und charmanten Art Ihres Partners. Geben Sie sie wieder, machen Sie sie nach! Lösen Sie sich von Ihren Konventionen. Gehen Sie mit seiner Hilfe in Ihre Gefühle, und genießen Sie

sie. »Das Leben nicht zu ernst nehmen, lieber fröhlich sein und lachen« ist doch im Grunde Ihre Lebensdevise. Dann handeln Sie auch danach. Und schätzen Sie seine Eifersucht, denn dann sind Sie noch seine Göttin.

Umgekehrt, wenn Ihr **Beziehungstyp**-Partner Interesse an Ihnen zeigt, geben Sie sich eher zurückhaltend. Lassen Sie sich verführen, und machen Sie es ihm nicht zu leicht. Er liebt Herausforderungen. Wenn Sie zu sehr Ihren Neigungen folgen und sein Beziehungs-Ich pacen, geht er zu rasch in sein Erkenntnis-Ich, und das ist keine erotische »Angelegenheit«.

Sind Sie als **Beziehungstyp** mit einem **Sachtyp** liiert, dann gehen Sie vorsichtig mit Ihrer Emotionalität um. Der **Sachtyp** kann sich da schnell überfordert fühlen und reagiert auf den quirligen **Beziehungstyp** mit Passivität – was Sie sicher nicht wollen. Dann gibt und gibt der **Beziehungstyp**, powert noch mehr, anstatt loszulassen, und erhält nicht das zurück, was er eigentlich bräuchte: gezeigte Liebe und Schutz, lebendige und gelebte Herzlichkeit und viel Erotik.

Es ist sicher schwer, einen weniger entwickelten **Sachtyp** auf Touren zu bringen. Denn dazu müssen Sie es zuerst schaffen, ihn in seine Schlüsselenergien zu bringen, also ins Aktive, Tatkräftige. Erst dann ist er zu einer autonomen Beziehung fähig. Ohne diese Energien ist sein Verhalten weitgehend Anpassung, ein Widerschein Ihrer eigenen Gefühle. Seine besonderen Qualitäten liegen im Sinnenhaften und im körperlichen Erleben, das heißt, die Sexualität wird in Ihrer Beziehung eine entscheidende Rolle spielen. Wenn Sie ihn darin bestätigen, wird er aufblühen, wenn Sie ihn hier frustrieren, hat Ihre Beziehung wenig Chancen. Also bestärken Sie ihn darin, und machen Sie ihm Feuer unter dem Hintern. Aber wie? Bleiben Sie hinter ihm. Probieren Sie es aus, sich noch sachlicher und passiver zu geben als er, und beobachten Sie, wie lange es dauert, bis er aktiv wird.

Sie sind **Handlungstyp**, Ihr Partner ist **Sachtyp**: eine grundsolide Verbindung, keine irre Romanze, mehr eine Kameradschaft fürs (halbe) Leben. Wie gesagt, es ist möglich, daß die Verbindung trocken wird. Ihr **Sachtyp** spricht in Ihnen den Langweiler an, und er hat wenig Lust, bei Ihrem Drive selbst loszulegen. Sicher, Ihr **Sachtyp** ist ein exzellenter Zuhörer, verständnisvoll und geduldig. Wenn Sie es harmonisch und zärtlich mögen, bei ihm liegen Sie schon richtig. Klar, Sie pflegen ihn, weil Sie wissen: Er braucht viel, viel Anerkennung und verträgt so gut wie keine Kritik. Aber Sie machen einen kapitalen Fehler: Sie verwöhnen ihn zu sehr.

Beginnen Sie damit, daß Sie »das Gute des Schlechten« anerkennen. Übernimmt er zu wenig Verantwortung, dann loben Sie sein Zutrauen Ihnen gegenüber. Wenn er faul und nachlässig ist seine Gelassenheit. Sehr wichtig ist: Nehmen Sie dabei Ihren eigenen Aktivitätsanteil stark zurück, und zwar so lange, bis Sie etwas weniger tun als er. Dabei loben Sie seine Bereitschaft, sich so zu engagieren. Vermutlich wird Sie das als **Handlungstyp** auf eine harte Probe stellen. Üben Sie sich trotzdem tapfer in Faulheit!

Nur so kann Ihr **Sachtyp** die Filzpantoffeln, die Sie ihm jeden Tag so artig hingestellt haben, ganz schnell wieder ausziehen und losstarten – wie, das hat er doch von Ihnen lange genug abgeschaut. Und er wird bei sich – wenn er einmal in Schwung ist – auch das Beziehungsfeuerchen höher drehen und seine Gefühle deutlicher zeigen. Dann fällt es auch Ihnen leichter, Ihre Emotionen rauszulassen – je nach Stimmung, mehr stillvergnügt oder so herzlich laut, daß es alle an Ihrem Lachen merken, wie glücklich Sie jetzt sind.

6. Spiele zwischen Partnern – wie stellt man die ab?

Menschen verletzen oder ärgern andere nach festen Regeln und in stereotypen Mustern. Das hat Eric Berne in seinem berühmten Buch ›Spiele der Erwachsenen‹ bereits 1962 festgestellt und anschaulich beschrieben. Doch wie kommt man aus diesen destruktiven Kommunikationsmustern heraus? Berne hatte noch geglaubt, es genüge, die Spiele zu durchschauen, um sie aufgeben zu können. Da aber Psychospiele gerade auch das Denken vernebeln, ist darauf kein Verlaß.

Ich habe die Analyse der Psychospiele 1990 weiterentwickelt, modifiziert und vorangetrieben. Dennoch frage ich mich heute, ob meinc Arbeit tatsächlich viel dazu beiträgt, Spiele zu stoppen oder zu vermeiden. Ich denke, eine noch so genaue und interessante Analyse allein reicht eben nicht aus. Es müssen andere, wirkungsvollere Komponenten hinzukommen.

Eine Methode, anderen aus Spielen herauszuhelfen, ist, ihnen mit etwas verblüffend anderem zu kommen: die sogenannte Musterunterbrechung. Das ist ein unerwartetes Verhalten, das weder als Zustimmung noch als Ablehnung verstanden werden kann, eben weil es so deutlich anders ist. Es ist wie die Pointe beim Witz, die eine Erwartung überraschend durchkreuzt. (Wie man das macht, lesen Sie in Kapitel ›Musterunterbrechungen – ein Spiel mit Phantasie und Humor‹.) Noch wirksamer ist es, in die eigenen Schlüsselenergien zu gehen und den Partner in seine zu bringen. (Wie das geht, lesen Sie in den Kapiteln ›Verändern Sie Ihren Partner durch Pacing‹ und ›Verändern Sie Ihren Partner durch Anerkennung‹.)

Das Thema Psychospiele ist komplex und vielschichtig, und wir haben im folgenden Text versucht, die wichtigsten Spielvarianten so durchsichtig wie möglich darzustellen. (Wenn Sie sich über Psychospiele ausführlicher informieren wollen, so lesen Sie bitte in meinem Buch ›Der andere‹ nach.)

Je nachdem, wie »weich« oder »hart« diese Spiele ablaufen, reichen sie von harmlosen Plänkeleien über frustrierende und verletzende Manipulationen bis hin zu extrem destruktivem Verhalten. Doch aus einem suchtartigen Verlangen heraus werden sie immer wieder von neuem inszeniert. Und wie beim Entzug von Drogen kann ein harter Spieler ohne seine Spiele in eine schwere Krise geraten, weil seine Identität fragwürdig und seine Position innerhalb einer Beziehung unsicher werden.

Die Übersetzung von Bernes Begriff »games« in »Spiele« ist nicht sehr glücklich gewählt. Treffender wäre die Bezeichnung »Manipulationen«. Denn diese Art Spiele haben mit dem, was wir im Deutschen darunter verstehen, sehr wenig zu tun. Sie bereiten keine Freude, sondern sind für alle Mitspieler leidvoll. Und die zweifelhaften Siege bringen dem Gewinner nur mit unfairen Mitteln gewonnene Überlegenheit, erzwungene Zuwendung oder bitter schmeckende Selbstgerechtigkeit ein.

Manche gehen in Beziehungen auf diese unfaire Weise ein ganzes Leben lang miteinander um. Ihr Umgang sind sentimentale Rituale, ihre Dialoge abgedroschene Wort- und Satzhülsen, und sie gaukeln sich damit ein trügerisches Gefühl der Begegnung, Zuneigung, der Fürsorge, des Interesses am Partner oder des Du-Bezugs vor. Berne sagt richtig: »Spiele sind Ersatzformen für echte Intimerlebnisse.«

Das Ja-aber-Spielmuster

Wir unterscheiden zwischen Macht-, Zuwendungs- und Identitätsspielen beziehungsweise, aus der Sicht des »Drama-Dreiecks«, zwischen Retter-, Opfer- und Verfolgerspielen. Aus ihren Bezeichnungen lassen sich schon die Motive ersehen, warum diese Spiele überhaupt inszeniert werden: Der Retter strebt nach Macht, das Opfer nach Zuwendung und der Verfolger nach Identität.

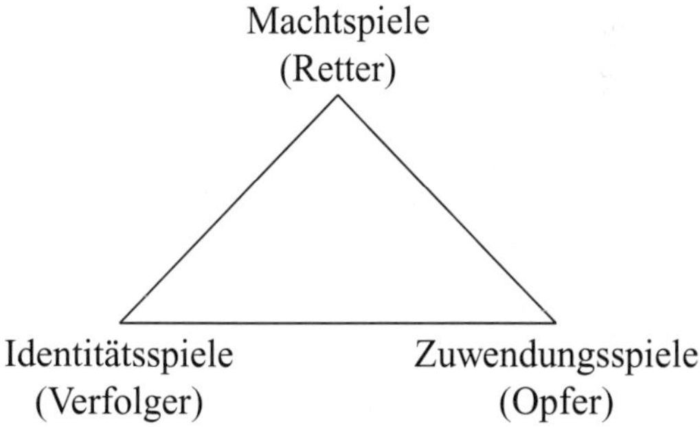

Auf eine knappe Formel gebracht, kann man das Gros der Spiele als Ja-aber-Spiele bezeichnen und anhand dieses Schemas auch als Spiele in unserer Kommunikation identifizieren. In ihren Grundzügen laufen Spiele so ab:
Der Spieler tut am Anfang so, als würde er einladend zum anderen ja sagen. Das Ja hat die taktische Wirkung, daß der andere sich öffnet. Doch dann macht der Spieler mit einem darauffolgenden Aber einen Rückzieher, und der Eingeladene ist frustriert, während der Spieler seinen Spielgewinn einstreicht: Überlegenheit als Retter, negative Zuwendung als Opfer oder Selbstgerechtigkeit als Verfolger.
Die Einladung zu einem Spiel wird durch unverbindliche Versprechungen attraktiv gemacht. Der Spieler läßt durchblicken:

»Ich mache alles, was Sie wollen!« oder: »Ich bewundere Sie!« oder: »Ich helfe Ihnen!« – Doch das Spielende signalisiert: »Nein, Sie haben mich mißverstanden!« oder »Sie haben leider versagt!« oder: »Tut mir leid, es geht nicht!«
Der Eingeladene fühlt sich zwar um das Versprechen betrogen, doch er erkennt, daß er es nicht einklagen kann, weil er von Anfang an mitgespielt, sich auf die trügerischen Versprechungen eingelassen hat in der Hoffnung auf »raschen Gewinn«. Doch am Ende findet er sich in der Rolle des betrogenen Betrügers wieder.

Vorsicht bei Rettern, Opfern und Verfolgern!

Die Rollen in Psychospielen lassen sich auch als Retter, Opfer und Verfolger bezeichnen. Jede dieser Rollen kann man mit anderen oder mit sich selbst spielen. Das heißt, man kann sich selbst retten, sich durch sich selbst in Schwierigkeiten bringen oder sich selbst verfolgen.

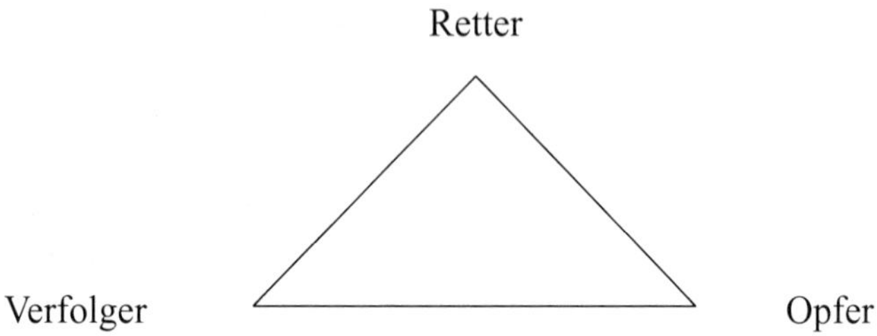

Retter sind jene Zeitgenossen, die bei anderen nur Probleme und Schwierigkeiten sehen und meinen, daß gerade *sie* ihnen unbedingt aus diesen Nöten helfen müssen. Ihr Credo lautet: »Der andere ist so arm dran! Ihm muß geholfen werden! Er braucht *mich*!« Dabei setzen sie in der Anfangsphase ihr bezauberndstes Lächeln auf und sehen den anderen traurig mit großen Augen an: »Ich bin immer für dich da, wenn du mich brauchst!« Wer fühlt sich da nicht schwach und rettungsbedürftig?

Den Selbstretter spielen meist jene Menschen, die oft von sich sagen, »daß sie alles selbst machen müssen, weil es ja niemanden gibt, auf den man sich verlassen kann«. Das mag jemand sein, der meint, mit brillanten Leistungen ständig in der »Starrolle« sein zu müssen und bei dem eine mittelmäßige Leistung eine Existenzkrise auslöst, oder der ständig überlastete Chef oder Manager, der keine Aufgaben an seine Mitarbeiter delegieren kann. Oder es sind Menschen, die meinen, nur mit einer ausgeklügelten Diät und/oder einem speziellen Mineralwasser und/oder Meditationstechniken und/oder Düften und/ oder astrologischen Gutachten und/oder ... überleben zu können.

Psychographisch gesehen, tendiert der **Beziehungstyp 1** zum Selbstretterverhalten, weil er glaubt, er müsse ganz besonders klug oder tüchtig oder exzellent sein, und gibt sich kritisch, mißtrauisch oder egozentrisch. Da die anderen nicht auf seine hohen Ansprüche, sondern sein tatsächliches Verhalten reagieren, widersprechen sie ihm, lassen ihn auflaufen oder gehen ihm aus dem Weg. Das bestärkt ihn darin, noch klüger, noch tüchtiger und noch brillanter sein zu müssen. Was wiederum dazu führt, daß er ... (siehe oben). Der **Beziehungstyp 2** spielt den Fremdretter. Dazu muß er den anderen zuerst unterschätzen, damit er sich dann für ihn so richtig aufopfern kann. Dabei ist er besonders liebenswürdig und glaubt, daß die anderen ohne ihn verloren sind, sofern ihnen, wie er befürchtet, nicht noch Schlimmeres geschieht. Natürlich fühlt er sich ein bißchen besser, wenn es den anderen schlechtgeht, und auch ein bißchen wichtig, wo sie doch so auf ihn angewiesen sind.

Wenn jemand das Opfer spielt, dann gibt er sich etwas hilfloser oder unfähiger oder begriffsstutziger, als er tatsächlich ist. Das macht er sehr kompetent, denn auch das Opferspiel erfordert besonderes Geschick. Er macht zum Beispiel unauffällig vermeidbare Fehler oder stellt sich im richtigen Moment ungeschickt an, damit ihm ein netter Retter zu Hilfe kommt, ihn bedauert, bemitleidet oder (was er nicht so schätzt) kritisiert – damit er das bekommt, was er sucht: positive (oder negative) Zuwendung von anderen.

Der **Sachtyp 1** spielt das rebellische Opfer, wenn er sich zum Beispiel wütend beklagt, daß man so respektlos mit ihm umspringe – und doch (zunächst) nichts dagegen unternimmt. Der **Sachtyp 2** ist das hilflose Opfer. Er gibt sich unsicher, zögert, vergißt etwas, ist unbeholfen und unselbständig. Beide **Sachtypen** sind eher geduldige Menschen, die lange gute Miene zum bösen Spiel machen, denen aber dann zum falschen Zeitpunkt gegenüber den falschen Leuten doch der Kragen platzt. Dann passiert das, was sie vermeiden wollten, sie landen wieder in der Opferrolle.

Ein Opferspiel – mit sich selbst gespielt – ist zum Beispiel eine ganz besondere Form der Melancholie. Um in diesen Zustand zu kommen, braucht man sich nur ausdauernd genug vorzusagen: »Ich habe für andere absolut keine Bedeutung, ich bin ihnen vollkommen gleichgültig!« und dabei den Kopf und die Schultern hängenzulassen, auf den Boden zu starren und mit sich selbst in monotonem und traurigem Ton zu sprechen. Dabei kann man sich an all die Chancen erinnern, die man verpatzt, oder die Gelegenheiten, die man versäumt hat, und voraussehend sich düsteren Erwartungen hingeben – das wird seine Wirkung bestimmt nicht verfehlen.

Verfolgerspiele machen Menschen, die andere mit ihrer Moral oder ihren guten Vorschlägen auf den rechten Weg zurückbringen möchten oder sie davon abhalten wollen, Fehler zu machen. Sie meinen es zwar gut mit den anderen, nur schade, daß die Betroffenen ihre Erziehungsmaßnahmen nicht richtig zu schätzen wissen. Was sie denken, halten sie für so richtig und wertvoll, daß sie es den anderen unbedingt beibringen müssen. Dabei wissen sie Traditionen, Recht und Ordnung hinter sich.

Das sind beispielsweise Mütter oder Väter, die längst wissen, daß ihre erwachsenen Kinder sich nichts mehr sagen lassen. Und sie sagen ihnen auch nichts – und das sehr deutlich und nachdrücklich! Und wenn dann bei den Jungen, die sich ja nichts sagen lassen, etwas schiefläuft, sagen sie wieder nichts, doch ihre Gesichter schreien geradezu: »Ich hätte es euch gleich sagen können!« – Und sie hätten ja auch etwas gesagt, wenn nicht die Jugend ... Es ist wirklich schwer, wenn man weiß, was richtig und falsch ist, und es den anderen nicht beibringen kann!

Doch zum Glück gibt es noch die alten und uralten Organisationen und Institutionen. Das sind Reservate für wenig entwickelte **Handlungstypen**. Und weil viele Verfolgerspiele immer noch als anständig und ehrenhaft gelten, sind sie nicht so leicht als Psychospiele zu enttarnen.

Der **Handlungstyp 1** spielt eher den autoritären Verfolger. Er hat viel Sinn für soziale Über- und Unterordnung. Der **Handlungstyp 2** neigt zum regelhaften Verfolger. Er hält sich dabei an Normen und Wertvorstellungen. Beide **Handlungstypen**, soweit sie noch Verfolgerspiele inszenieren, versuchen auch den Partner in diese Raster einzupassen.

Spielt man ein Verfolgerspiel mit sich selbst, dann zwingt man sich in das Prokrustesbett einer übergroßen Loyalität oder Pflichterfüllung und macht sich weitgehend abhängig von Rollen und den damit verbundenen Verhaltenserwartungen. Das sind beispielsweise die aufopfernde Mutter, die tüchtige Hausfrau, der fadengerade Beamte, der richtige

Mann etc. Das geht bis hin zu religiösen, kulturellen und sozialen Riten und Gebräuchen, denen sich viele Menschen – freiwillig, wie sie meinen – unterziehen. Fast immer sind es die **Handlungstypen**, die auf ihre peinliche Einhaltung pochen oder, wenn sie ihre Schlüsselenergien realisieren, sie ebenso engagiert reformieren werden.

Und zu jeder Lieblingsrolle paßt auch tendenziell eine besondere Einladung:

Der **Beziehungstyp** liebt es, verführerisch im Bereich Beziehung zu Retter- oder Machtspielen einzuladen;

der **Sachtyp** zeigt im Bereich Erkennen übertriebenes Verständnis und zieht den anderen in sein Opferspiel hinein;

der **Handlungstyp** drängt anderen seine Großzügigkeit im Bereich Handeln auf nach dem Motto: »Ich bring das schon in Ordnung!«

Die Rollen im Überblick:

Beziehungstyp 1
Selbstretter

Beziehungstyp 2
Fremdretter

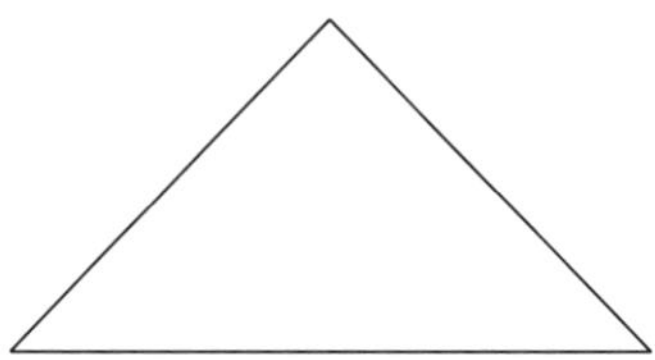

Handlungs-typ 1
autoritärer

Handlungs-typ 2
regelhafter

Verfolger

Sach-typ 1
rebellisches

Sach-typ 2
hilfloses

Opfer

Das Machtspiel

Wie sieht beispielsweise ein harmloses Machtspiel zwischen einem männlichen **Beziehungstyp** und einer weiblichen Mitspielerin aus? Beide treffen sich auf irgendeiner Party. Die Stimmung ist gut, Herr X gibt sich charmant und fängt mit Frau Y ein Gespräch an. Er erzählt ihr von einem neuen Film, den er kürzlich gesehen hat. Frau Y zeigt ihrerseits Interesse, worauf Herr X sie folgendes fragt: »Ich möchte doch zu gern wissen, was Sie so von amerikanischen Filmen halten?« Herr X hätte Frau Y auch um ihre Meinung über Aromatherapie oder Gedankenübertragung bitten können, das ist vollkommen gleich. Es geht dem Spieler nur um ganz bestimmte Botschaften:

Die eine Botschaft richtet sich nonverbal über die Körpersprache auf der emotionalen Ebene von Beziehungs-Ich zu Beziehungs-Ich. Hier signalisiert er Frau Y: »Ich finde Sie als Frau reizvoll und will darum mit Ihnen ins Gespräch kommen!«

Die andere Botschaft richtet sich verbal an den Verstand von Frau Y (»Was halten Sie von ...«) und soll ihr Denken beschäftigen.

Die dritte Botschaft geht wieder stumm an ihr Handlungs-Ich: »Ich bin ein aufmerksamer Zuhörer, der alles toll findet, was Sie mir jetzt gleich sagen werden!«

Geht Frau Y auf seine Frage ein (und warum sollte sie das nicht?), beginnt das Spiel. Doch Herr X wird auf alles, was sie sagt, dem Sinn nach mit »Ja, aber ...!« antworten. Er wird also Entgegnungen daherbringen, die Frau Y fortlaufend signalisieren, daß sie mit ihrer Beurteilung nicht so ganz recht hat. Damit zieht Herr X gekonnt das Gespräch oder genauer gesagt das Spiel in die Länge, fordert das Denken von Frau Y heraus, genießt weiter ihre Aufmerksamkeit und bleibt flirtend im Bereich Beziehung – übertrumpft sie aber ständig mit einem Ja-aber-Tenor: »Leider muß ich Ihnen da widersprechen!« oder: »Zufällig habe ich da eine andere Information!«

Wenn Frau Y dann irgendwann verstummt, sei es, daß ihr nichts mehr einfällt oder sie die Lust verloren hat, wechselt Herr X vom Beziehungs-Ich ins Handlungs-Ich und vermittelt ihr, daß er sie für schlecht informiert, verstiegen, naiv oder was auch immer hält. Und ihrem Beziehungs-Ich signalisiert er: »Zur Strafe gehen Sie leer aus!« Und er »verschwendet« seinen Charme an eine andere. Frau Y ist natürlich frustriert, und das Spiel ist aus.

Warum macht ein **Beziehungstyp** das überhaupt? Sein Motiv ist der tiefsitzende Zweifel, ob er wirklich so liebenswert ist (also Thema Beziehung) und ob er so klug ist (Thema Erkennen), wie er es gerne sein möchte. Während des Spiels bekommt er ja auf beiden Kanälen vom anderen reichlich Zuwendung. Und zum Spielende hat er den schalen Triumph, sich geistig überlegen zu fühlen, und ist gleichzeitig erleichtert, daß er jetzt die vorher angekündigten Belohnungen auf der Beziehungsebene nicht einlösen muß.

Unterstützt werden seine Spieltendenzen durch die Antreiber. Das »Sei stark!« zwingt den **Beziehungstyp 1** dazu, sich überlegen zu geben, und das »Mach´s den anderen recht!« veranlaßt den **Typ 2**, (über-)liebenswürdig und (über-)herzlich zu sein. Darum kann ihm das Spielende eher peinlich sein, und er wird deshalb die subtilere Form der Machtspiele, das Sich-Aufopfern und das Retten, bevorzugen.

Das Opferspiel

Der **Sachtyp** beginnt das Spiel nicht offensiv wie der **Beziehungstyp** oder **Handlungstyp**, sondern er gibt sich in einer Situation, in der er selbst handeln oder entscheiden sollte, ratlos, hilflos oder ungeschickt – und zieht mit diesem Verhalten andere ins Spiel. Die Mitspieler genießen ihre überlegene Rolle und geben dem Spieler bereitwillig Hilfe, gute Ratschläge oder bemuttern ihn. Er als ihr »Kind« oder »Schüler« berechtigt ja durch seine vernünftige, bereitwillige Einstellung zu den allerschönsten Hoffnungen. Als **Beziehungstyp** oder **Handlungstyp** haben sie ja einen Überschuß an Hilfsbereitschaft in ihrem Repertoire. So finden sie es ganz o.k., daß er aus ihrem Handlungs- und Beziehungs-Ich Zuwendung für sich sucht: Er läßt sie für sich handeln, Verantwortung übernehmen, sucht bei ihnen Anerkennung, Hilfe, Erlaubnis, Schutz und Rückhalt.

Doch da fängt der brave Zögling an, Schwierigkeiten zu machen. Er fühlt sich nicht für voll genommen (wie sollte man ihn auch für voll nehmen) und ist darüber empört. Auf Fehler, die er dann vermehrt macht, reagiert er zwar schuldbewußt, doch gleichzeitig steigert sich sein Groll. Und plötzlich wechselt er aus seiner umgänglichen und gutmütigen Erwachsenen-Haltung in eine gekränkte, depressive oder rebellische Kindhaltung. Spätestens jetzt fangen seine Mitspieler an, sich über ihn zu ärgern.

Die Krux an der Sache ist: Der wenig entwickelte **Sachtyp** agiert fast ausschließlich aus seinem Erkenntnis-Ich heraus: informiert sich, analysiert, wägt ab, informiert sich wieder etc. Und weil er nicht handelt, ist er auch unfähig, sich durchzusetzen, und weil er nicht zu seinen Gefühlen steht, wirkt er auf die anderen gefühlsarm und indifferent. Doch seine nicht gelebten Persönlichkeitsanteile »erlebt« er bei den anderen und macht sich dadurch gefühlsmäßig von ihnen abhängig.

Wenn also ein opferspielender **Sachtyp** »Ja, aber« benützt, dann in der verdeckten Form eines »Ja, ja, (aber) ...«. Überträgt man ihm zum Beispiel eine unangenehme Aufgabe oder möchte man etwas von ihm, so wird er bereitwilligst »ja, ja« sagen, dann aber die Sache liegenlassen oder ewig hinauszögern, vergessen oder fehlerhaft erledigen. Er spricht das Aber nicht aus – er agiert es aus. Der **Sachtyp** täuscht also vernünftige Einsicht und Bereitwilligkeit vor, doch der **Typ 1** wird dann den Partner ziemlich grob und verletzend auflaufen lassen, und der **Typ 2** sabotiert die angenommene Aufgabe klammheimlich. – Er benützt das »Ja, ja (aber)«, um sich selbst vor einem klaren »Ja« oder »Nein« und dem eigenverantworteten Handeln zu drücken.

Wird der **Sachtyp 1** darauf angesprochen, so kann es sein, daß er auch noch heftig protestierend dem Partner die Schuld für das Versäumnis in die Schuhe schiebt, während der **Typ 2** seinen Fehler bedauert, doch ihn bei nächster Gelegenheit wiederholt. – Dieses Spiel habe ich (K.F.) vor Jahren bei einem Buchprojekt mit einem **Sachtyp 1** erlebt. Dieser Mann war zweifellos sehr intelligent und belesen. Doch ich erhielt selbst nach langer Zeit und auf dringliches Fragen hin kein brauchbares Manuskript von ihm zur Weiterbearbeitung. Bei einer Diskussion über ein anderes Thema ist er dann so ausgeflippt, daß ich das Projekt schließlich gekränkt hinschmiß. Ich weiß heute, er spielte mit mir ein simples Zuwendungsspiel.

Das Identitätsspiel

Was ein Macht- oder Opferspiel ist, kann man sich leicht vorstellen: Jemand strebt (unbewußt) immer nach oben oder immer nach unten – und irgendwie wird er es schon schaffen, dort anzukommen, wo er sich hinmanipuliert. Doch was ist ein Identitätsspiel? **Handlungstypen** lassen sich mehr als andere von Rollenvorstellungen leiten – wie muß man sich verhalten, um o.k. zu sein? Das hat etwas mit Identität zu tun, mit der konkreten Beantwortung der Frage: Wer bin ich? Ob oder wie weit die Identifikation mit einer Rolle echte Identität ist oder nicht, das ist eine Frage der weiterführenden Ich-Entwicklung.

Der **Handlungstyp** startet aus seiner Domäne Handeln heraus: Wie ein Politiker vor der Wahl verspricht er blumig dem Partner vor dem Spiel: »Ja, ich löse dein Problem, ich bringe das für dich in Ordnung. Vertrau mir nur!« Das klingt aus dem Mund eines **Handlungstyps** seriös und weckt Hoffnungen. An so einen Menschen kann man sich anlehnen. Man schenkt ihm bereitwillig Vertrauen, Sympathie oder gleich das Herz. Das Spiel beginnt.

Doch diese Gefühle machen dem **Handlungstyp** angst, denn die verbietet er sich ja selbst. Wie könnte oder sollte er die Wünsche und Bedürfnisse anderer erfüllen? Schon als Kind hat er gelernt, das Lebendige und Emotionale in sich zu unterdrücken. Darum übergeht er sein eigenes lebendiges Beziehungs-Ich und lebt statt dessen durch die Gefühle des anderen, holt sich von ihm (möglichst viel und lange) Zuneigung, Bewunderung, Dankbarkeit, Freude, Gehorsam, Erotik, Anhänglichkeit etc.

Doch irgendwann wechselt der **Handlungstyp** in sein durch Vorurteile und Mißtrauen zensiertes Erkenntnis-Ich. Jetzt tut er so, als habe der andere mit seinen Wünschen seine Großzügigkeit mißbraucht, und er bestraft den überraschten

Mitspieler dafür. Er kommt ihm mit einer enttäuschend einschränkenden Vernünftigkeit daher, wenn er dann beispielsweise sagt: »Aber jetzt gibt es die und die Gründe, warum ich das nicht mehr tun kann!«, und er verhält sich dann wie ein Politiker nach der Wahl. Jetzt ist für den **Handlungstyp** die Welt wieder in Ordnung. Er fühlt sich in seiner Identität nach dem Motto bestätigt: »Ich bin kein Traumtänzer, sondern Realist, und wenn sich die Realität geändert hat, dann kann ich nichts dafür!«

Von einem **Handlungstyp** wird das Aber belehrend und einschränkend ausgesprochen und mit einem dicken Ausrufezeichen versehen, wobei das Ja vorab schon gleich hypothetischen Charakter haben kann, wenn er zum Beispiel sagt: »Man könnte das freilich so und so machen, aber es wäre viel zu teuer!« oder: »Du kannst dieses Kleid gerne kaufen. Aber ob man das an dir sehen kann, das ist die Frage.« Man könnte also beim **Handlungstyp**-Spieler das Ja gleich streichen und durch ein Nein ersetzen, also: »Nein, das ist viel zu teuer!« oder: »Nein, dieses Kleid gefällt mir nicht!« – Das »Ja, aber!« wird also bei ihm zum »(Ja), aber, aber!« Damit wehrt er seine Emotionen und die des Partners ab.

Wie reagieren Mitspieler von unterschiedlicher Persönlichkeitsstruktur auf ein Spielangebot?

Als **Beziehungstyp 1** werden Sie möglicherweise Ihrem ja-aber-spielenden Partner beipflichten: »Mir geht es da ganz ähnlich wie dir ...« Und schon haben Sie die Karten in der Hand und steigen selbst in ein Spielverhalten ein. Oder als **Beziehungstyp 2** solidarisieren Sie sich mitfühlend und geben ihm noch mehr Unterstützung für sein Spiel.

Als **Sachtyp 1** tun Sie sich leichter. Zuerst werden Sie noch gute Ratschläge geben. Doch gereizt durch das ständige Aber Ihres Mitspielers, werden Sie erst aggressiv oder vorwurfsvoll reagieren und dann aber den anderen einfach stehenlassen. Soll er doch schauen, wie er selbst weiterkommt. Als **Sachtyp 2** sind Sie möglicherweise der »dankbarste« Mitspieler. Sie bringen Ihr bestens entwickeltes Denken mit ein. Die Hoffnung, für Ihre klugen Ratschläge anerkannt und belohnt zu werden, macht Sie zu schier endlosen Anstrengungen bereit. Wenn dann die (halbherzig eingeforderte) Belohnung ausbleibt, streichen Sie die Segel, ohne aufzumucken, und übernehmen bereitwillig die Rolle der Verliererin.

Als **Handlungstyp** sind Sie am besten gegen Spielangebote gefeit, denn Sie werden meist erst gar nicht darauf eingehen. Die gefühlvolle Spielofferte des **Beziehungstyps** macht Sie mißtrauisch, dem **Sachtyp** werden Sie intuitiv antworten: »Sei kein kleines Kind!«, und ein **Handlungstyp**-Spielangebot hat bei Ihnen wenig Chance, weil Sie Hilfe oder Unterstützung von anderen meist ablehnen.

Vorbeugen ist besser als heilen

Gerade bei Spielen ist »vorbeugen besser als heilen«. Im Umgang mit den verschiedenen Persönlichkeitstypen gibt es deshalb unterschiedliche Verhaltensweisen, um Spielen vorzubeugen. Grundsätzlich gilt:

Zeigen Sie Ihrem **Beziehungstyp**-Partner, daß Sie ihn lieben und »bewundern«,

Ihrem **Sachtyp**-Partner, daß Sie sich für ihn interessieren und ihn »wichtig nehmen«,

Ihrem **Handlungstyp**-Partner, daß Sie sich freuen, mit ihm zusammenzusein, und ihn »wertschätzen«.

Der **Beziehungstyp** braucht Ihre liebevolle, bewundernde Zuwendung, denn seine nagende Selbstkritik (»Ich bin dumm, und man liebt mich nicht!«) schwächt ihn. Eine vertrauensvolle Atmosphäre in der Beziehung (wie in der Zusammenarbeit) ist eine optimale Voraussetzung dafür, daß er erst gar kein Bedürfnis hat, Spiele mit Ihnen zu spielen. Und so läßt sich sicher vermeiden, daß bei ihm die frühen Erfahrungen der Abweisung und Lieblosigkeit wieder durchbrechen – und er zu spielen beginnt.

Steigen Sie aber auf sein Spielangebot ein, dann blockieren Sie seine Entwicklung: Er muß selbst (Selbst-)Erkenntnisarbeit leisten, um seine Spieltendenzen aufgeben zu können. Doch wenn Sie die Angewohnheit haben, ihm vorzudenken, dann wird er sicher Spiele initiieren.

Beobachten Sie in seinem Verhalten die feinen Nuancen von Distanz und Nähe. Rücken Sie dem **Beziehungstyp 1** zu nahe, oder sind Sie dem **Typ 2** zu fern, so wird das die Situation von vornherein negativ beeinflussen. Also geben Sie sich Ihrem **Typ 1** gegenüber lieber distanzierter, dann wird er Nähe zeigen, und beim **Typ 2** gehen Sie näher ran. Das wird ihm guttun. Besonders in Auseinandersetzungen ist es wichtig, daß Sie den Kontakt zu Ihrem **Beziehungstyp**-Partner nicht völlig abreißen lassen. Schicken Sie ihn also, bildlich gesprochen, niemals in die Wüste. Das hat er als Kind oft genug erlebt, und wenn diese alten Wunden aufreißen, sind seine (Über-)Reaktionen nicht abzuschätzen.

Wie kann man die Opfer- und Zuwendungsspiele des **Sachtyps** stoppen? Die provozieren nämlich geradezu automatisch ein erzieherisches Verhalten, das man in der Kindheit schon in- und auswendig gelernt hat, eine Erblast, die noch heute von Generation zu Generation weitergegeben wird.

Einem Opferspieler werden Sie als **Beziehungstyp 1** eher mit ungläubigem Erstaunen als mit Hilfsbereitschaft begegnen: Wie kann sich jemand so ungeschützt, so naiv oder vertrauensselig verhalten? Dieses Mißtrauen ist berechtigt, denn die Schwäche, die Ihr **Sachtyp**(-Partner) zeigt, stärkt zwar Ihre Überlegenheit (und das tut Ihnen wieder gut), doch irgendwann wird Ihr **Sachtyp**-Partner Ihnen Ihre Stärke als Arroganz und Egozentrik auslegen. Spätestens dann, wenn Sie sein Verhalten als Anklammerung und Einengung erleben, werden Sie auf Distanz gehen. Entweder klammert er dann noch mehr, oder er zieht sich beleidigt zurück.

Als **Beziehungstyp 2** steigen Sie voller Mitleid in das Spiel ein. Die Ungeschütztheit, die der **Sachtyp** zeigt, werden Sie als unverfälschte Natürlichkeit interpretieren und seine Mißgeschicke als echte Schicksalsschläge sehen – und ihn dann pausenlos über Wasser halten. Bis Sie selbst nicht mehr können oder Ihr **Sachtyp**-Partner in eine Depression verfällt.

Für Sie als **Beziehungstyp** ist es besser, das Opferspiel interessiert beobachtend zu verfolgen, mit der unerschütterlichen Einstellung: »Ich bin gespannt, wie er sein Problem lösen wird?« – Dazu müssen Sie Ihr Mitgefühl (und auch Ihre Kritik) zurückstellen. So entziehen Sie dem Opferspieler einen Teil der positiven oder negativen Zuwendung und damit den Spielgewinn. Ihr Nicht-Mitspielen allein ist für den Partner schon eine heilsame Erfahrung.

Noch wirksamer ist es, wenn Sie etwas machen, was seinem Spiel zum Verwechseln ähnlich sieht, jedoch positiv ist. Wenn er beispielsweise passiv ist, entspannen Sie sich und genießen das Nichtstun. Wenn er rebellisch wird, gehen Sie in eine kraftvolle und bewundernde Haltung. Sie werden sehen, er wird konstruktiv aktiv werden und Sie aus der Ruhe oder Entspannung bringen. Wenn er sich distanziert, machen Sie frohgemut etwas für sich, und er wird Sie nicht lange allein lassen. Erfinden Sie also ähnliche »Spiele«, jedoch mit positiver Richtung.

Ihnen als **Sachtyp** hilft es, wenn Sie daran denken, daß der Opferspieler nicht tatsächlich hilflos ist. Er spielt nur (unbewußt) souverän den Hilflosen. Und er ist nicht wirklich unfähig, sondern er spielt gekonnt den Unfähigen. Er ist nicht wirklich willensschwach, sondern er spielt mit viel Energie: »Ich kann nicht!« Er ist nicht wirklich dumm, sondern er spielt gewitzt den Dummen. Machen Sie auch daraus ein positives Spiel, und »überholen« Sie ihn, seien Sie – im positivsten Sinne, das heißt spielerisch und innerlich vergnügt – noch hilfloser, unfähiger, fauler oder dümmer. Hier gilt die Schildbürgerregel, daß der Dümmste Bürgermeister wird! (Wenn Sie wirklich sauer werden, was nur zu verständlich ist, lassen Sie entweder Ihren Ärger raus – was ihn mit Sicherheit tief kränken wird – oder wandeln Sie Ihre Energie zuerst in positive um.)

Sie als **Handlungstyp** kommen mit einem Opferspieler am besten klar, wenn Sie sich ein heimliches Vergnügen aus den komischen Seiten der Opferspiele machen und zu dem Spieler vielleicht augenzwinkernd sagen: »Komm, spiel nicht wieder das kleine Kind!« Gelingt es Ihnen, ihn damit zumindest innerlich zum Schmunzeln zu bringen, haben Sie schon viel gewonnen. Jetzt kann er aus seinem Spiel aussteigen, auch wenn er, um das Gesicht zu wahren, zum Schein noch ein bißchen weiterspielt.

Vermutlich ist der trockene Humor des **Sachtyps** das natürlichste Mittel gegen seine eigenen Opferspiele. Auch hier ist die beste Medizin, ihn spielerisch zu überholen, humorvoll sein Spiel zu übertreiben, ihn liebevoll auf den Arm zu nehmen und sich dann gemeinsam vor Lachen auszuschütten.

Wie kann man die Spiele des **Handlungstyps** stoppen? Einem Verfolger werden Sie als **Beziehungstyp 1** nur so lange auf den Leim gehen, bis Sie dessen Stärke (wie Sie meinten) als Sicherheitsbedürfnis und Selbstbestätigung erkannt haben. Das kann zwar lange dauern, doch dann ist für Sie endgültig Schluß. Als **Beziehungstyp 2** werden Sie sich einem Verfolger schwerer entziehen können, solange Sie meinen, Sie müßten ihn und alle Personen, die an diesem Spiel beteiligt sind, retten.

Der **Sachtyp 1** wird je nach den faktischen Gegebenheiten sachlich und taktisch geschickt handeln und nach einer kurzen Phase der Bereitwilligkeit gründlich reinen Tisch machen und sich nicht mehr die Butter vom Brot nehmen lassen. Der **Sachtyp 2** tut sich schwerer, doch er wird den Spieler mit der ihm eigenen Zähigkeit langsam aber sicher aushöhlen, daß der bei so viel entgegengebrachter Bereitwilligkeit die Lust am Spiel verliert.

Dieser natürliche, doch meist recht langwierige Weg des Lernens aus Erfahrungen – manche machen das Jahre, andere Jahrzehnte mit – kostet natürlich unendlich viel Kraft und Nerven. Deshalb empfehlen wir Abkürzungen wie Spiele erkennen, Spielen vorbeugen, Musterunterbrechungen und Mitspielen nach dem Pacing-Prinzip (Gleichem mit Gleichem begegnen, doch positiv). Auf alle Fälle wird Ihnen als spielgeschädigtem Partner eine Haltungsänderung guttun.

Will man den Spielen des **Handlungstyps** vorbeugen, so geht das am besten, wenn man sich ihm gegenüber ehrlich, offen und freundschaftlich verhält. Gegenseitige Zuneigung wird Verfolgerspiele weitgehend ausschließen. Doch dies wird einen zu Spielen aufgelegten **Handlungstyp** nicht davon abhalten, anderen gegenüber Spiele zu inszenieren. Deshalb wären für ihn grundlegende Einsichten notwendig, damit er sich dann bewußt von seinem Spielverhalten distanzieren und Alternativen realisieren kann. Vielleicht könnte ihm ein guter Freund das klarmachen.

Früher wurden **handlungstypische** Spieltendenzen von der Gesellschaft, von Staat und Kirche, der elterlichen und schulischen Erziehung, dem Militär und der Berufswelt zusätzlich unterstützt: Prinzipientreue und Untertänigkeit, die Hingabe an einen höheren Zweck galten als Tugenden. Heute unterstützt eine weniger rigide und offensivere Gesellschaft die Entwicklung der positiven Seiten seiner Persönlichkeit: Loslassen von seinen Pflichten, Erleben und Mitfühlen, Spiel und Spaß, Zuneigung und Freundschaft sind für ihn lohnende Alternativen. Wenn er diese Lebensqualitäten für sich entdeckt, dann wird er sie **handlungstypisch** mit viel Energie und Willenskraft zum Freiwerden benutzen und auch danach leben.

Doch ganz wird man kaum aus der alten Haut schlüpfen können, und das gilt für alle Persönlichkeitstypen. Am besten, man nimmt gelegentliche Rückfälle mit Humor und als Motivation, noch mehr in seine Schlüsselenergien zu gehen.

7. Lebensqualität trotz Beziehungsstreß

Menschen, die Probleme haben, verstehen es oft um so besser, auch anderen Probleme zu machen, Druck auf sie auszuüben, ihnen weh zu tun oder schlechte Stimmung zu erzeugen. Wie kann man sich davor schützen?

Eine Möglichkeit ist, darin eine Herausforderung zu sehen, um in der eigenen Persönlichkeitsentwicklung ein entscheidendes Stück weiterzukommen. Denn das, worunter wir leiden, sind weniger die Worte oder das Verhalten der anderen, sondern es ist etwas, das uns fehlt, uns noch nicht zugänglich und verfügbar ist.

Wenn Sie sich als **Beziehungstyp** im Stich gelassen und lieblos behandelt fühlen, als **Sachtyp** mißachtet und kleingemacht und als **Handlungstyp** hintergangen und ausgenützt, dann wurde eine typische Schwachstelle Ihrer Persönlichkeitsstruktur angesprochen. Sie können gekränkt und beleidigt darauf reagieren oder es als Hinweis nehmen: Hier kann ich etwas für mich tun!

Dasselbe gilt für die verschiedenen **Typ 1**- und **Typ 2**-Ausprägungen: Der ich-bezogene **Typ 1** möchte einbezogen und nicht ausgegrenzt werden, und der ich-vergessene **Typ 2** möchte in seinem Ich bestätigt und nicht übergangen werden. Doch die anderen werden uns diesen Gefallen nicht oder nicht immer tun – um so besser fürs Dazulernen.

Der Hunger des **Beziehungstyps** nach Zuwendung verleitet ihn dazu, sich selbst emotional auszubeuten und ausbeuten zu lassen, um so mehr, je ausgeprägter seine Tendenz zu Macht- und Retterspielen ist. Sogenanntes »emotionales Ausbrennen« ist seine spezifische Gefährdung. Er kann nicht besonders gut mit seinen seelischen Kräften haushalten und verkennt seine Grenzen: Er gibt und gibt, aber bekommt wenig zurück.

Wenn das für Ihr Beziehungsverhalten zutrifft, sind Frust und Ärger unvermeidlich. Schränken Sie Ihr übergroßes Mitgefühl und spontanes Helfenwollen deutlich ein, und schützen Sie sich selbst – und damit den Partner – vor Ihren mitleidenden Retterimpulsen. Das ist nicht leicht, es sei denn, Sie können Ihre schmerzlichen Emotionen umwandeln, stabilisieren und positiv verwenden. Dann sehen Sie plötzlich deutlich, daß Ihr Partner sich selbst helfen kann und muß. Und Sie werden zu ihm auf eine gesunde Distanz gehen. Wahrscheinlich werden Sie dann seinen Aktionen nicht mehr mitleidend oder verärgert begegnen, sondern eher amüsiert und mit ruhiger, überlegter Klarheit.

Es ist dann aufschlußreich und macht Spaß, solch »heikle« Situationen gelassen und von mehreren Seiten zu betrachten. Vielleicht können Sie anstelle Ihrer Retter- oder Selbst-Retter-Programme so einen (sich Überblick schaffenden) »Schnell-Check« machen, der dann wie »auf Knopfdruck« bei Ihnen abläuft. (Vergleichen Sie das Kapitel ›Sehen Sie Ihre Situation komplexer – aber nicht komplizierter‹.) Auch Umdeuten oder eine phantasievolle Musterunterbrechung sind dabei eine gute Hilfe.

Der **Sachtyp** überschätzt seine Fähigkeit zu verstehen, seine Belastbarkeit, seine Geduld und Gutmütigkeit. Statt angemessen auf den Partner zu reagieren und die Situation in seinem Sinne zu beeinflussen, strampelt er sich weiter ab, um so angestrengter, je mehr er Opfer- und Zuwendungsspiele mit sich und seinem Partner spielt. Er reagiert verwirrt, sucht bei sich die Schuld und bringt sich in Situationen, in denen er schlechte Karten hat. Schließlich meint er, keinen anderen

Ausweg mehr zu sehen, als innerlich dem Partner zu kündigen.

Es gibt kaum etwas Traurigeres als den Anblick einer fortbestehenden Beziehung, die längst innerlich abgeschrieben ist. So wie bei diesem Paar in einem Gartenlokal: Er, ein massiger **Sachtyp**, bestellt sich ein großes Bier und einen doppelten Whisky, steckt sich eine Pfeife an und vertieft sich in ein Buch. So sitzt er mit grimmigem Gesicht, schmaucht, liest, trinkt ab und zu, hat keine Blick für die zauberhafte Umgebung und schon gar nicht für die eingeschüchterte, verhärmte Frau neben sich, deren Gefühlsleben sich auf einen still leidenden Gesichtsausdruck reduziert zu haben scheint.

Achten Sie als **Sachtyp** darauf, daß Sie nicht in eine resignative Opferhaltung rutschen, mit dem Resultat, daß Sie sich abhängig und benachteiligt fühlen. Erlauben Sie sich nicht, Ihrem Partner gegenüber in die Verliererposition zu gehen, sondern bleiben Sie auf der gleichen Ebene, indem Sie etwas für sich oder Ihren Partner tun. Erwarten Sie keine Gegenleistung! Gehen Sie davon aus, daß Sie alles haben, was Sie (psychologisch gesehen) brauchen, und daß Sie deshalb wirklich großzügig sein können. Es geht Ihnen wesentlich besser, wenn Sie in der starken Position bleiben. Und wenn Sie sich auch noch bewußt machen, daß Sie interessant und liebenswert sind, fallen Ihre Zuwendungsspiele von selbst weg.

Meist ohne es selbst zu merken, ist der **Handlungstyp** oft hart zu sich selbst und versagt sich dabei die lebendige Freude seines Beziehungs-Ichs. Statt Körper, Seele und Geist davon durchströmen zu lassen, verspannt und verkrampft er sich und reagiert dann eher gefühlsarm und mechanisch. Wenn andere zu sich sagen, »jetzt habe ich genug gemacht, jetzt ruhe ich mich aus, rufe eine Freundin an oder lese etwas«, übergeht er solche Impulse und arbeitet einfach weiter: »Ich muß zuerst noch das erledigen und das noch!« Es ist das »Erst wenn ...«, erst dann ist er oder ist es o.k.! Freilich stehen hinter seinen Wertvorstellungen unbewußte Zwänge, die ihn einschränken. Doch er neigt dazu, sich selbst etwas vorzumachen, dadurch Schwächen zu überspielen und sich gegenüber unnachsichtig zu sein. Seine Antreiber: »Sei perfekt!« und/oder »Mach´s perfekt!« und sein Hang zu Verfolger- und Identitätsspielen bestärken ihn noch darin.

Als **Handlungstyp** müssen Sie aufpassen, daß Sie nicht sich selbst (und den Partner) in Ihr Pflichterfüllungsprogramm einspannen. Oder umgekehrt: Ein schwacher Partner läßt Sie bereitwilligst machen. Sie übernehmen ja ganz selbstverständlich Arbeit und Verantwortung. Und Ihre guten Ratschläge bekommt er gratis dazu. Denken Sie daran: Ihr Partner kommt selber klar. Lassen Sie ihn seine eigenen Erfahrungen machen – auch wenn Ihnen das am Anfang weh tut. Bleiben Sie mitfühlend, aber überlassen Sie es ihm, seine Probleme auf die Reihe zu bringen. Nehmen Sie Ihren Energie-level auf ein gesundes Maß zurück. Und lernen Sie, Ihr Leben still zu genießen. Man kann immer wieder beobachten, wie **Handlungstypen** gefühlsmäßig aufwachen, dann emotional in die vollen gehen, Rückschläge erleiden und enttäuscht in ihr altes **Handlungstyp**-Schema zurückkehren. Vermutlich kämen Sie mit kleinen Schritten schneller voran.

Wie kann man als **Handlungstyp** ausgeglichener und glücklicher werden, also mehr und mehr in seine Schlüsselenergien kommen? Sicher nicht über die Realisierung des Traums von der großen Liebe, so verlockend das auch klingen mag. Normalerweise ist das Leben, gemessen an unseren Vorstellungen und Erwartungen, ungenügend, unvollkommen, verwirrend und, wie es der **Handlungstyp** empfindet, ungerecht. Und man selbst entspricht, wenn man sich nichts vormacht, meist auch nicht dem, was man sich idealerweise von sich selbst vorstellen könnte.

Doch inmitten dieser Unvollkommenheit entdecken, daß man morgens aufwachen, sich auf den Tag freuen und bei anderen liebenswerte Züge finden kann, indem man die eigenen Bewertungen und Maßstäbe wegläßt, erleben, daß und wie man mit sich selbst liebevoll umgeht und daß andere, ohne daß man Leistungen bringt und umwerfend attraktiv aussieht, einem vermitteln, daß man liebenswert ist – das ist so beglückend, daß man sich an diesen guten Gefühlen regelrecht berauschen kann. Dazu muß man einiges von den alten Mustern weglassen und vor allem auf die innere Stimme des Gefühls hören.

Neue Lebensakzente setzen

Es gibt aber noch einen anderen Lösungsweg, um sich vor Psychostreß zu schützen: Sie engagieren sich bewußt und intensiv für etwas Neues, wofür es sich zu leben lohnt, etwas, das Ihnen erlaubt, Ihre Schlüsselenergien einzusetzen und weiterzuentwickeln. Wichtig dabei ist, daß Sie dieses Neue nicht nur äußerlich versuchen zu leben, sondern auch verinnerlichen, indem Sie es klar durchdenken (so der **Beziehungstyp**), wirklich wollen (der **Sachtyp**) oder intensiv erleben (der **Handlungstyp**). Dieses nach vorn gehende Lebendigsein ist dann wie ein schützender Mantel, um nicht immer wieder vom Partner verunsichert und in Frage gestellt zu werden. Folgende Fallbeispiele sollen verdeutlichen, was damit gemeint ist:

So fragte ich (D.F.) Beate (**Beziehungstyp 1**), eine attraktive Frau Anfang dreißig, wie sie es schaffe, damit zurechtzukommen, daß ihr Mann ein Verhältnis mit einer anderen Frau habe? Sie antwortete mir: »Ich konzentriere mich sorgfältig auf das, was ich gerade mache, egal, ob auf meine berufliche

Arbeit, den Haushalt oder auf mein Kind!« – Ihr hilft also der intuitive sinnenhafte Bezug zu dem, was sie tut, um die belastende Situation zu überstehen und, wie sich im nachhinein zeigte, ihre Ehe zu retten.

Johanna ist nach langem leidvollem Dulden und Hoffen entschlossen, sich von ihrem Mann zu trennen, weil er seit vielen Jahren eine außereheliche Beziehung hat und das Recht darauf ihr gegenüber auch noch aggressiv behauptet. Bis zu einer gerichtlichen Klärung leben sie zusammen, und Johanna ist täglich seinen verbalen Angriffen ausgesetzt. Doch sie leidet unter der Situation jetzt weniger. Auf meine Frage, was nun für sie anders sei, antwortet sie: »Ich gehe meine Situation immer wieder gedanklich durch und versuche, mir dabei nichts vorzumachen.« – Sie ist **Beziehungstyp 2**, und sie setzt ebenfalls einen Aspekt ihrer Schlüsselenergie um, ihr konsequentes Denken.

Eine Klientin litt unter dem Führungsstil ihres Vorgesetzten, den sie mir als eine Mischung aus Unfähigkeit, Laschheit und autoritärem Gehabe beschrieb. Sie fand für sich eine Lösung, indem sie sich vermehrt in der innerbetrieblichen Ausbildung der Lehrlinge engagierte. – Als **Sachtyp 1** hat sie damit ihre Schlüsselenergie, also ihr Handlungs-Ich genutzt, das sie im Engagement für andere vom Ich zum Du führte. Interessanterweise schien dadurch, daß sie sich auf ihre eigenen Möglichkeiten und ihren Verantwortungsbereich konzentrierte, ihr Chef aktiver und kooperativer zu werden, so daß viele Konfliktpunkte wegfielen und sich die Zusammenarbeit entspannte.

Als **Sachtyp 2** fällt mir ein Beispiel ein, das über dreißig Jahre zurückliegt. Damals lebte und arbeitete ich einige Zeit im Buddhistischen Haus in Berlin. Ich führte dort Gespräche mit interessierten Besuchern, machte Führungen für Schulklassen und hielt regelmäßig begeisterte Vorträge über buddhistische Themen. So unglaublich es klingt, der Mönch, der damals die Leitung des Hauses hatte, hielt recht wenig vom Buddhismus und bewunderte dafür das westliche rationalistische und materialistische Denken. Das verwirrte mich, aber immerhin war er ein netter und großzügiger Mensch. Die Situation wurde für mich noch verwirrender, als ein alter Mönch mit seinem Gefolge von Dienern inklusive Leibkoch ankam – verwöhnt, kindisch und wichtigtuerisch. Anfangs war ich erstaunt, dann ärgerlich und enttäuscht, und schließlich wußte ich nicht, ob ich über das Ganze lachen oder weinen sollte.

Ich rettete mich, indem ich mich mit aller Energie auf das konzentrierte, wozu ich dort lebte: nämlich die Lehre und Praxis des frühen Buddhismus zu studieren und zu praktizieren. So konnte ich trotz der merkwürdigen Begleitumstände für mich äußerst wertvolle Erfahrungen machen. Ohne psychologisches Wissen hatte ich intuitiv den richtigen Weg gewählt und mich als **Sachtyp 2** auf meine Schlüsselenergie, das Handlungs-Ich, konzentriert, die ich heute mit dem Satz umschreibe: »Die Lösung bin ICH!«

Die Erfahrung, daß Menschen mit traumwandlerischer Sicherheit das für sie Richtige finden und tun, mache ich fast regelmäßig. Was dann meist fehlt und wozu ich sie ermuntere, ist, konsequent bei ihrer Lösung oder ihrem Lösungsweg zu bleiben. Walter und Peller zitieren in ihrem Buch einen Supervisor, der meinte, »Klienten würden in Therapie gehen, nicht weil sie eine Lösung brauchten, sondern weil sie erkannt hätten, worin die Lösung bestand und darüber erschrocken waren«.[1] – Ich würde sagen: »Klienten gehen in Therapie, nicht weil sie eine Lösung brauchen, sondern weil

[1] J. L. Walter und J. E. Peller: Lösungs-orientierte Kurztherapie. Dortmund 1994, S. 125.

sie ahnen, worin die Lösung besteht und darin bestätigt sein möchten!«

Ein weiteres Beispiel unterstreicht diese Erfahrung: Gerdi, eine tatkräftige Geschäftsfrau, heiratete einen jüngeren Mann, einen mittellosen Studenten. Fast zehn Jahre lang unterstützte sie ihn, hielt alle Belastungen von ihm fern, führte neben ihrer beruflichen Tätigkeit noch den Haushalt und kümmerte sich um die drei Kinder. Doch als ihr Mann mit dem Studium fertig war und eine feste Anstellung gefunden hatte, verließ er sie von heute auf morgen.

Auf meine Frage, wie sie über diese Enttäuschung hinwegkomme, antwortete sie: »Es tut mir immer noch sehr weh, doch ich gebe jetzt meine ganze Liebe den Kindern, für die ich dankbar bin. Hoffentlich mache ich nicht wieder den Fehler und verwöhne sie so wie ihn.« – Gerdi stützte sich als **Handlungstyp 1** auf den Du-Aspekt ihrer Schlüsselenergie, das Beziehungs-Ich.

Eine junge Frau (ein etwas herber **Handlungstyp 2**) wurde von ihrem Freund wegen einer anderen verlassen. Sie konnte das lange Zeit nicht verstehen, denn es schien ihr so, als hätten sie wirklich eine gute Beziehung miteinander gehabt. Nach einer Weile besann sie sich auf sich selbst, lernte interessante Menschen kennen, engagierte sich für Frauen und Umwelt, machte daraus ihren Beruf und in kurzer Zeit eine erfolgreiche Karriere. Immer wenn ich an sie denke, freue ich mich darüber und bin stolz auf sie. Auch sie hatte ihre Schlüsselenergie, ihr Beziehungs-Ich, entdeckt, und aus einer braven und biederen jungen Frau wurde eine engagierte und lebendige Persönlichkeit.

Meine Geschichte ist nicht deine Geschichte

Die meisten Menschen sind felsenfest davon überzeugt, daß das, was sie erleben, die objektive Wirklichkeit ist. Und sie sind dann besonders in Auseinandersetzungen darüber empört, wenn der Partner dieselbe Situation völlig anders darstellt. Ärgerlich werfen sie ihm dann vor: »Du spinnst wohl!« oder: »Das stimmt nicht, so war das nicht!« – und denken insgeheim, daß der Partner mit der Wahrheit sehr großzügig umgeht.

Gerade in Meinungsverschiedenheiten wird deutlich, daß wir nicht in einer gemeinsamen Realität leben, sondern jeder in seiner eigenen Welt und seinen eigenen Geschichten, die er sich erzählt. Dadurch kann ein Sachverhalt völlig unterschiedliche Bedeutungen haben – je nach dem Kontext der subjektiven Wirklichkeiten, in der er beschrieben wird. Interessant in diesem Zusammenhang ist, daß es entsprechend den drei Persönlichkeitstypen drei Arten von Märchen gibt: die Konkurrenz-, Abenteuer- und Verwandlungsmärchen, die sich ganz deutlich in ihrer Sprache, ihren Themen und Intentionen unterscheiden.

Versteht man Märchen als frühe Muster der Wirklichkeitsdeutung, unterstreicht das die These, daß Menschen in verschiedenen Welten leben. Es gibt andere Bezeichnungen dafür, daß jeder in den Geschichten lebt, die er sich selbst erzählt, etwa den sogenannten »Skript-Begriff« bei Berne, oder wenn schon Heraklit sagt, daß des Menschen Schicksal sein Charakter sei, was die moderne Charakterkunde explizit bestätigt.

Das, was wir für die Wirklichkeit halten, sind Sachverhalte, die in den Geschichten, die wir uns selbst erzählen, bestimmte Bedeutungen gewinnen, Geschichten über uns selbst, unser Leben, über die anderen, über das, was wir uns wünschen und was wir befürchten, wer wir sind und was wir vom Leben zu erwarten haben. Und diese Storys werden von Stimmungen begleitet, vielleicht so wie ein Film von Filmmusik untermalt wird. Therapeutisch interessant dabei ist, welchen Wirklichkeitsgehalt diese Geschichten haben, wie »bekömmlich« die Art der Realitätsvergewisserung ist und was wir daraus machen. Aber ihnen gemeinsam ist, daß die Geschichtenerzähler, die wir ja alle sind, sie für *die* Wirklichkeit halten.

Dabei können wir beobachten, wie das Leben an diesen Geschichten mitschreibt, sie bestätigt, ihnen widerspricht, sie klärt oder verwirrt, so daß wir gezwungen sind, manche realistischen und romantischen Erzählweisen aufzugeben und uns zu einem intuitiven, kreativen und liebevollen Nichtwissen hinzubewegen. Und jeder wird in einer Beziehung zunächst einmal den anderen in seine Lebensgeschichte einbauen, ihn aus seiner Geschichte heraus verstehen und danach behandeln, bis er lernt, genauer wahrzunehmen, hinzuhören und zu spüren.

Meine (D.F.) therapeutischen Erfahrungen zeigen, daß Frauen meist intuitiv richtig reagieren und sich angemessen verhalten, während Männer ihnen darin überlegen sind, ihre Geschichten als gültig darzustellen. Solange Frauen nicht erkennen, daß es sich bei der Wirklichkeit nur um jene typische Mischung aus subjektiven Beschreibungen, Interessen und Bewertungen handelt – also um eine Erzählung und nicht um Wirklichkeit an sich –, solange werden sie auch verzweifelt dagegen ankämpfen, ihrer Sicht der Realität Geltung zu verschaffen.

Wenn wir uns jedoch klarmachen, daß wir nicht so sehr in der Wirklichkeit, sondern in Geschichten über die Wirklichkeit leben, haben wir zweierlei gewonnen: Wir können unsere

Geschichte so gestalten, daß sie uns dabei unterstützt, konstruktiv mit uns und dem Partner umzugehen. Und wir können dem Partner seine Geschichte lassen und uns die endlosen Diskussionen darüber und Rechtfertigungen schenken. Denn wir fühlen uns nicht mehr dafür verantwortlich, was für eine Geschichte sich der Partner zurechtdenkt.

Der Gedanke, daß es keine gemeinsame Wirklichkeit und Wahrheit gibt, mag zunächst vielleicht beunruhigend sein. Doch wieviel Leid und Unheil haben die Verfechter »einer Wahrheit« über die Menschen schon gebracht:

»Der von ihr Befallene wähnt sich im Besitz der Wahrheit und damit nicht nur des Schlüssels, sondern auch der moralischen Verpflichtung zur Beseitigung alles Übels der Welt. In der Annahme, daß die Wahrheit, wenn sie nur klar und laut genug verkündet wird, alle Menschen guten Willens überzeugen muß, wird er zunächst missionarische Wege beschreiten. Führt dies aber nicht zum erwarteten Erfolg, so liegt die Schuld bei denen, die verstockt sind und sich der Wahrheit gegenüber verschließen. Damit aber steht der Verteufelung der anderen nichts mehr im Wege, und daß in Extremfällen ihre Ausrottung nicht nur wünschenswert, sondern zur Beglückung der Menschheit einfach notwendig ist, ergibt sich dann fast zwanglos.«[2]

Vermutlich ist der entscheidende Unterschied zwischen einer humanen und einer inhumanen Gesinnung, ob man die Geschichten des anderen toleriert. Vielleicht auch dann noch, wenn man selbst darin nicht so gut wegkommt, wie man das eigentlich möchte. Denken Sie immer: »Es ist die Geschichte meines Partners, und er muß damit leben – nicht ich! Ich habe meine eigene Geschichte und meine eigene Sicht der Dinge.« Sorgen Sie dafür, daß Ihre eigene »Geschichtsschrei-

[2] Paul Watzlawick: Lösungen. Bern 1974.

bung« konstruktiv ist, daß Sie sie unterstützt und nicht behindert.

Und üben Sie sich in dem Gedanken: »Mein Partner, jedes meiner Kinder, mein Vater, meine Mutter, meine Freundinnen und Freunde, andere Menschen, mit denen ich zu tun habe – jeder von ihnen lebt in seinen eigenen Geschichten!« – Wenn Sie so denken, werden Sie viel mehr Verständnis und Nachsicht für andere haben. Ich weiß freilich nicht, wie es Ihnen bei diesem Gedanken geht. Er kann befreiend und gleichzeitig erheiternd sein.

In der Gestalttherapie des amerikanischen Therapeuten Frederick Perls geht es darum, sich mit seiner »wirklichen« Wirklichkeit vertraut zu machen und sie sich wieder anzueignen. Sein »Gestaltgebet« fand ein breites Echo:

Ich tu, was ich tu;
und Du tust, was Du tust.
Ich bin nicht auf dieser Welt,
um nach Deinen Erwartungen zu leben.
Und Du bist nicht auf dieser Welt,
um nach den meinen zu leben.
Du bist Du und ich bin ich.
Und wenn wir uns zufällig finden
– wunderbar.
Wenn nicht, kann man auch nichts machen.

Wenn man diesen Text im Sinne der Geschichten über das Leben, über sich selbst und die anderen umschreibt, könnte es etwa so lauten:

Ich gestalte meine Geschichte,
und Du gestaltest Deine Geschichte.
Ich bin nicht auf dieser Welt,
um in Deiner Geschichte zu gefallen.
Und Du bist nicht auf dieser Welt,
um in meiner Geschichte zu gefallen.

Du hast Deine und ich habe meine Geschichte.
Wenn sie zufällig übereinstimmen
– wunderbar.
Wenn nicht, sollte man sich daran erinnern, daß es
»Geschichten« sind.

Die Rolle, die wir dem Partner in unserer Geschichte geben, als Held oder als Bösewicht, bestimmt zugleich, wie wir ihn erleben und ihm begegnen. Wenn Sie Ihrem Partner die ne-gative Rolle zuweisen, können Sie unmöglich mit ihm positiv umgehen – es sei denn, Sie lieben Bösewichte! Wenn Sie also die Beziehung zu Ihrem Partner verschlechtern wollen, dann betonen Sie in Ihrer »Geschichtsschreibung« die negativen Bedeutungen, Eigenschaften und Charakterzüge. Ihr Erleben wird Ihnen dann auch tatsächlich recht geben: »Er ist wirklich grauenvoll!« Wenn Sie aber Ihre Beziehung verbessern wollen, so stellen Sie darin die positiven Eigenschaften und Charakterzüge in den Vordergrund. Ihre Erfahrung wird es Ihnen dann bestätigen: »Er ist ganz o.k.!«

Nach diesem Prinzip arbeitet die bekannte amerikanische Therapeutin Virginia Satir. Kommt ein Ehepaar zur Therapie, dann glauben viele Therapeuten, daß das hauptsächliche Problem die unterdrückten negativen Gefühle sind, die beide Partner füreinander empfinden, und daß es darum hilfreich für die Beziehung ist, sich diese an den Kopf zu werfen. Die Folgen sind oft, daß beide sich erleichtert fühlen und sich darin einig sind, sich endgültig zu trennen.

Virginia Satir macht es anders. Anstatt Ehepartner dazu aufzufordern, sich kräftig die Meinung zu sagen, fordert sie die Partner auf, sich so anzusehen, wie sie sich früher angesehen haben, als sie ineinander verliebt waren. In diesen positiven Zustand versetzt, werden sich die Paare rücksichtsvoller und einfühlsamer behandeln, so daß eine ganz andere Art der Lösungsfindung entsteht.[3]

Und wenn Sie selbst in Gedanken in jene Zeit zurückgehen, als Sie in Ihren Partner frisch verliebt waren, was empfinden Sie da? Sind es nicht auch Gefühle der Toleranz, Zärtlichkeit, der Nachsicht und Bewunderung ...

Die lösungsorientierte Psychotherapie ist nicht zuletzt deshalb so erfolgreich, weil sie erkannt hat, wie sehr eine positive Veränderung der Sichtweise unser Erleben und Verhalten beeinflußt. Sie denkt deshalb nicht mehr über Probleme, sondern über Lösungen nach. Das ist ein radikales Umdenken in der Psychotherapie, die sich seit gut hundert Jahren hauptsächlich mit Problemanalysen beschäftigt hat.

Auch die Ärztin und Reform-Medizinerin Jeanne Achterberg kritisiert das negative Denken der Psychotherapie in einem Interview zum Thema ›Heilung und seelische Faktoren‹. Was sie sagt, gilt freilich nicht nur für Kranke, sondern für jeden, der eine Lösung sucht. Auf die Frage, ob sie es für möglich hält, in einem kranken Menschen die Leidenschaft für das Leben gezielt zu wecken und damit seine Überlebenschance zu erhöhen, antwortet Jeanne Achterberg:

»Ich glaube, man kann dem Patienten bei der Erkenntnis helfen, wo es etwas Positives in seinem Leben gibt, das er ausbauen könnte. Das läuft dem üblichen Denken der Psychologie entgegen, wo es immer darum geht herauszufinden, was mit dem Patienten nicht stimmt. Man gräbt und gräbt, bis alles entdeckt ist, was im Leben des Patienten schiefgelaufen ist. Das kann man mit Krebspatienten oder mit AIDS-Betroffenen nicht machen. Es ist unmenschlich, unmoralisch und unfair, ihnen ständig vorzuhalten, was mit ihnen nicht stimmt. Sie haben dafür keine Zeit. Sie wissen, daß viel schiefgelau-

[3] Anthony Robbins: Das Powerprinzip. München 1994, S. 390f.

fen ist, aber es hilft ihnen nicht weiter, nach den Defiziten zu suchen. Statt dessen sollte man sich bemühen, ihre positiven Ressourcen ans Licht zu bringen. Alle, die viel Zeit damit verbringen, Schwerkranken zuzuhören, werden mit mir dieser Meinung sein. Ich bin besorgt, daß es nach wie vor so viele Psychotherapeuten gibt, die mit Schwerkranken nach dem alten Modell arbeiten: Laß uns rausfinden, was deine Mutter dir angetan hat. Immer geht es darum, jemandem die Schuld dafür zu geben, daß man sich schlecht fühlt. So kann für mich keine echte Heilung stattfinden.«[4]

Ähnliche Empfehlungen finden sich schon lange in der Suizid-Prophylaxe der Deutschen Gesellschaft für Suizidprävention in Stuttgart. Bedauerlich ist dabei nur, daß die Psychiater und Psychotherapeuten der alten Schule nur dort lösungsorientiert denken und arbeiten, wo sie mit dem problemorientierten Ansatz offensichtlich scheitern würden, und daß sie nicht erkennen, daß er auch in weniger dramatischen Situationen der richtige Ansatz ist.

Wenn Sie das lösungsorientierte Vorgehen selbst benutzen wollen, um sich zu schützen und zu stabilisieren, gibt es drei maßgeschneiderte Ansatzpunkte zur Lösung Ihrer Probleme:

Als **Beziehungstyp** *Ausnahmen* (siehe das Kapitel ›Finden Sie Lösungen in Ausnahmen‹),

als **Sachtyp** *Ziele* (›So werden Ihre Wünsche wahr‹)

und als **Handlungstyp** *hypothetische Lösungen* (›Die magische Wunderfrage‹).

[4] Vgl. Psychologie heute, Heft 9, September 1993.

8. Öffnen Sie die andere Seite Ihrer Persönlichkeit

Die Lebensberater sind sich da nicht so ganz einig: Die einen empfehlen, die egoistischen Denk- und Verhaltensweisen zu überwinden, weil Sie meinen, daß Beziehungen hauptsächlich darunter leiden. Andere dagegen raten zu einem gesunden Egoismus, besonders den Frauen, die sich noch immer von den Männern ausnutzen lassen. Auch der Zeitgeist wechselt seine Meinung. Hatte er lange den Egoismus gepredigt, so betont er jetzt wieder häufiger seine Überwindung.

Zu mehr Egoismus rät das Buch von Ute Ehrhardt ›Gute Mädchen kommen in den Himmel, böse überall hin‹. Ein kämpferisches Buch, auch wenn auf dem Einband steht: ›Vom re-signierten Bravsein zum fröhlichen, unbekümmerten Widerstand!‹ Abgesehen davon, daß dieser Satz nicht so recht zum aggressiven Inhalt passen will, sind funktionierende Lösungen nicht einfach aus dem Gegenteil des Problems zu erhalten, zum Beispiel gut – böse, brav – frech, sondern etwas qualitativ anderes, wobei dann das Problem meist einfach wegfällt, verschwindet, kein Thema mehr ist. Ich (K.F.) meine, daß das »gute Mädchen« tendenziell über sein Ziel hinausschießt, wenn es sich so aktiviert, wie das Buch rät. Der Zoff ist damit schon vorprogrammiert, der »fröhliche, unbekümmerte Widerstand« bringt Kümmernis. Und es wird wieder die Frauen treffen. Ich (D.F.) vermute, daß derartige Bücher (außer daß sie einige Männer erschrecken) sowieso nicht viel verändern, weil Ratschläge und Rezepte noch nie besonders gut funktioniert haben.

In diesem Kapitel geht es nicht um die Kunst, ein Egoist

oder kein Egoist zu sein, sondern um eine Öffnung Ihres Persönlichkeitstyps zu der weniger gelebten Seite hin. Entscheidend ist dabei die Frage: Sind Sie der **Typ 1**, die ichbetonte Frau, die sich im Beziehungsspiel intensiv wahrnimmt und kontrolliert? Oder sind Sie der **Typ 2**, die ichvergessene, die wie gebannt auf die Reaktionen der anderen achtet und im Verständnis für sie aufgeht? – Jede dieser Dispositionen hat ihre Vor- und Nachteile, keine ist besser oder schlechter als die andere. Und jeder kennt auch die andere Seite und wechselt gelegentlich zwischen beiden Haltungen.

Vielleicht haben Sie schon sporadisch die jeweils andere Seite in sich aktiviert und bemerkt, wie das Ihnen und Ihrer Beziehung bekommt:

Als **Typ 1** haben Sie sich dann mehr auf Ihren Partner eingelassen und haben ihm beispielsweise interessiert zugehört;

als **Typ 2** haben Sie Ihr Selbstsein deutlich wahrgenommen und genossen, haben sich durchgesetzt und Ihrem Partner mehr gezeigt oder gesagt, was Sie wünschen und wollen.

In dieser Typöffnung möchten wir Sie auch weiter bestärken, nicht nur, weil es Ihnen selbst guttut, sondern häufig die Brücke zum Partner ist.

Doch fragen Sie sich zuerst:

Bin ich mehr der ich-bezogene **Typ 1**?

Fällt es mir eher schwer, mich selbst loszulassen und auf den Partner einzugehen, ihm geduldig zuzuhören und interessierte Fragen zu stellen? Bin ich – oder war ich – oft wie in einer Glaskugel, auf mich selbst fixiert?

Müßte ich also meine Aufmerksamkeit mehr meinem Partner schenken, ihn dadurch in seiner Persönlichkeit mehr wahrnehmen, ihn so besser verstehen und anerkennen?

Oder bin ich eher der ich-vergessene **Typ 2**?

Verliere ich mich immer wieder darin, die Bedürfnisse anderer zu erfüllen, sage ich eher selten, was ich möchte und mir von anderen wünsche? Denke ich zu selten und zu spät an mich?

Müßte ich also den Blick mehr auf mich selbst lenken und lernen, mich selbst mehr wahrzunehmen, lernen, die eigenen Gefühle, Wünsche und Bedürfnisse aufmerksamer zu registrieren und meinem Partner deutlich zu machen?

Das heißt nicht, daß Sie als **Typ 1** jetzt selbstlos werden und ganz für den anderen dasein müssen. Oder als **Typ 2** sich darin üben müssen, ein Egoist zu werden. Es funktioniert auch nicht, wenn Sie als **Typ 1** Ihren Partner bemuttern oder als **Typ 2** ihn bremsen wollen.

Für **Typ 1** und **Typ 2** gilt: Hüten Sie sich davor, in ein Entweder-oder-Schema zu verfallen und jetzt zu meinen, der andere Typ sein zu müssen. Das heißt, als kämpferischer **Typ 1** jetzt die Lösung der Probleme im Liebenswürdigsein oder als Wichtigtuer im Bescheidensein oder als der Autoritäre im Gerechtsein zu suchen; oder als **Typ 2** den Egoisten herauszukehren und die anderen demonstrativ vor den Kopf zu stoßen. Dann haben wir wieder keine gelingenden Lösungen, sondern das Umschlagen von einem Extrem ins andere, das regelmäßig zu Rückschlägen führt, die dann scheinbar die Ausgangsposition bestärken.

Vermeiden Sie ein Entweder-oder-Schema und bevorzugen Sie das Sowohl-als-auch-Schema, indem Sie einfach ein »und« zwischen die Entweder-oder-Pole setzen: Seien Sie **Typ 1** *und* **Typ 2**. – Denn als **Typ 1** haben Sie den Vorteil, gut für sich sorgen zu können und Ihre Wünsche und Bedürfnisse durchzusetzen. Warum sollten Sie das aufgeben? Und als **Typ 2** können Sie sich gut auf andere Menschen, auf Dinge oder Tätigkeiten einlassen oder einstellen. Das hat sich doch gut bewährt. Warum sollten Sie das ändern? Besser ist es, das Neue zu tun und das Alte nicht zu lassen.

Es genügt völlig, wenn Sie als **Typ 1** darauf achten, sich in keinem Moment zu überschätzen. Meiden Sie als **Beziehungstyp 1** die Starrolle, vermeiden Sie als **Sachtyp 1**, sich für eine bedeutende Persönlichkeit zu halten, und als **Handlungstyp 1** anzunehmen, Sie seien perfekt. Und drängen Sie auch niemand anderen in eine dieser Rollen, es sei denn, Sie wollen ihm oder ihr eins auswischen.

Als **Typ 2** sollten Sie umgekehrt ständig darauf achten, sich nicht zu unterschätzen: Sie sollten als **Beziehungstyp 2** nicht meinen, Sie seien nicht liebenswert, als **Sachtyp 2**, Sie seien nicht wichtig, und als **Handlungstyp 2**, Sie seien nicht o.k. Prägen Sie sich das ein und muten Sie es niemandem zu, nicht den anderen und schon gar nicht sich selbst.

Typöffnung als Balance

Eine gelungene Balance der Persönlichkeit geht in ihrer Wirkung aber noch viel weiter. Sie ist gut für Ihre seelische Ausgeglichenheit, Ihr körperliches Wohlbefinden und ist (zusammen mit den Schlüsselenergien) ein Impuls zur Persönlichkeitsentwicklung:

Denn solange der **Beziehungstyp 1** egozentrisch um sich kreist, kann er weder anderen noch dem Leben vertrauen und meint, angespannt kämpfen zu müssen.

Wenn der **Beziehungstyp 2** meint, daß er nur dann Liebe bekommt, wenn er sich für den Partner aufopfert und es ihm (und allen anderen) immer recht macht, wird er sich psychisch und physisch verausgaben.

Für den **Sachtyp 1** kann es nicht gut sein, wenn er sich egoistisch nach vorne drängt, angestrengt ins Zeug legt und alle möglichen Leute provoziert. Die unvermeidlichen Konterreaktionen der anderen veranlassen ihn, immer mehr zuzumachen und sich unverstanden zu fühlen.

Dem **Sachtyp 2** bekommt es wenig, wenn er sich amorph, schattenhaft und überangepaßt verhält und dadurch letztlich leer ausgeht, weil keiner weiß, was er will.

Wer als **Handlungstyp 1** zu autoritär oder auch autoritätsgläubig ist, wird in ein Freund-Feind-Denken verfallen, sich unnötig aggressiv verhalten und infolge der Gegenreaktionen sich angegriffen oder übergangen fühlen.

Wenn der **Handlungstyp 2** sich in Pflichterfüllung aufopfert, wird er seine eigenen Bedürfnisse übergehen, meist so lange, bis die Lebens- und Arbeitsfreude oder die Gesundheit ruiniert sind, und er wird die bittere Erfahrung machen, daß Undank der Welt Lohn ist.

Umgekehrt tut es Ihnen und Ihrem Partner gut,

... wenn Sie als **Beziehungstyp 1** sich weniger dominant, cool, kritisch oder distanziert verhalten, sondern sich dem Partner entspannt und herzlich zuwenden, ihn würdigen und sich mit allen Sinnen auf ein gemeinsames Leben mit ihm einlassen, dem Leben und Geschehen mehr vertrauen, statt zu meinen, es in Gang halten zu müssen. Fangen Sie damit an, daß Sie dem Partner mit freundlichem Gesichtsausdruck zuhören, ihm Fragen stellen und Ihre Ja-aber-Impulse ignorieren.

... wenn Sie als **Beziehungstyp 2** mehr in sich hineinhören, sich im Gespräch Zeit für ruhiges Nachdenken nehmen, Ihre eigenen Bedürfnisse und Interessen wahrnehmen und einbringen und nicht meinen, den Partner ständig retten zu müssen.

... wenn Sie sich als **Sachtyp 1** (statt sich wichtig zu machen) kooperativ handelnd einbringen, Ihrem Partner deutlich zeigen, daß Sie ihn lieben, geduldig und nachsichtig mit ihm sind, wenn der mal was falsch macht, und ihn unterstützen und ihm beistehen.

... wenn Sie als **Sachtyp 2** den wachen Du-Bezug lernen und auf den Partner zugehen, wenn Sie wissen und sagen, was Sie von ihm wollen, statt Enttäuschungen einzusammeln, hinunterzuschlucken und aus unterlegener Abhängigkeit Druck auf den Partner zu machen.

... wenn Sie als **Handlungstyp 1** sich einfühlsam, weich und herzlich verhalten, wenn Sie mit dem Partner mit(er)leben, sich mitfreuen und mitleiden und ihm erlauben, seine eigenen Lebenserfahrungen zu machen.

... wenn Sie als **Handlungstyp 2** sich Ihrem Partner zuwenden, sensibler und spontaner werden und dafür sorgen, daß Sie mit ihm gemeinsam Spaß und Freude am Leben haben.

Dadurch verliert keiner der Persönlichkeitstypen seine Grundstruktur, doch Sie werden als **Typ 2** gefaßter und als **Typ 1** weicher werden. Und Sie ermöglichen mit Ihrer Typbalance auch Ihrem Partner, aus seiner **Typ 1**- oder **Typ 2**-Sackgasse herauszukommen.

Typöffnung und Beziehung

Ob eine Beziehung eher liebevoll, interessant, erotisch, kreativ und lebendig ist oder eher eintönig, langweilig, festgefahren und verletzend, hängt von vielen Faktoren ab. In erster Linie wohl davon, ob beide Partner auch tatsächlich bereit sind, sich für ihre Beziehung zu engagieren, ob sie dafür sorgen, daß sie liebevoll, interessant, kreativ und lebendig bleibt (oder wieder wird). Dabei ist es wichtig, daß sich die Partner auf die gleiche oder eine ähnliche Wellenlänge einschwingen, denn nur so findet Beziehung wirklich statt. Die Unterschiede und Gegensätze sorgen für Reiz und Spannung, wenn man etwas daraus macht – oder für Leerlauf, wenn jeder darin steckenbleibt.

So beklagte sich ein Ausbildungsteilnehmer darüber, daß seine Partnerin bei nichtigen Anlässen ausraste, sich abgewertet fühle und sich dann tagelang völlig zurückziehe. Er habe schon alles Erdenkliche versucht, sei es »vorbeugend«, sei es »heilend«, doch nichts habe funktioniert. Es sah so aus, als ob er keinerlei Einfluß auf ihr Verhalten habe und ihre dramatischen Reaktionen entweder einfach hinnehmen oder sich von ihr trennen müsse. Doch dann sagte er, seit er aggressiver auftrete, habe sich die Situation verbessert, doch das läge ihm nicht und das wolle er auch nicht.

Hier kam mir (D.F.) die Vermutung, daß es in der Beziehung mit dem Pacen nicht klappte. Sie bestätigte sich, als er seine Partnerin als temperamentvoll beschrieb, während er einen ruhigen, sachlichen und ausgleichenden Eindruck machte. Ich vermutete, daß das Ausflippen seiner Partnerin eine Folge davon sei, daß sie beide trotz allen guten Willens und Bemühens von seiner Seite auf unterschiedlichen Wellenlängen kommunizierten und sie sich dadurch nonverbal ständig mißachteten und abwerteten.

Nun ging es darum, für ihn eine attraktive Form der Aggressivität zu finden, zum Beispiel die sportliche Haltung eines kraft- und energievollen Spielens, und dann zu beobachten, wie seine Partnerin auf diese andere Qualität seines nonverbalen Verhaltens reagierte.

Weiterhin sind der Anteil von **Typ 1** oder **2** und die Überlagerung durch die weibliche oder männliche Rolle wichtig. So können beispielsweise die Eigenschaften des männlichen **Beziehungstyps 1** (distanziert, intellektuell, dominierend) im krassen Gegensatz zum weiblichen **Beziehungstyp 2** (gefühlsbetont, sich aufopfernd) stehen. Vielfach bemüht sich der männliche **Typ 1** in allen drei Ausprägungen auch heute noch um den Eindruck des überlegenen Mannes, und der weibliche **Typ 2** spielt die Frauenrolle aus dem Liebesroman. Das paßt gut in Traumwelten, ist aber im richtigen Leben eher frustrierend.

Wenn sich **Beziehungstypen** ineinander verlieben, dann ist das der Stoff für Herz-Schmerz-Geschichten: Beide sind beneidenswert glücklich oder unendlich unglücklich, je nachdem. Und wenn die Beziehung scheitert, schlägt die heiße Liebe oft in blinden Haß um und wird von beiden so **beziehungstypisch** ausgelebt, daß die Fetzen nur so fliegen. Dieses bittere Ende ist gerade bei den Menschen sehr wahrscheinlich (und fast vorhersehbar), die aus ihrer Not eine Tugend machen: dem überlegenen, kühl distanzierten Macho (als männlichem **Beziehungstyp 1**) und der dramatisierenden, launischen Kind-Frau (als weiblichem **Beziehungstyp 2**).

In der umgekehrten Verbindung, also männlicher **Typ 2** und weiblicher **Typ 1**, geht er mehr in sein Gefühl und macht sie mehr Gebrauch von ihrem Verstand, was der Beziehung zugute kommt – wenn die Frau ihre Verbindung nicht ihren »Karrierewünschen« opfert und der Mann anderen Liebschaften.

Ein Paar vom **Typ 1** wird wahrscheinlich intellektuell miteinander konkurrieren. Und beim Paar vom **Typ 2** besteht die Gefahr, daß sie sich gegenseitig im helfenden Retten überbieten. Das führt in beiden Fällen zu stressigen Beziehungen, in denen Gelassenheit, Entspannung und behagliches Genießen zu kurz kommen. Es geht ihnen dann nicht mehr um die Beziehung selbst, sondern sie wird mehr und mehr zum Mittel für andere Zwecke, etwa andere zu beeindrucken oder ihre Sympathie zu gewinnen.

Die Machtspiele der **Einser-Typen** und die Retterspiele der **Zweier-Typen** täuschen über ihre Persönlichkeitsdefizite hinweg: Es ist der Mangel an (Selbst-)Vertrauen und an klarem, realitätsbezogenem Denken. Doch beide, Vertrauen und

Realitätsbezug, sind unverzichtbare Fundamente einer intakten Beziehung.

Gerade **Beziehungstypen** können sich spontan für etwas begeistern (und das macht ihr Wesen so liebenswert). Doch es kann mit dem Strohfeuer ihrer Begeisterung auch genauso schnell wieder vorbei sein. Diese Begeisterung will triumphieren und mehr Traummann oder Traumfrau im geliebten Partner sehen, als der in Wirklichkeit mitbringt. Analog steht es mit der Tendenz des **Beziehungstyps** zur völlig überzogenen Kritik, wenn er schlecht drauf ist oder wenn man ihn in seinen Beziehungsgefühlen verletzt hat. Dann verzerrt er die Realität zu einem wahren Alptraum. Wenn beide sich von **Typ 1** nach **2** (und umgekehrt) öffnen, dann ist zärtliche Liebe, Freundschaft und inniges Verstehen sehr wahrscheinlich, denn vom Persönlichkeitstyp her sind sie sich ja seelenverwandt. Also muß der **Typ 1** tendenziell weicher werden, mehr Nähe, Gefühl und Wärme für den Partner zeigen, weniger mit ihm konkurrieren und weniger ehrgeizig sein wollen.

Und der **Typ 2** sollte damit aufhören, seine Gefühle wie ein Feuerwerk abzubrennen. Er sollte besser versuchen, sich mehr in sich selbst zu zentrieren, statt jedermanns Liebling sein zu wollen. So wird er Kontur annehmen und sich im aufdringlichen (und entmündigenden) Retten anderer (oder des Partners) zurückhalten.

Die Beziehung **Sachtyp** – **Sachtyp** ist in der Regel eine harmonische und verständnisvolle Verbindung mit vielen gemeinsamen Aktivitäten. Sie kann jedoch, wie wir wissen, hinter der Fassade unter erheblichen Schönheitsfehlern oder Mängeln leiden.

Der **Sachtyp 2** gibt sich ruhig, überlegt und harmonisierend. Er tendiert zum hilflosen Opferspiel, wird also vermeidbare Fehler machen und damit den Partner ärgern oder sich einem dominanten Partner bedingungslos fügen oder anpassen, sich dabei jedoch unverbindlich sachlich geben und den anderen dabei leerlaufen und auf die Dauer emotional verhungern lassen.

Der **Sachtyp 1** wirkt wichtigtuerisch und aufsässig. Er ist unruhiger, nervöser als der **Typ 2**, kann rasch aufbrausen und cholerisch explodieren. Er spielt zu gern das rebellische Opfer in dem Sinn: »Es ist einfach empörend, was man mir zumutet!« Auch wenn er laut bellt, so beißt er doch selten richtig zu. Wenn doch, dann plädiert er bald auf mildernde Umstände und meint mit Unschuldsblick, man solle das bloß nicht so ernst nehmen, er sei eben wütend gewesen.

Beide **Sachtypen** verstecken ihre unbefriedigten Bedürfnisse, ihre (nicht selten übersteigerten) Wünsche nach Geltung und Erfolg. Das geht gut bis zum großen Knall, wenn überreichlich Frust angesammelt ist. Bei **Beziehungstypen** und auch **Handlungstypen**, die gesünder mit ihrem Ärger umgehen, gibt es öfter mal ein reinigendes Gewitter. Für **Sachtypen** gilt das nicht, wohl aber das Sprichwort: »Stille Wasser gründen tief!« – im Schlechten wie im Guten.

Eine Typbalance brächte dem egozentrischen **Sachtyp 1** mehr Ruhe und Gelassenheit. Aus einer heiteren Selbstzufriedenheit heraus würde er sich mehr auf den Partner einlassen, ohne deshalb gleich so überangepaßt wie der **Sachtyp 2** zu sein. Und der würde sich mehr auf sich besinnen, besser für sich sorgen und selbstbewußter, dynamischer auftreten. Er wäre aufmerksamer, spontaner, entscheidungsfreudiger, aktiver und lebendiger dem Partner gegenüber.

Es gilt immer wieder, die richtige Haltung dem Leben beziehungsweise den Situationen gegenüber zu finden. Dem **Sachtyp** hilft dabei die Fragestellung »Was bekomme ich vom anderen oder vom Leben?« nicht weiter, denn das führt in die Opferrolle, sondern er muß sich fragen: »Was möchte ich für mich, den anderen und das Leben tun?« Und wenn er sich doch noch schlecht fühlt, weil er in die Opferrichtung gedacht oder gehandelt hat, bleibt ihm immer noch die Möglichkeit der Haltungsänderung.

Handlungstypen haben meist die längsten und stabilsten Beziehungen, die dank Kameradschaft und gesundem Menschenverstand auch den einen oder anderen leidenschaftlichen Ausbruch der Gefühle überstehen. Wenn sie nach heftigem Beziehungsstreben den verläßlichen Partner gefunden haben, der ihnen ermöglicht, in ihre Gefühle zu gehen, und der mit ihnen im Denken übereinstimmt, dann ist die Sache geregelt und oft ein Leben lang o.k. Dabei setzen sie voraus, daß ihr Partner ähnlich zuverlässig in den Gefühlen ist wie sie selbst. Für einen **Handlungstyp** gilt eben: »Wenn ich ihm einmal gesagt habe, daß ich ihn liebe, dann muß ich das nicht ständig wiederholen!«

Ihre starke Tendenz zur Pflichterfüllung läßt **Handlungstypen** rücksichtslos gegen sich selbst sein. Dadurch kann die Beziehung über weite Strecken karg werden, und sie reagieren dann ganz verstört, wenn sich der Partner in einen anderen verliebt. Sie, die sich nie erlauben, krank zu sein, erleiden nach jahrzehntelanger Überarbeitung häufiger als die anderen Persönlichkeitstypen unerwartet schwere gesundheitliche Einbrüche. Als Folge davon haben manche **Handlungstypen** dann ihr Leben grundlegend verändert, lassen sich nicht mehr nur von Pflicht und Arbeit bestimmen, sondern gönnen sich zusammen mit dem Partner mehr Freude und Lebensgenuß.

Auch eine Typbalance brächte hier ein Mehr an Lebensqualität. Wenn der **Handlungstyp 1** seine autoritären Verfolgerspiele seinläßt und mehr seine Schlüsselenergie, das Fühlen, lebt, wird er den Partner weniger reglementieren. Dann kann der freier atmen und mehr er selbst sein. Und der **Handlungstyp** würde damit einen Großteil seiner trockenen Bürgerlichkeit ablegen.

Der **Handlungstyp 2** dagegen würde stärker auf seine eigenen Bedürfnisse achten, mehr Rücksicht auf seine Gesundheit nehmen und dafür sorgen, daß er sich nicht von seinem Partner (oder seiner Firma) ausnutzen läßt.

Fassen wir zusammen:

Die Beziehung **Sachtyp 1** – **Beziehungstyp 1**: Beide wirken kühl, der **Beziehungstyp**, weil er sich im Griff hat, und der **Sachtyp**, weil er meist am Denken ist. Die Beziehung gewinnt an Wärme, wenn der **Beziehungstyp** sich vertrauensvoll einlassen wird und der **Sachtyp** sich um den anderen kümmert.

Die Beziehung **Sachtyp 2** – **Beziehungstyp 2**: Beide wirken weich – der **Beziehungstyp** durch seine Einfühlsamkeit und der **Sachtyp** durch seine Selbstvergessenheit und sein Harmoniebedürfnis. Wenn beide sich selbst mehr wahrnehmen, gewinnt die Beziehung an Dynamik.

Die Beziehung **Sachtyp 1** – **Beziehungstyp 2**: Ersterer will wichtig genommen, der zweite hofiert werden. Eine Beziehung, die im Gleichgewicht bleibt, vorausgesetzt, der **Sachtyp** engagiert sich für den anderen, und der **Beziehungstyp** kümmert sich um sich selbst.

Die Beziehung **Sachtyp 2** – **Beziehungstyp 1**: Der Weiche und der Zurückhaltende. Der **Sachtyp** muß sich selbst aktivieren, um mit dem dynamischen **Beziehungstyp** gleichziehen zu können. Der **Beziehungstyp** sollte sein »Ja, aber ...!« seinlassen und sich darin üben, interessiert seinem Partner zuzuhören.

Die Beziehung **Beziehungstyp 1** – **Handlungstyp 1**: Der Kühle und der Autoritäre. Diese nach außen attraktive Beziehung gilt es nach innen zu vertiefen. Dazu ist für den **Beziehungstyp** Vertrauen und für den **Handlungstyp** Einfühlungsvermögen angesagt.

Die Beziehung **Beziehungstyp 2** – **Handlungstyp 2**: Der

Charmante und der Herzliche. Ein Duett der Gefühle, wenn der **Handlungstyp** nicht vor lauter Arbeitswut den **Beziehungstyp** vernachlässigt und der die festgefügten Meinungen des **Handlungstyps** irgendwie ignorieren kann.

Die Beziehung **Beziehungstyp 1** – **Handlungstyp 2**: Der distanzierte Gefühlsmensch und der herzliche Schaffer. Der **Beziehungstyp** sollte sich selbst loslassen und auf den Partner einlassen, und der sollte lernen, auf seine Bedürfnisse zu achten.

Die Beziehung **Beziehungstyp 2** – **Handlungstyp 1**: Der Emotionale und der Autoritäre. Der **Beziehungstyp** darf nicht mit seinem Gefühlsüberschwang den Partner überfordern. Und der **Handlungstyp** sollte sich darin üben, den Partner gefühlsmäßig zu überholen.

Die Beziehung **Sachtyp 1** – **Handlungstyp 1**: Hier können zwei Dickköpfe zusammenprallen, doch wenn sie sich aufeinander einstellen, entfaltet sich diese Beziehung wie von selbst.

Die Beziehung **Sachtyp 2** – **Handlungstyp 2**: Der **Sachtyp** darf sich die Initiative nicht aus der Hand nehmen lassen, und der **Handlungstyp** sollte Lebensfreude zu seinem Pflichtfach machen.

Die Beziehung **Sachtyp 1** – **Handlungstyp 2**: Der Wichtige und der Schaffer. Beide haben die Tendenz, in ihren Rollen hängenzubleiben. Deshalb ist Flexibilität gefragt, damit sie die spielerische Seite ihrer Beziehung nicht vernachlässigen.

Die Beziehung **Sachtyp 2** – **Handlungstyp 1**: Der weiche **Sachtyp** ist herausgefordert, seine Entscheidungs- und Arbeitsfreude zu fördern, und beide sind aufgerufen, ihre Beziehung liebevoll zu pflegen.

9. Bringen Sie Ihre Persönlichkeit ins Spiel

Ein Mensch, der sich geliebt, beachtet und geschätzt fühlt, wird sich diese Frage nicht stellen. Und wenn Sie an Situationen zurückdenken, wo Ihnen etwas gelungen ist, Sie Erfolg hatten oder Sie mit anderen besonders gut zurechtkamen, dann werden Sie im Gegenteil spüren, daß Sie mit sich und der Welt zufrieden sind und Ihr Leben sinnvoll ist. Interessant dabei ist: Was haben Sie da anders gemacht, und welche (Zauber-)Kräfte haben Sie dabei so erfolgreich unterstützt?

Sehr wahrscheinlich waren diese besonderen Energien eine ausgewogene Mischung aus Ihren persönlichen Grundfähigkeiten und den zusätzlichen, fast geheimnisvoll wirkenden Schlüsselenergien. Denn sie machen den liebenswürdigen **Beziehungstyp** klüger, den klugen **Sachtyp** tüchtiger und den tüchtigen **Handlungstyp** liebenswürdiger. Sie bringen jedem Persönlichkeitstyp das entscheidende Plus an Ausstrahlung und Kompetenz, und die wirken sich günstig auf unser Umfeld aus, sorgen für die Unterstützung, die wir brauchen.

Weil wir alle von klein auf gezwungen waren, entweder um Liebe oder Beachtung oder Erlaubnisse zu kämpfen, haben wir uns ganz auf eines dieser Lebensthemen konzentriert und die anderen darüber fast vergessen. Und genau hier, in dem vergessenen Bereich, liegen noch wenig genutzte Kräfte, die es zu aktivieren gilt und die dann Ihrem Leben den entscheidenden Kick geben werden, den Sie sich wünschen und den Sie gut gebrauchen können. Es ist spannend und eine interessante Herausforderung, diese neuen Energien in sich zu entdecken. Wie aber macht man das?

Sie können Ihre Schlüsselenergie deutlich an Erfolgserlebnissen ablesen, also an positiven Erfahrungen, auf die Sie besonders stolz sind und an die Sie sich gerne erinnern. Ganz sicher waren daran auch Ihre dominanten Grundfähigkeiten beteiligt, also Ihr zwischenmenschliches Talent als **Beziehungstyp**, Ihre analytische Begabung als **Sachtyp** oder Ihr tatkräftiges Handeln als **Handlungstyp**. Doch was kam zu den Grundfähigkeiten dazu, was war neu und anders in diesen Situationen? Machen Sie eine kleine Pause, und denken Sie an einige Erfolgserlebnisse zurück ... Die Antwort wird Ihnen sicher leichtfallen.

Was haben Sie herausgefunden? Vergleichen Sie Ihre Ergebnisse mit folgenden Aussagen, die wir in vielen Gesprächen in Seminaren immer wieder bestätigt fanden:

Waren **Beziehungstypen** erfolgreich, dann haben sie genauer oder konsequenter als sonst nachgedacht, haben etwa eine kluge Strategie entwickelt, um ein bestimmtes Problem elegant zu lösen.

Sachtypen berichten häufig, daß sie sich einer schwierigen Aufgabe gestellt, sie entschlossen und tatkräftig angepackt und Widerstände überwunden haben. Gegen die Erwartung anderer waren sie damit erfolgreich und haben Anerkennung dafür bekommen.

Handlungstypen erzählen von warmherzigen menschlichen Begegnungen oder wie sie jemandem aus einer schwierigen Situation helfen konnten. Ihr liebevolles Engagement und ihre Fürsorge können ebenso intensiv der Natur oder Tieren gegolten haben.

Wie man die Schlüsselenergien in sich aktiviert

Egal, ob es sich nun um die Bereiche des Erkennens, des Handelns oder der Zuwendung handelt – als jeweilige Schlüsselenergie werden sie von uns immer als etwas besonders Wertvolles erlebt, als etwas, das unser Leben bereichert und mit neuem Sinn erfüllt. Doch leider sind uns diese Kräfte nicht immer und in gleichem Maße zugänglich: Oft genug fallen wir in unsere alten Muster zurück und reduzieren uns auf unsere Ausgangsfähigkeiten.

Wie finden wir rasch zu den Qualitäten unserer Schlüsselenergie und damit zu unserer wirklichen Kompetenz zurück?

Eine Möglichkeit ist das sogenannte »Ankern«. Ein Anker ist ein ganz spezifischer Reiz, der eine positive oder auch negative Erinnerung an bestimmte Erfahrungen und an die damit verbundenen Ressourcen auslöst. Einfacher gesagt: Irgend etwas erinnert uns an ein früheres Erlebnis. Das kann ein Wort, eine Melodie, ein Bild oder eine bestimmte Umgebung sein. Ein Anker kann auch etwas sein, das wir schmecken oder riechen, zum Beispiel ein Duft, der Sie an glückliche (oder unglückliche) Erlebnisse erinnert. Vielleicht haben Sie bei einem Ihrer ersten Rendezvous Schokolade getrunken und später, als Sie einmal Schokolade in einem Café bestellten, erinnerten Sie sich daran. Oder ein Lied, das Sie im Urlaub gehört haben, bringt etwas von den sonnigen Gefühlen von damals zurück.

Wir werden jeden Tag nur so bombardiert mit Ankern. Die Werbung benutzt sie, um ein bestimmtes Produkt mit dem »Duft der großen, weiten Welt«, mit Lebensfreude, Genuß, mit Kraft, Schönheit, Erotik oder Jugend systematisch zu koppeln. Manche Anker setzen sich tatsächlich in uns fest, andere haben keine Wirkung mehr auf uns. Doch statt uns nur von Ankern manipulieren zu lassen, sollten wir sie für etwas Positives, nämlich unser Wohlbefinden einsetzen. Wie macht man das gezielt?

Als **Beziehungstyp** erfahren Sie ständig (wenn Sie es auch registrieren), daß Sie charmant, reizvoll, attraktiv und sehr liebenswert sind. Doch oft reagieren Sie zu impulsiv oder werden schnell nervös, und Sie würden sich statt dessen wünschen, cooler, mit mehr Überblick und Abstand zu reagieren. Dann haben Sie vergessen, daß Sie liebenswert sind, und auch Gelassenheit und Überblick sind Ihnen dann nicht zugänglich. Beide Qualitäten können Sie ankern und diese Anker wie Schlüssel benutzen, um sich rasch Zugang zu diesen Ressourcen zu verschaffen:

Erinnern Sie sich an eine Situation, in der Sie diesen Überblick hatten und sich entspannt und gelassen fühlten. Gehen Sie in der Erinnerung in diese Situation ganz intensiv hinein. Lassen Sie sich dazu Zeit ...

Ruhe wird sich jetzt in Ihnen ausbreiten, und Sie fühlen, wie gut Ihnen das Einssein mit sich selbst tut ...

Wenn Sie dieses intensive und wohltuende Gefühl ganz erfüllt, dann berühren Sie sanft mit dem linken Zeigefinger den Knöchel des rechten Zeigefingers – etwa eine Sekunde lang. Sie haben nun diese Erinnerung geankert.

Warum dieses Berühren? Die positive Erinnerung soll nicht nur ein vorübergehendes Wohlbefinden bei Ihnen auslösen, sondern abrufbar bleiben, wenn es Ihnen nicht so gutgeht.

Aus diesem Grund wird der wohltuende Zustand mit der Berührung gekoppelt, damit man das gute Gefühl damit wieder abrufen kann, wenn man es braucht. Das nennen wir später »den Anker lösen«.

Jetzt erinnern Sie sich an eine Situation, in der Sie innerlich einen beruhigenden Abstand zum Geschehen hatten. Lassen Sie sich ganz auf diese Erinnerung ein. Spüren Sie, wie klar und gelassen sich das anfühlt ...

Dann, wenn Sie dieses herrliche Gefühl ganz erfüllt, berühren Sie mit dem linken Zeigefinger wieder den Knöchel des rechten Zeigefingers – auch etwa eine Sekunde lang.

Jetzt haben Sie mit dem zweiten Ankern das gemacht, was man »Anker stapeln« nennt. Wiederholen Sie das noch ein paarmal mit Erinnerungen an Situationen, in denen Sie klug und gelassen reagiert haben.

Nun erinnern Sie sich an einige Situationen, in denen Sie sehr intensiv erfahren haben, daß Sie liebenswert sind, und ankern jeweils auf dem Höhepunkt Ihrer Erinnerung dieses Gefühl neben dem ersten Anker. Zum Beispiel mit dem linken Mittelfinger auf dem Gelenk des rechen Mittelfingers. Beim späteren »Lösen« des Ankers mit der gleichen Berührung berühren Sie zuerst mit dem Mittelfinger der linken Hand das Gelenk des Mittelfingers der rechten Hand, dann mit dem Zeigefinger der linken Hand den Knöchel des Zeigefingers der rechten Hand. – Hört sich kompliziert an, ist jedoch ganz einfach. Auch diesen zweiten Anker können Sie durch Stapeln von mehreren positiven Erinnerungen verstärken.

Jetzt verfügen Sie über zwei Schlüssel, mit denen Sie sich diese wertvollen Ressourcen (liebenswert und gelassen sein) jederzeit zugänglich machen können. Lösen Sie dazu zunächst den Anker für Liebenswert-Sein, indem Sie auf gleiche Weise den Punkt auf Ihrer rechten Hand berühren, dann den Anker für Gelassenheit. Immer in dieser Reihenfolge. Je öfter Sie das machen, desto intensiver und wirksamer wird die Erfahrung.

Als **Sachtyp** haben Sie immer wieder die Erfahrung gemacht, daß Sie durch Ihre Individualität und Ausstrahlung sehr interessant, wertvoll und wichtig für Ihren Partner und andere sind und daß man Ihnen aufmerksam zuhört, nicht nur weil Sie besonders geistreich sind, sondern weil Sie auch einen besonderen Sinn für Schönheit und Witz haben. Doch es ist schade, daß Sie das manchmal regelrecht vergessen (was leider auch typisch für den **Sachtyp** ist). Sicher fällt es Ihnen auch nicht immer leicht, entschieden und tatkräftig eine Sache anzugehen. Dabei haben Sie genug Erfahrungen darüber, daß Sie energisch zupacken können. Auch Sie können diese Kräfte für sich jederzeit abrufbereit machen.

Erinnern Sie sich dazu an eine Situation, die Sie aktiv angegangen und konsequent und erfolgreich abgeschlossen haben. Gehen Sie in der Erinnerung in das Erleben dieser Situation tief hinein. Spüren Sie, wie gut Ihnen dieses kraftvolle Gefühl tut, das sich in Ihrem Körper verbreitet, und wie Sie dabei eine tatkräftige, handlungsbereite Körperhaltung einnehmen (was die Intensität des energievollen Erlebens unterstützt) ...

Und wenn Sie dieses kraftvolle Gefühl ganz erfüllt, berühren Sie mit dem linken Zeigefinger leicht den Knöchel des rechten Zeigefingers – etwa eine Sekunde lang. Wiederholen Sie dieses Ankern mehrmals für ähnliche Erinnerungen der entschlossenen Tatkraft. Wichtig ist, daß Sie immer auf dem Höhepunkt des Erlebens den Anker setzen.

Dann ankern Sie bitte Erlebnisse, in denen man Ihnen viel Aufmerksamkeit und Interesse entgegenbrachte. Auch hier wird der zweite Anker stärker, wenn Sie mehrere Erinnerungen ankern (also stapeln), in denen Sie viel Selbstbewußtsein und Selbstbestätigung gespürt haben.

Wenn Sie jetzt Zugang zu diesen Ressourcen haben wollen, lösen Sie immer zuerst den Anker »Selbstbewußtsein« und dann den Anker »Entschlossenheit«. Das kann Ihnen in vielen Situationen weiterhelfen. Auch hier gilt: Je öfter Sie ankern und die Anker lösen (immer auf die gleiche Weise), desto wirksamer werden sie!

Als **Handlungstyp** wissen Sie genau, was Sie wollen. Das ist eine Ihrer großen Stärken. Sie erleben auch immer wieder, daß andere Sie als äußerst zuverlässig und tüchtig einschätzen und schätzen. Und Sie wissen auch, daß Ihre Mitmenschen auf Sie bauen können – zu Recht. Sie zeichnen sich wirklich mit diesen Fähigkeiten aus. Doch es würde Ihnen, Ihrer Gesundheit und dem Partner guttun, wenn Sie ab und zu mal Pause machen, aus Ihrem Pflichterfüllungsprogramm völlig aussteigen und sich am Leben intensiv freuen.

Erinnern Sie sich an einige Höhepunkte in Ihrem Leben, wo Sie Lebensfreude und Sympathie empfunden haben, wo Sie spontan und spielerisch mit Menschen und Situationen umgegangen sind und auch Ihnen viel Sympathie und Herzlichkeit entgegengebracht wurde. Holen Sie sich jetzt diese Erinnerungen und die damit verbundenen wohltuenden Gefühle ganz nah heran, indem Sie sich an eine dieser wunderbaren Situationen erinnern ...

Wenn Sie dieses herrliche Gefühl ganz tief spüren, berühren Sie mit dem linken Zeigefinger den Knöchel des rechten Zeigefingers – etwa eine Sekunde lang.

Wiederholen Sie das auf die gleiche Weise mit anderen Erinnerungen, beispielsweise an Sympathie, Lebensfreude und Spontaneität. Jetzt richten Sie bitte einen zweiten Anker für O.k.-Sein ein. Erinnern Sie sich also an Situationen, wo Sie sich sicher und o.k. gefühlt haben, in denen für Sie das, was Sie gemacht haben, gut und in Ordnung war. Ankern Sie diese Erinnerungen neben dem ersten Anker. Beim Lösen der Anker gehen Sie immer in der Reihenfolge vor: zuerst den O.k.-Anker lösen, dann einige Sekunden später den Anker für Lebensfreude.

Hier noch einige Hilfestellungen zum Thema Ankern: Gehen Sie ganz konzentriert in diese schönen Situationen hinein. Machen Sie sich davon große, helle Bilder. Lassen Sie sich beim Gestalten der Bilder viel Zeit, spüren Sie es in Ihrem Körper, und lassen Sie es wie Sphärenmusik in Ihnen erklingen. Wenn Ihr Gefühl dann richtig auf dem Höhepunkt ist, sagen Sie mit überzeugter Stimme innerlich ja und berühren wieder mit dem linken Zeigefinger den rechten Mittel- oder Zeigefingerknöchel.

Verbinden Sie das Ankern mit der dazu passenden Körperhaltung und Mimik – etwa aufrechte, bewegliche Körperhaltung, Lächeln und große Augen bei »Ich bin liebenswert!« Oder ganz entspannte Körperhaltung, neutrale Mimik, abwesender Blick bei »Gelassenheit«. Und leicht nach vorne gebeugten Körper mit kraftvollem Körpergefühl, entschlossenem Gesichtsausdruck und festem Blick bei »Entschlossenheit«.

Auch das Ja können Sie ganz unterschiedlich (innerlich) aussprechen: melodisch bei »liebenswert sein«, neutral bei »gelassen sein« und entschlossen bei »tatkräftig sein«. Seien Sie sich der positiven Energie und der großen körperlichen und geistigen Ressourcen, die Sie sich zugänglich machen können, bewußt, und spüren Sie, wie Ihnen diese Energien zur Verfügung stehen.

Wiederholen Sie diese Übungen, und spüren Sie, wie Sie diesen Ablauf jedesmal stärker in sich erleben und die Verbindung zwischen diesem guten Zustand, dem Ja und dem Ankern immer enger wird.

Tun Sie das in den nächsten Tagen und Wochen immer wieder. Versetzen Sie sich in den zuversichtlichsten, energievollsten Zustand, den Sie sich vorstellen können, und ankern Sie ihn auf dem Höhepunkt. Sie können auch gegenwärtige positive Erfahrungen ankern. Vermutlich werden Sie nun häufiger erleben, liebenswert, interessant und o.k. zu sein. Ankern Sie diese Empfindungen an der jeweiligen Ankerstelle – dasselbe Thema am selben Ort auf dieselbe Art und Weise.

Und genau so, wie Sie den Anker setzen, lösen Sie ihn dann, wenn Sie diese Fähigkeiten brauchen.

Sie werden feststellen, daß Sie, sobald Sie einen der beiden Knöchel berühren, diesen positiven Zustand bei sich hervorrufen – innerhalb eines ganz kurzen Augenblicks. Doch haben Sie Geduld: Das klappt noch nicht nach ein- oder zweimaligem Üben, doch es wird nicht allzu lange dauern, bis die Erfahrungen immer deutlicher und wirksamer werden. Wenn Sie sich auf diese Weise selbst geankert haben, sollten Sie dann auch den Anker testen, wenn Sie sich in einer schwierigen Situation befinden. Dann sind die Erfahrungen wirklich überzeugend.

Probieren Sie das Ankern auch mit Ihrer Freundin aus. An ihr können Sie genau beobachten, wann Sie am intensivsten in ihrem guten Gefühl ist. Sie können sie zum Beispiel bitten, daß sie Ihnen zeigt, wie sie dasteht oder dasitzt, wenn sie sich besonders liebenswert, selbstbewußt oder glücklich fühlt. In diesem Augenblick setzen Sie den Anker bei ihr, legen vielleicht die Hand auf ihre Schulter, den Arm oder die Hand.

Ich (K.F.) habe das Gefühl von Selbstbewußtsein und Selbstvertrauen in einer kraftvollen Streckung des Oberkörpers geankert, das heißt, ich richte mich auf, nehme den Kopf zurück und stehe (oder sitze) besonders gerade da. **Beziehungstypen** neigen dazu, wenn sie sich nicht gut fühlen, den Kopf ein- und die Schultern hochzuziehen, als suchten sie Schutz. Während ich mich so dehne, atme ich tief und langsam in den Bauch hinein. Das gibt mir ein gutes Gefühl.

Das Ankern ist deshalb so wertvoll, weil es innerhalb von Sekundenbruchteilen starke Kräfte mobilisieren kann. Wenn Sie so positive Erfahrungen ansammeln und immer mit einem Anker speichern, wird die Wirkung von Mal zu Mal intensiver – und desto mehr können Sie damit anfangen. Wenn es Ihnen jetzt schlecht geht, greifen Sie auf Ihr »Guthaben«

zurück, berühren sich da, wo diese positiven Erlebnisse gespeichert sind, und Sie werden erleben, daß es Ihnen augenblicklich besser geht.

Zwei weitere Beispiele: Eine attraktive Frau aus einem unserer Seminare, bei dem ich gerade das Thema »Ankern« behandelte, litt unter ihrem Übergewicht. Etwa ein Vierteljahr später kam sie freudig auf mich zu und sagte: »Ich kann dir etwas berichten, das dich wahrscheinlich freuen wird. Ich habe fünfzehn Kilo abgenommen, ganz ohne Probleme!« Ich fragte sie, wie sie das gemacht habe. Und sie erzählte, daß sie sich Bilder von sich selbst vorgestellt habe, schlank und attraktiv, etwa wie sie im Bikini am Badestrand entlanggeht oder wie sie an einem schönen Sommertag in ihrem Cabrio fährt und leicht angezogen die Sonne und den Wind genießt. Sie hatte diese faszinierenden Bilder zusammen mit den positiven Gefühlen bei sich geankert und immer dann, wenn ein Eßanfall kam, diesen Anker bei sich gelöst. Sie erzählte, es sei ihr leichtgefallen, dem Essensdrang zu widerstehen, denn an seine Stelle trat ja das gute Gefühl, das sie mit diesen Bildern geankert hatte.

Ein Geschäftsmann benutzte auf meinen Rat diese Technik in ganz ähnlicher Weise, da er in geschäftlichen Besprechungen zunehmend aggressiv reagierte, wenn er sich nicht verstanden fühlte. Dabei hatte er sich so wenig im Griff, daß er gelegentlich sogar das Gespräch abbrach und so schon einige Kunden verloren hatte. Jetzt standen wieder schwierige Verhandlungen bevor. Er ankerte bei sich Situationen, in denen er sich ausgeglichen und ruhig fühlte. Später berichtete er mir, daß es dieses Mal keine Probleme gegeben hatte. Wenn er in eine kritische Situation geriet, löste er diesen Anker bei sich, und das half ihm über die Situation hinweg. Er konnte nun wesentlich ruhiger zuhören und sachlicher argumentieren, und die Verhandlungen verliefen erfolgreich.

Die Vorteile des Ankerns sind, daß Sie angeregt werden, Ihr Leben bewußter auf seine Schönheiten hin zu erkunden und Ihre Persönlichkeit auf Ihre eigenen Fähigkeiten und Ressourcen hin zu erforschen. So wie ein Reisender die schönsten Augenblicke fotographisch festhält, können Sie Ihre besten Momente ankern, so daß Sie Ihnen noch später zugänglich sind. Das führt zu neuen Sichtweisen und Glaubenssätzen über sich selbst und die Qualität des Lebens.

Der Swish

Während Sie beim Ankern immer wieder etwas tun müssen, sei es den Anker aufladen (wie eine Autobatterie), sei es ihn benutzen –, wird beim Swish der Zugang zu einem ressourcenreichen Zustand völlig automatisiert, das bewußte Üben fällt also weg. Den Swish sollten Sie nur dann einsetzen, wenn es darum geht, eine automatische Verbindung von einem negativen zu einem positiven Erleben herzustellen oder um eine Haltungsantwort zu stabilisieren (siehe Kapitel ›Sie haben den ersten Zug im Spiel‹).

Die Methode des Swishens ist verführerisch, weil – richtig gemacht – der neue Zugang dauerhaft installiert ist. Das heißt, Sie werden sofort von dem ressourcenarmen Zustand in einen ressourcenreichen überwechseln, und zwar so schnell, daß Sie künftig spontan positiv reagieren, wo sie früher automatisch negativ reagiert haben. Der gute Zustand wird sich also von selbst einstellen und stabilisieren. Mit dieser Methode können Sie auch Ängste oder Abhängigkeiten auflösen. Der Swish geht folgendermaßen:

1. Schließen Sie die Augen und beginnen Sie damit, sich ein Bild von dem Verhalten zu machen, das Sie bei sich än-

dern wollen.Wenn Sie beispielsweise eifersüchtig reagieren, dann machen Sie sich ein Bild mit den Auslösemomenten, die die Eifersucht in Ihnen hervorrufen. Sie erleben sich dabei von innen – sind also »assoziiert« (im Gegensatz zu »dissoziiert«, ein Zustand, in dem Sie sich von außen betrachten). Das ist das Ausgangsbild.

Probieren Sie dann aus, wie Sie dieses Ausgangsbild am besten loswerden können, zum Beispiel dadurch, daß Sie es in die Ferne schieben oder schnell kleiner machen oder so hell, bis es sich in Licht auflöst, oder es verdunkeln oder umklappen. Merken Sie sich Ihre Methode, das Ausgangsbild loszuwerden.

2. Machen Sie sich jetzt ein zweites Bild mit der genauen Vorstellung von dem, was Sie erreichen wollen. Auf diesem sogenannten Zielbild sehen Sie sich selbst wie auf einem Foto (das heißt dissoziiert) und mit den Fähigkeiten abgebildet, die Sie sich wünschen, um zum Beispiel statt eifersüchtig künftig liebevoll, großzügig, gelassen, zugewandt zu reagieren. Dieses Zielbild muß attraktiv, anziehend, verlockend und bekömmlich sein. Es muß Sie stark motivieren und die Fähigkeiten ausstrahlen, die Sie brauchen, um Ihr Ziel zu erreichen.

3. Holen Sie jetzt wieder das negative Ausgangsbild her. Das attraktive Zielbild stellen Sie unsichtbar dort und so bereit, wo und wie Ihr Ausgangsbild verschwinden wird. Wenn Sie beispielsweise das Ausgangsbild in die Ferne schieben, stellen Sie dort das Zielbild bereit, also weit entfernt und unsichtbar; wenn Sie das Ausgangsbild durch Verkleinern verschwinden lassen, stellen Sie das Zielbild klein und unsichtbar bereit; wenn Sie das Ausgangsbild in Licht auflösen, stellen Sie das Zielbild in Licht aufgelöst und unsichtbar bereit.

4. Tun Sie jetzt zwei Dinge gleichzeitig: Entfernen Sie das Ausgangsbild nach Ihrer Methode, und lassen Sie das un-

sichtbar bereitgestellte Zielbild mit derselben Methode erscheinen, so daß es groß vor Ihren Augen steht.

5. Sie haben jetzt ein großes, attraktives, helles, strahlendes, räumliches und farbiges Bild davon, wie Sie sein möchten. Das alte Bild, auf dem das unerwünschte Verhalten zu sehen war, ist verschwunden.

6. Machen Sie das nun fünf- bis siebenmal. Bereiten Sie den Austausch in aller Ruhe vor, doch führen Sie dann den Bildaustausch selbst schnell durch, etwa in der Zeit, die man braucht, um »jetzt« oder »jaah« zu sagen. Machen Sie zwischen jedem Austausch eine kleine Pause.

Wenn Sie gut auf Körperempfindungen reagieren, dann nehmen Sie zum Ausgangsbild die typischen negativen Körperempfindungen des hängenden Kopfes, der heruntergezogenen Schultern, des gesenkten Blicks dazu; und zum Zielbild die positiven, meist nach oben strömenden Körperempfindungen, die mit dem Heben des Kopfes und der Schultern, dem Blick nach oben einhergehen. – Wenn Sie nur undeutliche Bilder haben, lassen Sie sich dadurch nicht irritieren, es funktioniert auch damit. Ebenso können Sie, wenn Sie stark auf Klänge reagieren, beim Ausgangsbild mißtönende und beim Zielbild wohlklingende Geräusche, Stimmen oder Klänge hinzufügen. Manche nehmen auch unangenehme beziehungsweise angenehme Gerüche dazu. Dann können Sie zugleich das Ausgangsbild »wegblasen« und das Zielbild »her-« und »einatmen«.

Ein junger Mann, der mit seinem Chef oft Krach hatte, wollte seine aggressiven Reaktionen loswerden. Er ist **Sachtyp**, und bei ihm korrelieren Gefühle mit differenzierten körperlichen Empfindungen. Jedesmal, wenn er zu seinem Chef gerufen wurde, machte ihn die Aggression starr und verkrampft, und er konnte nicht sachlich argumentieren. Durch einen Swish mit den entsprechenden negativen und positiven

Körperwahrnehmungen verwandelte er das Empfinden, verkrampft zu sein, in ein kraftvolles Körpergefühl, das auch die Aggression aufhob.

Bei Punkt 2 wurde gesagt, daß Ihr Zielbild bekömmlich sein soll. NLP-Fachleute legen großen Wert auf den Bekömmlichkeits-Check. Machen Sie ihn auch, und prüfen Sie, ob alle Fähigkeiten und Fertigkeiten des Zielbilds in Ihr Leben passen. Fragen Sie sich, ob Sie wirklich bereit sind, den Preis für die angestrebte Veränderung zu zahlen. Wer weiß, vielleicht sind Sie dann nicht mehr so pflegeleicht, stellen Ansprüche, sagen nein, wo sie bisher ja gesagt haben?

Wenn es Ihnen bei der dritten oder vierten Durchführung des Swish schwerer fällt, sich das Ausgangsbild vorzustellen, ist das ein gutes Zeichen. Der Wechsel ins Positive beginnt sich zu automatisieren. Es stellt sich ein sogenannter »Selbstläufer-Effekt« ein, das heißt, der Vorgang des Bilderaustauschs startet automatisch, sobald sich die negative Situation einstellt.

Wenn ein Swish nicht funktioniert, das heißt, er hat nicht die erwünschte Wirkung, überprüfen Sie, ob alle entscheidenden Auslöser der unerwünschten Situation im Ausgangsbild enthalten waren. Wiederholen Sie den Swish mit ihnen. Wenn es dann immer noch nicht zufriedenstellend funktioniert, sollten Sie vielleicht lösungsorientiert oder systemisch vorgehen, das heißt, es könnte sich um ein typisches Beziehungs- oder Handlungsproblem drehen. Dann ist der Swish nicht die Methode der ersten Wahl.

Schmerzliche Gefühle lindern

Negative Erlebnisse sind oft wertvolle Anstöße, um etwas zu verändern oder daraus zu lernen. Doch manche Erinnerungen tun einfach nur weh. Solche unangenehmen Gefühle können Sie abschwächen, wenn Sie folgende Übung machen:

Erinnern Sie sich an ein negatives Erlebnis – aber bitte nicht an die große Katastrophe Ihres Lebens, sondern zum Beispiel an eine lästige Auseinandersetzung mit einem Arbeitskollegen oder ein Schreiben von einer Behörde, das Ihnen schlechte Laune gemacht hat. Stellen Sie sich diese Situation wieder vor.

Als **Handlungstyp** sehen Sie ein Bild dieser Situation und hören vermutlich eine unangenehme Stimme dazu. Als **Sachtyp** werden Sie zu dem Bild noch unangenehme Körperempfindungen haben, als **Beziehungstyp** tauchen in Ihnen Bilder auf, und Ihre negativen Gefühle werden vielleicht durch düstere Farben oder eine hektische Bildfolge dargestellt.

Wenn Sie die unangenehme Situation als Bild vor Augen haben, dann lassen Sie es zu einem Foto schrumpfen, das Sie in Händen halten. Wenn es ein plastisches Bild ist, dann machen Sie es nun flach, wenn es ein farbiges Foto ist, dann machen Sie es nun zu einem Schwarzweißbild. Ist das Foto scharf, dann verwischen Sie es, ist es groß, dann machen Sie es klein und immer kleiner – und beobachten Sie dabei, ob und wie Ihre negativen Gefühle immer schwächer werden.

Sie können noch andere Varianten ausprobieren: Sie können zu einem negativen Erlebnis, an das Sie sich als Bild oder Film erinnern, Musik abspielen, genau so wie in den Stummfilmzeiten, wo die Kinoorgel zum tonlosen Film auf der Leinwand spielte. Sie werden sich wundern, was passiert, wenn Sie zu einer bedrückenden Erinnerung eine lustige Zirkusmusik oder Marschmusik erklingen lassen. Probieren Sie es aus, gehen Sie die Charts nach Ihrer Lieblingsmusik durch, und wählen Sie die Musik für sich aus, die Ihre Gefühle positiv verändert.

Ein Computerfan arbeitete bei der Destruktion unangenehmer Erinnerungen mit einer ganz besonderen und doch naheliegenden Imagination. Die »Maus«, den Bildschirm mit dem negativen Bild darauf und das Feld »Löschen« kann er sich ganz leicht vorstellen. Mit einem kurzen Klick auf »Löschen« sind die negativen Bilder auf dem Monitor schnell verschwunden.

Zugegeben, das klingt ziemlich manipulativ, oder – wenn man es etwas freundlicher ausdrückt – danach, unser Erleben bewußt zu beeinflussen und zu verändern. Doch immer, wenn Menschen Ängste haben, sich Sorgen machen oder depressiv sind, machen sie genau das: Sie manipulieren ihr Erleben, und zwar in diesem Fall in eine negative Richtung. Und doch erscheint ihnen diese Art Manipulation als ganz natürlich, und zwar weil sie das schon sehr lange machen.

Dabei haben die meisten Menschen schon oft die Erfahrung gemacht, daß sie auf ihr Erleben Einfluß haben und Einfluß nehmen können. Etwa Eltern, deren Kinder anfangen, flügge zu werden, abends mit Gleichaltrigen wegzugehen, bei ihnen zu übernachten, mit ihnen zusammen in die Ferien zu fahren, die also beginnen, sich näher fürs andere Geschlecht zu interessieren. Diese Väter und Mütter können sich nun Horrorvisionen ausmalen oder sich mit ihren Kindern mitfreuen. Die meisten Eltern verfügen über beide Möglichkeiten und wissen, wie schlecht ihnen die erste Variante und wieviel besser ihnen die zweite bekommt.

Wer sich selbst wertschätzt und verantwortlich mit sich und anderen umgeht, wird sich und sein Erleben nicht einfach jenen alten Denk- und Vorstellungsmustern überlassen, die er im Laufe seines Lebens erworben hat. Er wird überprüfen, ob sie konstruktiv oder destruktiv sind, bekömmlich oder verderblich. Er wird in manche Situationen steuernd eingreifen und andere geschehen lassen, offen sein für intuitive Erkenntnisse, kreative Impulse und spontane Einfälle.

Für Sie als **Handlungstyp** ist die auditive Komponente des Löschvorganges interessant. Sie führen oft einen inneren Dialog, der Sie belastet, oder haben vielleicht eine unangenehme oder lästig klingende Stimme im Ohr, die Ihnen sagt, was Sie tun oder lassen sollen. Lassen Sie diese Stimme noch einmal sprechen, aber vielleicht leiser und mit einem erotischen Touch, oder lassen Sie die Stimme wie in Zeichentrickfilmen quäken, verändern Sie die Betonung, lassen Sie sie in einem Dialekt reden, den Sie lustig finden, was auch immer. – Ist die negative Botschaft für Sie immer noch so schlimm?

Wenn Sie der kinästhetisch empfindende Persönlichkeitstyp sind, also sensibel auf Körperempfindungen ansprechen – wie der **Sachtyp** –, dann lassen Sie Ihr unangenehmes, beengendes Gefühl in der Brust oder im Bauch nach oben wandern, bis es zum Kopf hinausströmt. Sie sollten Ihre Empfindungen vom Dumpfen zum Hellen, vom Schnellen zum Gleichmäßigen und vom Schweren zum Leichteren hin verändern. Dazu braucht es etwas Training. – Wie fühlen Sie sich jetzt? Sicher besser.

Deprimierende Bilder und Filme, Gedanken und Körperempfindungen, Stimmen und Dialoge aus Ihrem Bewußtsein zu entfernen ist etwas, das Sie sich selbst schulden, denn für diese innere »Umweltverschmutzung« sind Sie oder sollten Sie sich zu schade sein. Doch noch wirksamer, gesünder und wertvoller für Ihren Zugewinn an Persönlichkeits- und Lebensqualität ist es, sich intensiv mit Ihren Schlüsselenergien vertraut zu machen – darüber mehr im nächsten Kapitel.

10. Das Geheimnis der Kompetenz

Als **Beziehungstyp** haben Sie eine besondere Begabung, auf andere Menschen spontan zuzugehen und zu ihnen Kontakt zu finden. Sie reagieren dabei rasch und sensibel auf Beziehungssignale und sind hellhörig für feine zwischenmenschliche Töne. Ihre emotionalen und kommunikativen Qualitäten unterstützen Sie dabei, zusammen mit einer geschulten Selbstbeobachtung und Wahrnehmung für das, was andere Ihnen signalisieren.

Als **Sachtyp** können Sie rasch und differenziert denken. Schnell erkennen Sie Zusammenhänge und können unterscheiden zwischen dem, was wesentlich und unwesentlich ist. Bei Ihnen sind es also geistige und sinnliche Fähigkeiten, die Sie das, was um Sie herum geschieht, gelassen, distanziert und von vielen Seiten betrachten lassen.

Als **Handlungstyp** haben Sie Energie und Durchsetzungsvermögen. Sie denken zielstrebig und praxisbezogen, überblicken Handlungsabläufe, treffen Entscheidungen, können gut organisieren und sind fast immer handwerklich begabt. Sie zeichnen sich durch Willenskraft, Energie und Fleiß aus.

Diese unterschiedlichen Energien von emotionaler, geistiger und energetischer Qualität drücken sich auch im Körperlichen aus. Frühere Charakterlehren schlossen deshalb von der Gestalt des Menschen auf sein Wesen. Doch das ist wissenschaftlich gesehen nicht genau und für die Praxis nicht zuverlässig genug.

Wir beschreiten den umgekehrten Weg und beschreiben den inneren Prozeß, der die Persönlichkeitsstruktur ausmacht, und gehen davon aus, daß der Wesenstyp eher den Körpertyp prägt als umgekehrt. Deshalb sind Gesicht und Körper des

Beziehungstyps meist wohlproportioniert und haben Signalwirkung fürs Beziehungsverhalten. Der **Sachtyp** hat eher weiche Gesichtszüge und neigt zu einer faßförmigen Figur (wenn er sich allzu ungebremst seinen Gaumenfreuden und seiner Bequemlichkeit hingibt), und der **Handlungstyp** ist eher muskulös und kräftig gebaut.

So gesehen, ist der Körpertyp ein Ausgangspunkt, wobei es allerdings verwandte Züge zwischen einem leptosomen **Beziehungs-, Sach-** oder **Handlungstyp** gibt. Sie sind allesamt verträumter und introvertierter als die athletischen Persönlichkeitstypen. Die wiederum sind praktischer und durchsetzungsfähiger als die pyknischen Strukturtypen, die eher gutmütige und diplomatische Züge haben.

Weitere verwandtschaftliche Übereinstimmungen, die quer zu den Charaktertypen laufen, sind die ich-bezogene beziehungsweise ich-vergessene Ausprägung von **Typ 1** und **Typ 2**, verbunden mit einer manchmal gefährlichen Selbstüberschätzung oder -unterschätzung, doch auch körperlichen Manifestationen. So ist der **Typ 1** schmaler, zierlicher oder kompakter gestaltet als der **Typ 2** mit seinen deutlicher ausgeprägten Körperproportionen.

Doch die stärkste Prägung ist und bleiben die drei Grundstrukturen **Beziehungs-, Sach-** und **Handlungstyp**. Wenn Kretschmer meinte, daß der Körperbau den Charakter bestimme, dann ist da sicher etwas dran, und diese These und seine Beobachtungen passen gut in das materialistische Denken des beginnenden 20. Jahrhunderts. Doch weit zutreffender ist Heraklits Dictum »Dem Menschen ist sein Wesen sein Schicksal«[1], wobei das Wissen um diese Zusammenhänge dem Schicksal seine Geschlossenheit und Endgültigkeit nimmt und die Wesensart als Material für die Gestaltung des

[1] Wilhelm Capelle: Die Vorsokratiker. Stuttgart 1968, S. 156.

eigenen Lebens und der eigenen Persönlichkeit erscheinen läßt.

Die These, daß sich der Geist den Körper baut, wird durch unsere Erkenntnisse unterstützt. Es ist immer wieder erstaunlich, daß bei **Beziehungstypen** viele Körpermerkmale so ausgeprägt sind, daß sie Impulse für Beziehungsverhalten haben: etwa große Augen, höhere Stirn, melodische Stimme, der Körper wohlgeformt etc.

Das durch die Ausgangspersönlichkeit bestimmte typische Verhalten und seine körperliche Ausprägung lassen uns die verborgenen Qualitäten der Persönlichkeit leicht übersehen, die ihre besondere Ausstrahlung, Überzeugungskraft und eigentliche Kompetenz ausmachen:

Denn oberflächlich betrachtet, sind Sie als **Beziehungstyp** attraktiv, lebendig, kommunikativ und vielleicht auch ehrgeizig. Wer Sie aber nur so sieht, der übersieht, was für einen großen Stellenwert gerade das Erkennen für Sie hat, daß es für Sie noch wichtiger ist und mehr zählt als Ihr Charme, Ihre Herzlichkeit und Ihr gewinnendes Wesen.

Jetzt wird Ihnen sicher auch klar, warum der unentwickelte **Beziehungstyp** Angst hat, etwas nicht zu wissen oder etwas Falsches zu sagen. Aufgrund dieser Unsicherheit hält er sich dann lieber ganz zurück oder schießt übers Ziel hinaus, sagt vorschnell etwas, oder er argumentiert einseitig und vordergründig, und andere können ihm dann prompt zeigen, daß er doch naiv daherredet und das, was er sagt, nicht gründlich durchdacht hat.

Solange das Leben ruhig und problemlos dahinläuft, wird der **Beziehungstyp** seine Attraktivität nutzen und sich darauf stützen. Doch wenn er in eine ernste Krise gerät, etwa wenn sich sein Lebenspartner von ihm trennt, wird er erleben, daß ihn die Fähigkeiten seiner Ausgangspersönlichkeit nicht mehr tragen. Jetzt ist er mehr denn je darauf angewiesen, Zugang zu den für ihn ganz anderen Qualitäten des Erkennens zu finden.

Wenn Sie als **Sachtyp** vordergründig wahrgenommen werden, dann sehen andere in Ihnen einen Menschen, der gut zuhören kann, der nachgiebig, gutmütig und geduldig ist. Manche haben dann das Bedürfnis, Ihnen zu sagen, was Sie tun sollen, und meinen, sie könnten Sie vor den eigenen Karren spannen. Doch das ist ein doppeltes Mißverständnis: Einmal legen Sie großen Wert darauf, daß Sie sich selbst Ziele setzen und sie verwirklichen, und Sie sind viel eigenwilliger, als es den Anschein hat. Ihr Selbstwertgefühl hängt sehr vom Gelingen ab. Und man verkennt aus dieser oberflächlichen Sicht, daß Sie im Grunde genau wissen, was Sie wollen, und Ihre Ziele zäh und mit einer stillen Beharrlichkeit und hartnäckigen Energie verfolgen, auch wenn Sie dabei nicht immer so geradlinig vorgehen wie die anderen Strukturtypen.

Ihnen als **Handlungstyp** geht es nicht anders. Sie machen einen vitalen, tatkräftigen, aber auch selbstgerechten Eindruck. Viele meinen, daß Sie derart fest mit beiden Beinen in der Welt stehen und dermaßen unerschütterlich sind, daß Sie nichts umwerfen kann. So schiebt man Ihnen viel an Arbeit und Verantwortung zu und erwartet in jeder Situation Ihren vollen Einsatz und tatkräftige Unterstützung.

Dabei wird übersehen, daß Sie tief in Ihrem Inneren ein Gefühlsmensch sind, daß Sie verletzlich reagieren und daß gerade menschliche Enttäuschungen Ihnen sehr wehtun. Ihnen sind dauerhafte zwischenmenschliche Beziehungen wichtig – im Gegensatz zu den manchmal eher oberflächlichen und fluktuierenden Beziehungsgefühlen des **Beziehungstyps** oder den situativen Gefühlen vieler **Sachtypen**, die wie Monde ihr Licht von den Sternen beziehen. Die eigene Tüchtigkeit ist Ihnen meist selbstverständlich und erscheint Ihnen auch nicht weiter beachtens- und lobenswert.

Diese Fehleinschätzungen werden noch dadurch unterstützt, daß jeder Charaktertyp immer wieder ganz spezifische Schwierigkeiten überwinden muß, um in seine Schlüsselenergien zu gehen, und erst dann seine komplett entwickelte Persönlichkeit mit allen ihren Qualitäten präsentieren kann.

All das macht deutlich, wie jeder Strukturtyp die anderen einlädt, ihn genau dort mißzuverstehen, wo es ihn besonders schmerzt. Wir müssen also schon sehr feinfühlig sein und über ein präzises Wissen verfügen, um nicht in diese typspezifischen Fallen zu gehen, nicht in die eigenen und nicht in die der anderen.

Dabei kann Sie eine »interne Sprachregelung« unterstützen. Denken Sie nicht: »Ah, ein typischer Beziehungstyp, ein typischer Sachtyp oder ein typischer Handlungstyp!« – denn dann schauen Sie meist nur auf dessen Ausgangsfähigkeiten. Denken Sie lieber: »Ah, ein erkenntnisorientierter Beziehungstyp, ein erfolgsorientierter Sachtyp oder ein sympathieorientierter Handlungstyp!« Und legen Sie Ihre Betonung auf die Adjektive »erkenntnis-«, »erfolgs-« und »sympathieorientiert«.

Die verborgenen Fähigkeiten sehen

Wer über diese genaue Menschenkenntnis und entsprechende Beobachtungen und Erfahrungen in der Praxis verfügt, wird den Partner immer mehr von seiner verborgenen Schlüsselenergie her sehen und weniger von seinen plakativen Ausgangsfähigkeiten:

Wir sehen dann im **Beziehungstyp** den an Erkenntnissen (und den Qualitäten des Erkenntnis-Ichs) interessierten Menschen, im **Sachtyp** den an erfolgreichem Handeln (und den Qualitäten des Handlungs-Ichs) Interessierten und

im **Handlungstyp** den an liebevollen Beziehungen (und den Qualitäten des Beziehungs-Ichs) Interessierten.

Diese andere Sichtweise macht einen entscheidenden Unterschied aus. Und sie wird unsere Einstellung und unser Verhalten dem Partner (und anderen Menschen) gegenüber nachhaltig verändern.

Natürlich fragen wir uns: Wenn die Schlüsselenergien quasi die Zauberkräfte für Persönlichkeitsentwicklung und erhöhte Lebensqualität sind – und wenn das immer wieder so erlebt wird –, warum sind wir dann nicht alle hochentwickelte Persönlichkeiten und führen ein Leben voller Zufriedenheit, erfüllt von Liebe, Erkenntnissen und Kreativität?

Vermutlich ist da etwas, das uns entweder in unseren Ausgangsfähigkeiten festhält, oder etwas, das uns davor abschreckt, konsequent in unsere Schlüsselenergien zu gehen.

Dafür gibt es einige schlüssige Hinweise. Einer davon ist: Wir benutzen allzu gern gewohnte und uns sicher erscheinende Wege. Und jeder Charaktertyp versucht instinktiv, allen Lebenssituationen mit den ihm vertrauten Qualitäten seines Persönlichkeitsbereichs zu begegnen:

der **Beziehungstyp** kommunikativ, der **Sachtyp** denkend, der **Handlungstyp** handelnd.

Wenn die Situation dazu paßt, so hat jeder Persönlichkeitstyp auch Erfolg damit und wird sich bestätigt fühlen. Doch in zwei Dritteln aller Fälle paßt die Situation nicht richtig zu diesem stereotypen Vorgehen. Anstatt aber dann die Strategie zu ändern, wird sich der **Beziehungstyp** noch mehr auf der Beziehungsebene abmühen, der **Sachtyp** noch gründlicher nachdenken und der **Handlungstyp** noch intensiver arbeiten, um doch noch zum Erfolg zu kommen. Was also auf den ersten Blick wie ein Erfolgsrezept aussieht, wird zu einer Sackgasse, nämlich wenn Menschen das, was ihnen irgendwann Erfolg brachte, immer wieder in allen Lebenssituationen einsetzen.

Hinzu kommt, daß wir die Wirklichkeit nicht objektiv wahrnehmen, sondern sie mehr oder weniger subjektiv verzerrt sehen. Diese Verzerrungen gehen auf unsere ganz frühen Lernerfahrungen zurück: So hat der **Beziehungstyp** die Welt als lieblos erlebt, der **Sachtyp** als unpersönlich und der **Handlungstyp** als einschränkend. Und das, was wir früh und sehr gründlich gelernt haben, erscheint uns weiterhin als absolut gültige Wahrheit – selbst dann noch, wenn wir später als Erwachsene ganz andere, positivere Erfahrungen machen, wenn nämlich der **Beziehungstyp** Liebe und Sympathie spürt, dem **Sachtyp** Aufmerksamkeit geschenkt wird und der **Handlungstyp** Erlaubnisse erfährt.

Doch leider kommt davon zu wenig bei den einzelnen Persönlichkeitstypen an, wird von ihnen nicht wahr- oder nicht wichtig genommen, weil die Erfahrung des spezifischen Mangels durch die sogenannten »Antreiber« noch immer in ihnen stabilisiert wird:

Beim **Beziehungstyp 1** ist es die stressige Botschaft: »Sei (immer) stark!«
beim **Beziehungstyp 2**: »Mach´s (immer) anderen recht!«
beim **Sachtyp 1**: »Streng dich (immer) an!«
beim **Sachtyp 2**: »Sei (immer) vorsichtig!«
beim **Handlungstyp 1**: »Sei (immer) perfekt!«
beim **Handlungstyp 2**: »Mach´s (immer) perfekt!«

Diese Dauerstreßfaktoren wurden uns von den Eltern eingeimpft. Vorgeblich sollten sie uns helfen, mit dem Leben zurechtzukommen, etwa nach dem Schema: »Du taugst zwar nichts, aber gib dir wenigstens (mit Hilfe dieser Botschaften) Mühe, damit man es nicht merkt!«

Wenn also ein Kind meint, es müsse immer liebenswürdig sein, es immer anderen recht machen, dann tut es das aus der in ihm gezüchteten Katastrophenerwartung heraus: »Denn wenn du das nicht machst, dann wirst du von allen abgelehnt!«

Selbsttäuschungen sind in diesem Teufelskreis vorprogrammiert: Der **Beziehungstyp 2** hofft, durch ständiges besonders liebenswürdiges Verhalten die existentiell bedrohliche Ablehnung von sich fernzuhalten. Bei seinem ängstlichen, oft panischen Bemühen übersieht er die spontane Zuwendung, die er bekommt. Alles hält er nur für das Echo seiner eigenen ständigen Bemühungen um Liebe. Und daraus schließt der **Beziehungstyp**: »Ohne meine gewinnende Art bin ich als Mensch eben nicht liebenswert!«

Auch der Antreiber: »Sei stark!« spricht das Beziehungsverhalten an. Er gebietet dem Kind (und später dem Erwachsenen), sich übermäßig im Griff zu haben, sich zusammenzureißen, anderen gegenüber auf der Hut zu sein, sich aus einer Beziehung eventuell zurückzuziehen, um sich selbst zu retten. Das ist der typische Antreiber des **Beziehungstyps 1**. Doch er kennt auch den anderen Antreiber »Mach´s (immer) anderen recht!« und pendelt zwischen beiden hin und her. Doch beide halten ihn in seinem Persönlichkeitsbereich fest, machen es ihm schwer, in den Entwicklungsbereich Erkennen überzuwechseln und seine Schlüsselenergie zu nutzen.

Die Antreiber: »Streng dich an!« und »Sei vernünftig!« wirken sich besonders in der Körperwahrnehmung und im Denken aus. Sie verengen die Wahrnehmung und verleiten zum Grübeln. Sie sind symptomatisch für den **Sachtyp**, halten ihn in seinem Persönlichkeitsbereich Erkennen fest und hindern ihn daran, in seinen Entwicklungsbereich Handeln überzuwechseln, zu spüren, was er eigentlich selbst will, und sich dafür zu engagieren, daß seine Pläne auch tatsächlich Wirklichkeit werden. Statt dessen sinniert der **Sachtyp**, grübelt, fühlt sich überfordert und ist völlig geschafft, bevor er überhaupt angefangen hat, irgend etwas zu tun.

Mit den Antreibern »Sei perfekt!« und »Mach´s perfekt!« hält sich der **Handlungstyp** in seiner Domäne Handeln fest und erschwert sich den Zugang zu seinen emotionalen Schlüsselenergien. Er versucht das meiste auf der Ebene des Machens zu lösen, und er glaubt, daß man es auch von ihm erwartet. Und dabei will er tunlichst Fehler vermeiden und auch nicht gegen Regeln und Normen verstoßen. Ordnung, Tüchtigkeit und »Sauberkeit« sind für ihn gültige Tugenden. Gefühle, Spiel und Spaß haben da wenig Platz – also meidet er sie. Und solange der **Handlungstyp** sich diesem Zwang zur Perfektion aussetzt, wird ihn das Lebendige seines Beziehungs-Ichs verunsichern und eher bedrohlich als einladend erscheinen.

Tiefenpsychologisch gesehen stehen die Antreiber in engem Zusammenhang mit den frühkindlichen Störungen, die ursprünglich für die Persönlichkeitsbildung verantwortlich waren: Beim **Beziehungstyp** sind es Beziehungsstörungen (durch die Verbote: »Sei nicht!« und »Sei nicht nah!«); mentale beziehungsweise Selbstwertstörungen beim **Sachtyp** (»Denk nicht!« und »Sei nicht du selbst!«); Einschränkungen des Wollens und Handelns beim **Handlungstyp** (»Tu´s nicht!« und »Spür nicht, was du eigentlich willst!«).

Diese Verbote wurden vom Kind zum Teil dadurch neutralisiert, daß es ihnen besonders viel Energie entgegensetzte. Und darum ist der **Beziehungstyp** besonders kontaktfähig, der **Sachtyp** besonders vernünftig und der **Handlungstyp** besonders tüchtig geworden. Doch die ursprünglichen Verbote wurden damit nicht gelöscht. Sie sind immer noch im Unbewußten gespeichert und können in Belastungssituationen, die dem ursprünglichen Erleben in etwa gleichen, wieder voll wirksam werden. Sie tragen zur typischen Ambivalenz der Persönlichkeitstypen bei, so daß es – gerade und trotz der Spezialisierung auf den Persönlichkeitsbereich – immer wieder zu typischem Versagen kommen kann: Sie zeigen sich beim **Beziehungstyp**, wenn ihm trotz seiner Kontaktfähigkeit und gewinnenden Art das (Beziehungs-)Gefühl für den Partner vollkommen verlorengeht oder er sich als weggestellt, abgelehnt, isoliert und distanziert erlebt – und dementsprechend wieder leidet.

Beim **Sachtyp** kommen diese Verbote zum Vorschein, wenn er, der normalerweise über eine gute Beobachtungsgabe und analytische Fähigkeiten verfügt, in prekären Situationen einen totalen Mangel an Lebensklugheit zeigt, die Übersicht verliert und unter Blackouts leidet. Er ist dann vollkommen verwirrt, macht »dumme« Fehler und zeigt einen deutlichen Widerspruch zwischen seiner theoretischen Intelligenz und praktischen Klugheit.

Beim **Handlungstyp** werden die frühen Einschränkungen wirksam, wenn er in Streßsituationen – trotz seiner Tüchtigkeit in praktischen Dingen – wenig entscheidungsfreudig und kreativ, ja sogar handlungsunfähig ist. Statt dessen hat er Entscheidungsskrupel und rettet sich mit seinen bewährten normativen Verhaltensregeln.

Die Antreiber schwächen die Verbote ab, die sich gegen die Beziehungs-, Erkenntnis- und Handlungsenergien des Kindes richteten, und geben sich als Tugenden aus. Doch im Grunde überdecken sie unser wirkliches Selbst und stabilisieren die destruktiven Imperative weiter:

Sie ersetzen beim **Beziehungstyp** Liebesfähigkeit durch Liebenswürdigkeit; beim **Sachtyp** Lebensklugheit durch Schlauheit; beim **Handlungstyp** Kreativität durch Routine.

Die zweite Hemmung, die ein leichtes Überwechseln vom Persönlichkeits- in den Entwicklungsbereich verhindert oder zumindest erschwert, ist das abschreckende Moment eines Zerrbilds der Schlüsselenergien, denn ungelebt verkehren sie sich ins Negative.

Darum erlebt der **Beziehungstyp** geistige Qualitäten nicht als faszinierende Denkabenteuer, sondern sie erscheinen ihm als kalt und lieblos. Von Menschen, die klar denken, meint er, sie wären distanziert und kühl. Seine nicht gelebten Schlüsselenergien wenden sich gegen ihn: innerlich als Selbstabwertung, äußerlich als Gefühl, von anderen abqualifiziert zu werden. Kein Wunder, daß er ihnen aus dem Weg geht und lieber auf der Beziehungsebene bleibt – kontrolliert oder liebenswürdig.

Doch das Abenteuer Denken bleibt für ihn dennoch verlockend. Das gilt besonders für den **Beziehungstyp 1** mit seinem Antreiber »Sei stark!« Der sagt ihm: »Sei vorsichtig, zeig keine Schwäche, gib dir (mit dem, was du sagst) keine Blöße. Du mußt alles wissen!« Der **Typ 2**, der von seinem »Mach´s anderen recht!« abhängt, versucht durch besonders liebenswürdiges und bezauberndes Verhalten gefällig zu sein und von seiner Schwäche im Denken abzulenken. Frauen dieses Typs hatten – früher wenigstens – die Möglichkeit, sich auf ein kindlich-naives Verhalten zurückzuziehen mit Schmollmund, Kinderstimmchen und großen, unschuldigen Augen.

Die pessimistische Grundauffassung »Die Welt ist lieblos« beziehungsweise »Ich bin ja doch nicht liebenswert« und das später gelernte Verhalten durch die Antreiber schaffen es, daß der **Beziehungstyp** neue Erfahrungen zwar durchaus als angenehm und reizvoll empfindet, doch daß sie für ihn zugleich auch etwas Unwirkliches haben. So sagt er sich: »Das ist ja ganz schön, aber die Welt funktioniert doch anders!« Und dann kehrt er zurück und bemüht sich weiter um Liebespunkte.

Das geht den anderen Persönlichkeitstypen ähnlich. Der **Sachtyp** bekommt auch reichlich Aufmerksamkeit und Beachtung, doch da er zu wenig Selbstbewußtsein hat, kann er sie nicht festhalten. Und dem **Handlungstyp** ist die Wertschätzung, die man ihm entgegenbringt, geradezu peinlich, da er sich im Grunde ja doch nicht so richtig o.k. fühlt.

Ein weiterer Grund, warum wir uns nur zögernd auf die Schlüsselenergien einlassen, ist, daß wir ein uns vertrautes und Sicherheit vermittelndes Verhalten aufgeben müßten. Wenn wir uns daran erinnern, daß die meisten Menschen ihr Leben mit dieser dramatischen Erfahrung des Mangels begonnen haben (zu wenig Liebe, zu wenig Aufmerksamkeit, zu wenig Erlaubnisse) und daß dieses Zuwenig zur Grundlage ihres Weltbildes wurde, so erscheint es ihnen andererseits höchst riskant, ihr bewährtes Grundrezept auch nur vorübergehend loszulassen.

Will sich der **Beziehungstyp** tatsächlich auf das Erkennen einlassen, so muß er nämlich sein kontrollierendes und auf Wirkung bedachtes Verhalten seinlassen. Doch solange ihm das Vertrauen in Beziehungen überhaupt fehlt, wird es der **Typ 1** kaum wagen, seine Kontrollfäden aus der Hand zu geben. Und der **Typ 2** wird nur ungern auf sein Rezept, andere für sich zu gewinnen, verzichten. Doch damit bleibt ihnen wenn auch nicht die Welt des Wissens, so doch die des Erkennens schwer zugänglich und weitgehend verschlossen.

Im Erleben des **Sachtyps** gibt es zu wenig Selbst-Bewußtsein (im Sinne von Selbst-Wahrnehmung), zu wenig Beachtung und zu wenig Bedeutung. Da auch er an seiner typischen Mangelsituation festhält und das Interesse, das man ihm entgegenbringt, ausblendet oder rasch wieder vergißt, bleibt sein Selbstbewußtsein unterernährt. Das heißt, es ist nicht stabil und leicht durch Angriffe und Kritik zu kippen. Darum hat er sich so fest in seinem Erkenntnisbereich etabliert: einmal weil ihm der als »Notstandsgebiet« erscheint und er da immer zur Stelle sein muß, aber auch weil er dort für die ihm bedrohlich erscheinenden Handlungs-Ich-Energien schwer zu fassen ist. Dort kann er sein Erkenntnis-Ich egomanisch aufblähen nach dem Motto: »Ich bin der Größte!« oder sich mit ihm wie mit einer Tarnkappe gegenüber Nachstellungen unsichtbar machen.

Der **Sachtyp** fühlt sich häufig auf eine seltsame Art bedroht und bedrückt, ängstigt sich, ohne selbst genau zu wissen, weshalb und wovor eigentlich. Es ist sein nicht gelebtes Wollen und Handeln, das sich gegen ihn kehrt. Verglichen mit den leichten, hellen und eher unverbindlichen Energien des Erkennens erfordern die Handlungsenergien, sich zu entscheiden. Und das fällt ihm schwer. Und so erlebt er die kraftvollen und wirkungsvollen Handlungsenergien in ihrer negativen Form als bedrohliche Mächte und Autoritäten, interpretiert sich als abhängig von ihnen und reagiert darauf ängstlich angepaßt und rebellisch. Und das ist der Grund, warum hinter der gutmütigen und ruhigen Fassade des **Sachtyps** eine eruptive und gewalttätige Wut lauert. Äußert er sie schließlich, wenn das Maß voll ist, hart und unnachsichtig, so tut ihm das bei ruhigem Nachdenken dann gleich wieder leid.

Auch in Beziehungen bewundert und bekämpft er zugleich seine noch wenig gelebten Schlüsselenergien, sucht sich (stellvertretend) meist aktive und selbstbewußte Partner, bei denen ihn besonders ein freudiges, liebevolles und fürsorgliches Wesen anzieht – und später dann zunehmend bedroht. Seine Partner fühlen sich anfangs geschmeichelt, werden aber dann durch sein kraftloses, rebellisches oder vorwurfsvolles Verhalten in eine Verfolger- oder Retterrolle gedrängt und reagieren mitleidig oder ärgerlich auf ihn.

Doch solange er die Verhaltensweisen seines Entwicklungsbereiches Handeln als autoritär, überheblich oder unmenschlich interpretiert, wird er ihn meiden. Doch auch wenn er diese Energien meidet, er kann ihnen nicht entkommen. Sie holen ihn immer wieder ein, wenden sich gegen ihn, und er erlebt sie als Bedrohung. Wenn er ins Handeln gehen will, muß der **Sachtyp** gerade sein unverbindliches Sich-nach-allen-Seiten-Offenhalten aufgeben. Wer handelt, muß sich entscheiden und festlegen, doch das ist mit Risiken behaftet. Denn erst später zeigt sich, ob eine Entscheidung richtig oder falsch war. Wer handelt, muß auch Verantwortung für falsche Entscheidungen übernehmen. Um erfolgreich zu handeln, muß man meist Partner für gemeinsame Ziele gewinnen oder motivieren. Und man braucht einen langen Atem, darf sich nicht gleich entmutigen lassen, wenn einem Mißerfolge ins Haus stehen.

Der **Handlungstyp** beurteilt von seiner Was-richtig-und-was-verkehrt-ist-Moral aus andere Menschen und urteilt sie nicht selten damit ab. Solange er nicht in seine Schlüsselenergien geht, erscheinen ihm ihre Gefühle und ihre Lebendigkeit zugleich bedenklich und faszinierend, ihr Genießen leichtfertig und beneidenswert. Seine eigenen Gefühle und seine Sehnsucht nach Nähe und Zärtlichkeit erlebt er dann bei anderen. Doch er erkennt sie nicht als seine eigenen wieder. Sie erscheinen ihm fremd, haben nichts mit ihm und seinem Leben zu tun.

Der Wechsel in seine Schlüsselenergie ist für den **Handlungstyp** so gravierend, als ob er aus seiner geordneten, bürgerlichen Welt heraustreten und sich in ein chaotisches Leben stürzen müßte. Daß auch Gefühle ihre eigene Logik haben und daß Bedürfnisse gelebt werden wollen, damit er nicht seelisch und körperlich krank wird, erscheint ihm zunächst doch sehr fragwürdig. Doch da er auf der anderen Seite einen Heißhunger nach Lebendigkeit, Lebensfreude, Zuwendung und Liebe hat, ist er in Versuchung, zu viel zu riskieren, und sein Ausbrechen führt dann zu Enttäuschungen und Leid. Und meist findet er sich schnell dort wieder, von wo er hergekommen ist: in seiner geordneten Handlungswelt.

Das alles erklärt, warum viele Menschen weiterhin auf ihren Persönlichkeitsbereich fixiert bleiben. Wie können wir dennoch diese wertvollen Schlüsselenergien in uns aktivieren und damit unsere Handlungs- und Lebensqualität deutlich steigern und unsere Persönlichkeit weiterentwickeln?

Gewinnen Sie an Lebenskompetenz und Lebensqualität

Nehmen Sie das Risiko auf sich, verlassen Sie Ihren Persönlichkeitsbereich, und gehen Sie konsequent in Ihre Schlüsselenergie. Das wird dem **Beziehungstyp** leichterfallen, wenn er (auf einer tieferen Ebene) eine vertrauensvolle Haltung den Menschen und der Welt gegenüber entwickelt und fest daran glaubt, daß er liebenswert ist. Denn diese Gelassenheit wirkt sowohl auf die Realität wie auf die eigene Person zurück. Es ist Welt- und Selbstliebe in einem.

Seine Scheu, sich auf das Erkennen einzulassen und durch Interesse, Beobachten, Sich-Informieren, realitätsbezogenes Denken und Erkennen auch konzentrative und meditative Energien zu entwickeln – diese Scheu verliert der **Beziehungstyp**, indem er es einfach vertrauensvoll macht; nämlich sich interessiert, beobachtet, informiert, sich einläßt auf das, was da ist, ganz ins Sehen, Hören und Spüren geht – immer wieder von neuem. Dabei ist es entscheidend, daß das Erkennen ihn und seine Lebensgestaltung betrifft und sich nicht auf Peripheres beschränkt. Denn mancher bedenkt »Gott und die Welt«, doch die Themen, die ihn wirklich angehen, sind weiterhin tabu.

Es gibt für den **Beziehungstyp** keinen anderen Weg als learning by doing! Und er realisiert dann Schritt für Schritt, daß diese Haltung (die Wirklichkeit so zu nehmen, wie sie ist) ihm guttut und das Leben ihm nicht feindlich gesonnen ist, sondern ihn unterstützt. Er hat verstanden, daß Denken nicht nur unentbehrlich für eine sinnvolle Gestaltung des eigenen Lebens ist, sondern direkt und unmittelbar guttut. Ja, daß die »Nebenwirkungen« des Denkens kostbare Empfindungen und Gefühle sind. Man kann sie anderen nicht so recht erklären und beschreiben, man muß sich diesen gelassenen Zustand schon selbst herbeisinnen.

Damit der **Sachtyp** seine Studierstube verläßt und sich aufs Feld des Handelns begibt, muß er sein Selbstbewußtsein in Ordnung bringen. Selbstbewußtsein meint hier eine in sich stabile Autonomie, die sich anfühlt wie: »Ich bin ich!« – »Ich bin für andere wichtig!« – »Ich kann unabhängig und frei entscheiden!« Als **Sachtyp 1** muß er sich vor Selbstüberschätzung und als **Typ 2** vor Selbstunterschätzung hüten.

Das alles scheint zwar für die anderen Persönlichkeitstypen eine Selbstverständlichkeit zu sein, doch der **Sachtyp** vergißt gelegentlich nicht nur sich selbst, sondern auch, daß er eine Zukunft hat und etwas dafür tun kann nach der Devise: »Es geht um mich und mein Leben!« und »Ich kann mein Leben willentlich gestalten!« Der **Sachtyp** muß von innen heraus das Steuer seines Lebensschiffs in die Hand nehmen, und er wird die wohltuende Erfahrung machen, daß ihn dann dabei ein gutes Geschick unterstützt.

Um von seiner beobachtenden und nachdenklichen Haltung in die Haltung des kraftvollen Wollens überzuwechseln, braucht er den elektrisierenden Impuls: »Jetzt will ich!« oder »Jetzt mach ich!« – Das ist eine entscheidende Haltungsveränderung vom Objektiven zum Subjektiven, vom Passiven zum Aktiven. Statt sich herauszuhalten und sich zurückzunehmen, beginnt der **Sachtyp** anzupacken, sich einzumischen und mitzumachen – engagiert und immer aufs neue. Dann erfährt er seine Schlüsselenergie in ihrem ursprünglich positiven Charakter und erlebt Aktivität nicht mehr als Bedrohung.

Sucht man nach bedeutenden **Sachtypen**, so findet man kaum strahlende Helden. Im Gegenteil, die meisten zeigen deutliche menschliche Schwächen. Schreitet der **Handlungstyp** geradlinig oder tanzt der **Beziehungstyp** geschmeidig durchs Leben, so hat man beim **Sachtyp** mehr den Eindruck, daß er auf seinem Lebensweg einherstolpert. Was er aber dann ereicht, ist mehr, als er zu versprechen schien. Doch ohne Fleiß, Durchhaltevermögen und einen beharrlichen Willen sind anspruchsvolle Ergebnisse nicht zu erzielen.

Auch in seiner Selbstdarstellung will der **Sachtyp** das Kraftvolle akzentuieren: Er redet gern von »anpacken, machen, durchboxen« und behauptet: »Das schaffen wir!« Und darum fährt er gerne wuchtige Geländewagen oder in der Freizeit schwere Motorräder, kleidet sich sportlich und identifiziert sich mit großen Marken, die seit langem für Qualität stehen – nicht aus einer konservativen Einstellung heraus wie der **Handlungstyp**, sondern weil solche Firmennamen für ihn schlichtweg Potenz ausdrücken.

Dem **Handlungstyp** tut eine wohlwollende, erlaubende Haltung (auch sich selbst und dem Partner gegenüber) gut. Wie der **Beziehungstyp** das Selbstvertrauen braucht er Selbstsicherheit. Es ist das tiefe Gefühl, von Grund auf o.k. zu sein. Aus dieser zutiefst existentiellen Entscheidung »Ich bin o.k., so wie ich bin!« kann er seine Absicherungen loslassen und in seinen Entwicklungsbereich Beziehung gehen: spontan sein, sich am Leben und der Arbeit freuen, mitfühlen und einfühlen, Sympathie empfinden und kontaktfreudig sein. Dann kommt zu seiner enormen Tüchtigkeit die warme Herzlichkeit seines Wesens hinzu.

Die Entwicklung seiner Schlüsselenergien Spontaneität, Herzlichkeit, Güte, Lebens- und Arbeitsfreude, Mitgefühl und Einfühlungsvermögen, Humor und Lachen, Sympathie und Kontaktfreudigkeit werden durch die Grundeinstellung der Gesellschaft von heute eher erleichtert. Die moderne Pädagogik, ebenso die in den letzten Jahrzehnten entstandenen Schulen der Gruppen-, Psycho- und Familientherapie zielen ganz darauf ab, die Energien seines Beziehungs-Ichs zu fördern und zu bestätigen. Hier zeigt sich eine deutliche Wende: weg vom autoritären, einschränkenden und lebensfeindlichen Denken früherer Generationen, hin zu einem erlaubenden, genießenden und menschlichen Leben.

11. Verändern Sie Ihren Partner durch Anerkennung

Wenn Sie Ihren Partner durch Kritik verändern wollen, geht das ganz sicher schief. Selbst wenn er äußerlich einlenkt oder sogar Verständnis und Entgegenkommen zeigt, wird er innerlich wahrscheinlich zumachen, sich eingraben, die Verteidigungsanlagen verstärken, sofort oder später entlastende Gegenangriffe starten. Nicht weil er besonders uneinsichtig wäre, sondern weil so die menschliche Natur funktioniert.

Also gehen Sie einen anderen Weg und machen etwas höchst Ungewöhnliches: Sie erkennen das an, was Sie verändern wollen. Verständlich, wenn sich jetzt bei Ihnen Widerspruch regt und die Sorge: »Wenn ich das anerkenne, was mich stört, macht er noch mehr davon.« Das wäre zwar logisch, doch Menschen reagieren selten logisch, sondern eher paradox. Und Sie sollen auch nicht »das Schlechte« anerkennen, sondern »das Gute des Schlechten«. Zum Beispiel leiden Sie darunter, daß Ihr Partner ungeduldig reagiert: Dann loben Sie seine Spontaneität; verhält er sich umständlich, anerkennen Sie seine Bedachtsamkeit.

Um diesen Weg »Verändern durch Anerkennung« gehen zu können, müssen Sie zuerst mit sich selbst ins reine kommen, die für Sie passende Haltungsantwort finden. Dann wird es viel leichter für Sie sein, sich auf Ihren Partner einzustellen und sein problematisches Verhalten in der Bedeutung für sich zu verändern und durch einen neuen positiven Sinn zu ersetzen. Das heißt, Sie sehen es in einem anderen Licht.

Das heißt: Wenn Ihr Partner wenig mit Ihnen spricht, so können Sie darin auch Ruhe und Nachdenklichkeit sehen.

Das bedeutet, Sie haben das erste Etikett »schweigsam« durch ein zweites, positives ersetzt: »ruhig, bedacht«. Damit haben Sie sich eine Möglichkeit geschaffen, Ihren Partner anzuerkennen. Vielleicht am Anfang noch zögerlich, doch schon dadurch ist etwas Entscheidendes passiert: Durch Ihre im Ansatz veränderte Haltung setzen Sie bei Ihrem Partner Impulse und Energien frei, die in andere Richtungen gehen.

Wir haben viele Beispiele erlebt, in denen sich der Partner durch eine Haltungsänderung plus verständnisvoller Anerkennung (was nicht hinnehmen und akzeptieren bedeuten muß) spontan anders verhalten hat. Wenn jedoch das unerwünschte Verhalten eng mit seiner Persönlichkeitsstruktur zusammenhängt, also sehr lange und gewohnheitsmäßig eingeübt ist, werden auch die Veränderungen unmerklicher vor sich gehen und viel mehr Zeit brauchen. Dann sieht es über einen längeren Zeitraum so aus, als ob sich Ihr Partner durch Ihr anerkennendes Verhalten objektiv noch nicht oder noch nicht merklich verändere. Doch es werden Samenkörner in Richtung Lösung gesät, bei Ihrem Partner Möglichkeiten zur Veränderung und Entwicklung bereitgestellt, die er selbst vielleicht noch gar nicht wahrnimmt. Und das heißt nicht, daß sie nicht schon in ihm arbeiten. Oft müssen Veränderungen lange Zeit im Un- und Halbbewußten heranreifen, bis sie sich im Leben realisieren. Das setzt jedoch voraus, daß Sie keinen wohlwollenden oder manipulierenden Etikettenschwindel betreiben.

Ihre Haltungsänderung und neue Sinngebung wird etwas Interessantes bei Ihnen bewirken: Erstens verändert sich Ihre Einstellung dem Partner gegenüber entscheidend, und zweitens verändert sich Ihre Stimmung. Reagierten Sie vielleicht noch aggressiv (»Mein Gott, was ist er stur!«), so werden Sie ihn und sein Verhalten nach dem Umdeuten (»Er vertritt konsequent seine Meinung!«) ohne Zweifel in einem anderen

Licht sehen. Das können Sie jetzt bejahen. Und Ihre veränderte Einstellung wird Sie künftig anders handeln lassen.

Das Gute im Schlechten anerkennen

Wer zu sehr das Negative im Partner sieht, der entwickelt zu ihm automatisch eine kritische und abwertende Haltung. Und solange man sich nicht konsequent die Fähigkeit antrainiert, das Positive im Partner zu sehen – und das heißt, das Gute des Schlechten in seinen Ausgangsfähigkeiten und ihn vor allem im Lichte seiner Schlüsselenergien zu sehen – solange kann man kaum eine liebevolle Beziehung zu ihm aufbauen, die nicht geprägt ist von Retter-, Opfer- und Verfolgerimpulsen.

Nehmen wir beispielsweise an, Ihr Partner erschien Ihnen bisher als stur, dann können Sie das jetzt als eine besondere Form von Konsequenz sehen, daß er treu an Freundschaften, gewonnenen Einsichten oder Handlungsentscheidungen festhält. Erschien er Ihnen bisher als Schlamper, so kann das bedeuten, daß es ihm wenig ausmacht, was andere über ihn denken, oder daß er in der Lage ist, Prioritäten zu setzen, oder daß ihm vieles vergleichsweise unwichtig ist. Erschien Ihnen sein Verhalten als unzuverlässig, können Sie darin auch Flexibilität sehen, oder als geizig, so können Sie seine Sparsamkeit anerkennen. Verhält er sich nach Ihren Maßstäben steif, so anerkennen Sie seine Selbstbeherrschung. – Nochmals: Anerkennen bedeutet nicht akzeptieren und ein resignierendes Sich-damit-Abfinden, es soll eine natürliche und »organische« Veränderung einleiten.

Das, was Sie an Ihrem Partner so stört, resultiert sicher aus einer Schwäche in seiner Persönlichkeitsentwicklung. Gerade weil Ihr Partner an dieser Stelle keine Erlaubnisse bekam und für sein Verhalten zu viel kritisiert wurde, hängt er darin fest. Anerkennen heißt nämlich vor allem, den Partner freimachen (von den alten Einschränkungen) und ihn öffnen für Neues. Also müssen Sie Ihren Partner zuerst dort stärken und ihm Energie zuführen, wo sie ihm am meisten fehlt, und dürfen ihn dort nicht mit noch mehr Kritik oder gutgemeinten Verbesserungsvorschlägen schwächen. Denn das wird bei ihm zu alten Schutz- und Abwehrreaktionen führen. Denken Sie daran: Sie können Ihren Partner zwar beeinflussen – doch nicht erziehen.

Da die meisten Menschen logisch-geradlinig denken und nicht systemisch (was der Wirkungsweise der menschlichen Wirklichkeit viel angemessener wäre), meinen sie, wenn sie ihrem Partner durch Anerkennung erlauben, beispielsweise stur zu sein, wird er noch sturer; sie meinen, wenn sie ihm erlauben, schlampig zu sein, wird er noch schlampiger; wenn sie ihm erlauben, unzuverlässig zu sein, wird er noch unzuverlässiger. Doch Menschen reagieren »gegenläufig« (es sei denn, der Partner hat einen großen Nachholbedarf an Sturheit, Schlampigkeit etc., dann kommt es zu einer Erstverschlimmerung, eine aus der Homöopathie bekannte Erscheinung, die jedoch zeigt, daß das Mittel wirkt). Und wir anerkennen nicht das Negative, sondern das Gute im Schlechten.

Wie wird die Reaktion Ihres Partners sein, wenn er da, wo er noch Defizite hat, durch Sie etwas Positives und Aufbauendes erfährt? Vielleicht wird er überrascht reagieren, angenehm berührt sein – am besten, wenn er es fast gar nicht merkt. Es braucht, ja es sollte nichts Großartiges sein, was ihm da widerfährt, ein klein wenig Anerkennung, fast nebenbei, wie selbstverständlich, und er wird es registrieren, vielleicht nicht bewußt, doch es wird bei ihm ankommen. Machen Sie ruhig äußerlich Ihr gewohntes Gesicht, doch lächeln Sie innerlich. Reden Sie nicht viel anders als sonst, doch denken Sie anders, nämlich anerkennend, wohlwollend, liebevoll, erlaubend.

Vielleicht kommt Ihnen der Gedanke, jemanden da anerkennend zu unterstützen, wo er Defizite hat, jetzt nicht mehr so fremd vor. Wenn Sie sich dafür entscheiden, dann fangen Sie damit am besten im geheimen, in Ihrem Denken an. Stellen Sie für sich die positiven Seiten des unerwünschten Verhaltens heraus und loben Sie Ihren Partner dafür in Gedanken. Einfach dadurch, daß Sie Ihren Partner zunächst mit gedachten Sätzen anerkennen (»Mir gefällt an dir, daß ...«). Vielleicht fünfmal, zehnmal ... Und beobachten Sie genau, ob das allein nicht schon eine Veränderung bringt, die in die gewünschte Richtung geht. Und irgendwann wird Ihnen das Lob spontan und glaubwürdig über die Lippen kommen, weil sie selbst längst davon überzeugt sind.

»Warum nicht gleich zur Sache gehen und große Veränderungen starten, um eine große Wirkung zu erreichen?« werden Sie vielleicht fragen. Es mag Sie überraschen, doch gerade die kleinen und für Ihren Partner unauffälligen Schritte bringen den größten und nachhaltigsten Erfolg bei Veränderungen. Das bestätigt die moderne Psychotherapie mit ihren verblüffend schnellen und stabilen Heilerfolgen – durch kleine, aber entscheidend wirkende Veränderungen.

Diese sanfte Vorgehensweise ist auch für Sie ermutigend, denn wenn man etwas Neues anpacken will, sollte man nicht gleich an die ganze, große Aufgabe denken, die vor einem liegt. (Oder wollen Sie etwa ein seelisches Großreinemachen veranstalten, das in der Regel dazu führt, daß dann noch mehr Scherben herumliegen?) Besser ist es, zunächst nur einen ersten, kleinen Schritt zu machen, eine kleine, unmerkliche Veränderung. Und daraus ergeben sich neue Veränderungen bei Ihnen, beim Partner oder in dem, was geschieht. Bleiben Sie einfach am Ball, und achten Sie darauf, wo die ersten Veränderungen sichtbar werden – so wie man im Frühling nach den ersten Blütenknospen Ausschau hält.

Seine Abwehr umgehen

Es ist gut gemeint, wenn in den meisten Ratgebern empfohlen wird, daß man loben und auch keine Angst vor Übertreibungen haben soll – weil man nie zuviel loben könne. Doch so allgemein gesagt stimmt das nicht. Lob in der falschen Form kann genau das Gegenteil bewirken. Sie werden sehen, daß auch Anerkennung stimmig sein muß, damit sie beim Partner ankommt. Denn in puncto Kompliment und Anerkennung sind wir Menschen merkwürdig inkonsequent.

Auf der einen Seite halten wir uns für etwas ganz Besonderes, also möchten wir hören, daß wir »phantastisch« und »großartig« sind. Andererseits aber reagieren wir ziemlich argwöhnisch und mißtrauisch, wenn wir das bekommen, was wir uns wünschen. Vielleicht denken wir: »Der will mich wohl für dumm verkaufen!« oder »Der ist vielleicht naiv!« oder »Der hat sicher etwas vor!« oder »Der kennt mich nicht richtig!« – Anerkennung ist einfach ungewöhnlich in unserer Welt, obwohl sie allen guttäte.

Wie ist diese Abwehr zu umgehen? Es gibt mehrere Möglichkeiten. Eine davon ist, das Lob gleich so zu formulieren, daß es diese Reaktion umgeht. Das schaffen sogenannte Ambivalenzen, Kontraste oder daß man die mögliche Abwehrreaktion des anderen vorwegnimmt und ein wenig übertreibt: »Liebling, ich weiß, für dich ist das völlig selbstverständlich, doch ich finde es super, wie du ...«

Oder Sie packen das Wörtchen »nicht« in das Lob, dann ist das kritische Bewußtsein beruhigt, und das Unbewußte, das die Negation »nicht« ohnehin nicht registriert, hört: »Ich weiß, du hörst das so gerne, daß ich das ... bei dir so toll finde!« Dabei hatten Sie klugerweise gesagt: »Ich weiß, du hörst das nicht so gerne, daß ich das ... bei dir so toll finde!«

Setzen Sie also vor Ihr Lob ein kleines Sätzchen, in dem das Wort »nicht« vorkommt, beispielsweise: »Du kannst das ›nicht‹ so richtig glauben ... Du magst das ›nicht‹ ... Das gefällt dir ›nicht‹ ...«, dann kommt das, was Sie sagen »unzensiert« an.

Aus demselben Grund sollte man sich angewöhnen, negative Dinge auszusprechen, indem man etwas Positives negiert. Statt zu sagen: »Dir geht´s heute schlecht!« sagen Sie besser: »Dir geht´s heute nicht so toll!« Statt zu sagen: »Du siehst elend aus!« sagen Sie besser: »Du bist heute nicht so gut drauf!« – Während das Bewußtsein zustimmend nickt, hört das Unbewußte: »Dir geht es heute so toll!« und: »Du bist heute so gut drauf!«

Anerkennung kommt noch besser an, wenn Sie in das Lob Kontraste einbauen, indem Sie zu dem, was Sie an Ihrem Partner loben wollen, einen passenden, aber kontrastierenden Vergleich schaffen, damit seine Leistung, daran gemessen, besonders deutlich wird und so noch glaubhafter und überzeugender für ihn ist. Beispielsweise können Sie ihm sagen: »Toll, wie du das bei deinem Streß im Büro noch hingekriegt hast!« oder: »Andere würden in so einer Situation ausflippen, aber du bist die Ruhe selbst!« oder: »Keiner kann das so gut wie du!« oder: »Auch wenn du manchmal daran zweifelst, ich finde, du siehst wirklich gut aus!«

Typspezifisch loben

Es ist wie beim Essen: Was des einen Lieblingsspeise ist, damit können Sie einen anderen jagen. Deshalb sollte Anerkennung typspezifisch formuliert sein, denn was für den einen Persönlichkeitstyp ein Lob ist, kann für den anderen wie Ironie klingen. Wenn Sie den **Beziehungstyp** für seine Lebendigkeit, sein Einfühlungsvermögen und seine kommunikative Kompetenz anerkennen, wird er Ihnen in der Regel innerlich zustimmen. Sagen Sie dasselbe einem stillen **Sachtyp**, wird er sich verladen fühlen. Lassen Sie beim **Handlungstyp** durchblicken, daß Sie seine Zuverlässigkeit, Ordentlichkeit und Geradlinigkeit schätzen, wird er sich bestätigt fühlen. Doch ein lebhafter **Beziehungstyp** wird sich fragen, ob Sie ihn auf den Arm nehmen wollen. Auch das Wie und die Lautstärke der Anerkennung müssen stimmen.

Wenn Sie beispielsweise dem **Beziehungstyp 2** Komplimente machen, dann können Sie die so effektvoll wie ein Feuerwerk abbrennen. Nehmen Sie bildhaft eingängige Kontraste und Superlative wie »stark«, »toll«, »phantastisch«, »irre« – oder was sonst gerade sprachlich so »in« ist. Am sichersten gehen Sie, wenn Sie sich an seiner Art, Begeisterung auszudrücken, orientieren. Der **Beziehungstyp 1** ist meist zurückhaltender, kontrollierter und mißtrauischer. Loben Sie ihn eher nonverbal mit dem entsprechenden Gesichtsausdruck und einem anerkennenden Nicken oder einem begeisterten »Toll«, so als ob es Ihnen gerade herausgerutscht wäre. Meist ist er auch für ein spielerisches Anerkennen empfänglich, das dann ruhig übertreiben darf.

Den **Sachtyp** sollten Sie begeistert anerkennen, doch dabei sachlich bleiben, sonst kann er damit wenig anfangen. So können Sie ihm beispielsweise sagen: »Ich bin beeindruckt, wie du ...!« – »Es gefällt mir gut ...!« – »Ich bin angetan davon ...!« Und bringen Sie dann konkrete, für ihn nachvollziehbare Fakten. Noch ein Tip: Berühren Sie ihn dabei an der Schulter oder am Arm. Die meisten **Sachtypen** reagieren auf Körperberührungen sehr positiv. Sie machen das Lob für sie deutlich wirklicher.

Beim **Handlungstyp** muß das Lob absolut ehrlich und stimmig sein, und zwar stimmig in der buchstäblichen Bedeutung. Denn er hört aus dem, wie Sie es sagen, heraus, was Sie meinen. Für ihn gilt: Der Ton macht die Musik! Er ist zumeist ein bescheidener Mensch, und ein dick aufgetragenes Lob kann ihm recht unangenehm sein. Drücken Sie Ihre Anerkennung eher nonverbal durch eine anerkennende und respektierende Geste aus, in einer Weise, die Akzeptanz und wertschätzende Haltung vermittelt. Beim **Typ 2** kann das Kompliment wie ein anerkennendes Schulterklopfen formuliert sein. Er weiß, daß er gut arbeitet, er braucht – aus seiner Sicht – keine Anerkennung dafür. Da der **Handlungstyp** sein Erleben vornehmlich akustisch »programmiert«, können Sie ihm beispielsweise sagen: »Das klingt überzeugend für mich, was du sagst!« – »Das hört sich gut an!«

Mehr wäre weniger. Das reicht beim **Handlungstyp** vollkommen. Es bringt nichts, wenn Sie dick auftragen, im Gegenteil, Sie werden für ihn dadurch unglaubwürdig. Ist eine Anerkennung also darüber hinaus noch hörbar formuliert, wie die oben genannten Beispiele, dann ist das Lob noch spezifischer und kommt bei ihm besonders gut an.

Noch eine kleine (Gedanken-)Hilfe: Denken Sie beim Kompliment für den **Beziehungstyp** an einen großen Blumenstrauß mit Schleife, den sie ihm mit einem Küßchen auf die Wange in die Hand drücken; beim **Sachtyp** an ein Zertifikat, das ihm schwarz auf weiß seine Kompetenz bescheinigt;

und beim **Handlungstyp** an ein herzliches Schulterklopfen à la »gut gemacht, mein Freund!«

So in etwa müßte eine typspezifische Anerkennung formuliert sein.

So ein Lob kann entweder für den Persönlichkeitsbereich oder die Schlüsselenergie formuliert sein. Loben Sie den Persönlichkeitsbereich Ihres Partners, dann heißt das: beim **Beziehungstyp** die Herzlichkeit, Liebenswürdigkeit, die kommunikative Kompetenz, die Lebendigkeit und die Gefühlsintensität herausstreichen; beim **Sachtyp** die gedankliche Kompetenz, die Klugheit und die Objektivität ansprechen; beim **Handlungstyp** die aktive Kompetenz wie die Tüchtigkeit, Verläßlichkeit und die Fürsorglichkeit herausheben.

Loben Sie aber seine Schlüsselenergien, dann betonen Sie: die guten Ideen des **Beziehungstyps**; die Erfolge des **Sachtyps**; die menschliche Wärme des **Handlungstyps**.

Wir werden diese besonderen Formen der Komplimente noch genauer darstellen. Doch schon hier eine Regel vorab: Anerkennen Sie kräftig im Persönlichkeitsbereich, doch zurückhaltend bei den Schlüsselenergien. Warum? Wenn es Ihrem Partner gutgeht, dann können Sie in seinem Persönlichkeitsbereich ruhig dick auftragen und brauchen auch keine Scheu vor Übertreibungen zu haben. Geht es ihm aber schlecht, dann sollten sie jene schon angesprochene Ambivalenz in das Kompliment mit einbeziehen, also dem **Beziehungstyp** sagen: »Ich weiß, du kannst dich manchmal selbst nicht ausstehen. Aber im Grunde bist du echt liebenswert!«

Oder beim **Sachtyp**: »Ich weiß, daß du dich nicht gut fühlst. Aber du bist wirklich o.k.!«

Und beim **Handlungstyp**: »Ich verstehe, daß es dir nicht so gutgeht, doch du bist ein prima Kumpel!«

Diese Form der Anerkennung folgt auch dem Prinzip »Pacing and Leading«. Das meint, frei übersetzt: Bevor ich jemanden verändern möchte, muß ich ihn annehmen, wie er ist, beziehungsweise ihn dort abholen, wo er gerade ist.

Wie sieht nun die spezifisch formulierte Anerkennung für die Schlüsselenergien Ihres Partners aus? Sie wissen, der **Beziehungstyp** will seinen Verstand, seine geistigen und analytischen Fähigkeiten ausbauen. Seine Reaktionen auf Komplimente, die sein Denken betreffen, sind nicht so ganz voraussehbar, weil sie davon abhängen, wie sicher er sich gerade darin fühlt. Sie liegen daher immer richtig, wenn Sie sein Denken vorsichtig loben und es mehr als Prozeß und weniger als schon erreichtes Ziel formulieren. Zum Beispiel: »Ich weiß, daß du großen Wert darauf legst, die Dinge zu klären!« Oder: »Ich finde es toll, daß du dich nicht mit oberflächlichen Erklärungen zufriedengibst, sondern nachhakst!«

Der **Beziehungstyp** liebt Komplimente, die seinem Persönlichkeitsbereich schmeicheln. Doch sie können ihn auch mißtrauisch machen. Wichtig ist für ihn das Vertrauensverhältnis. Ist es da, dann können Sie nach Herzenslust mit Komplimenten übertreiben. Er nimmt sie nicht wortwörtlich. Die grandiosen Worte sind für ihn Ausdruck des Gefühls, das dahintersteht. Wenn Sie sein Publikum sind und ihm applaudieren, dann werden Sie merken, daß er daraus unerschöpfliche Energie tankt. Wenn Sie dem **Beziehungstyp** das geben, wonach er am meisten verlangt, nämlich Lob und Bewunderung, dann können Sie ihn mühelos um den Finger wickeln (besonders, wenn ihm gerade danach ist, um den Finger gewickelt zu werden).

Die anderen Persönlichkeitstypen können auf Bewunderung leicht verunsichert reagieren, meist nehmen sie sie nicht so wichtig, oder manche lehnen sie sogar ab. Sie ist nicht ihr Lieblingsgetränk oder ihre Leibspeise. Der **Sachtyp** zieht wohlgesonnenes Interesse und der **Handlungstyp** herzliche Wertschätzung vor.

Der **Sachtyp**, von Natur aus eher bequem, muß sich auf so ziemlich allen Ebenen immer wieder aktivieren, und zwar beruflich wie privat. Wenn Sie also seine Schlüsselenergie Handeln loben, dann ist es möglich, daß er sich vielleicht schuldbewußt denkt: »Stimmt ja gar nicht. Ich mache zu wenig!« – Also bitte Vorsicht. Auch hier lieber anerkennen, daß er nicht lockerläßt, erfolgreiches Handeln wertschätzt, daß er sich immer wieder aufrafft, und konkrete Beispiele dafür benennen.

Komplimente, die seinen Persönlichkeitsbereich Erkennen betreffen, kommen bei ihm immer an. Also loben Sie seine schnelle Auffassungsgabe, sein ästhetisches Empfinden, seine geistige Unbestechlichkeit, sein flexibles Denken, seinen Überblick, Witz und trockenen Humor. Der Schwachpunkt ist nur: Der **Sachtyp** macht es sich und anderen in puncto Lob nicht immer leicht. In seiner sachlichen, objektiven Welt scheint Anerkennung kein Thema zu sein. Er vergißt auch immer wieder, sich selbst zu vergegenwärtigen, wie gut er ist. Das führt zu der erstaunlichen Erfahrung, daß sogar tüchtige und erfolgreiche **Sachtypen** nicht frei sind von elementaren Selbstzweifeln.

Dem **Handlungstyp** ist es sehr wichtig, daß es im zwischenmenschlichen Bereich stimmt. Seine Gefühle gehen oft tiefer als beim **Beziehungstyp**, er umsorgt seine Familie, pflegt Freundschaften, hält auf gute Nachbarschaft, will ein gutes Verhältnis zu seinen Kollegen. Er ist kameradschaftlich und hilfsbereit. Er braucht diesen stimmigen sozialen Kontakt, er gibt ihm Anerkennung und Sicherheit, auch wenn man ihm diese starke Gefühlsbezogenheit nicht ansieht (er versteckt sie hinter seinem robusten Auftreten und seiner eher konventionellen Freundlichkeit).

Seien Sie daher behutsam mit Komplimenten, die seine Gefühle (also seine Schlüsselenergie) überfordern. Da kann man bei einem unentwickelten **Handlungstyp** gehörig ins

Fettnäpfchen treten. Besonders der **Beziehungstyp**, der gern mit der emotionalen Tür (flirtend oder bewundernd) ins Haus fällt und voller Enthusiasmus und Übermut steckt, braucht hier Fingerspitzengefühl, denn er trifft möglicherweise mit seiner überschwenglichen Art, Komplimente zu machen, eine gut geschützte, aber auch verwundbare Stelle, ähnlich wie beim **Sachtyp**, wo die Gefühle aber noch tiefer vergraben sind.

Wenn Sie jedoch die Energie und Power des **Handlungstyps** (also seinen Persönlichkeitsbereich), zurückhaltend loben, so wird er das gern hören, doch ein bißchen zu viel, und die Anerkennung ist ihm peinlich. Er wird es vielleicht nicht merken lasen, doch Sie können dabei einiges an Glaubwürdigkeit verlieren. Für manchen **Handlungstyp** ist ein öffentliches Lob sogar quälend unangenehm. Wie gesagt, ein wohlwollendes Zunicken und eine kameradschaftliche, nicht zu emotionale Geste wird er immer dankbar annehmen. Seine Reaktion hängt eben davon ab, wieweit er selbst bereit ist, »loszulassen« und seine Konventionen abzulegen und ins Gefühl zu gehen. Und entsprechend mager oder großzügig gibt er dann auch selbst Anerkennung zurück.

Die Zauberkraft der Zinseszinsen

Arthur Williams, ein überaus erfolgreicher amerikanischer Geschäftsmann, spricht in seinem Buch ›Das Prinzip Gewinnen‹ vom »Zauber der Zinseszinsen«. Wir wollen diesen Ausdruck hier auf die Beziehungsebene übertragen: Es soll damit jener besondere Effekt gemeint sein, der nicht sofort, sondern erst nach einer gewissen Zeit eintritt, eine Art »Zuwendungsinvestition«, die sich erst viel später »auszahlt«. (Übrigens: In diesem Zusammenhang ist es sehr interessant, daß Arthur Williams der Meinung ist, daß über 90 Prozent (!) aller geschäftlichen Unternehmungen mißlingen, weil die Menschen vorzeitig aufgeben, bevor ihre Mühen, Investitionen und Anstrengungen – über den Zinseszins-Effekt – tatsächlich zu wirken beginnen.)

Arthur Williams: »Am meisten frustriert bin ich, wenn ich sehe, wie jemand aufgibt, obwohl er fast den Wendepunkt erreicht hat. Es ist manchmal unglaublich. In vielen Fällen ist Ungeduld das größte Problem. Es hat keinen totalen Mißerfolg gegeben, sondern der Erfolg trat nicht schnell genug ein. Der Zauber der Zinseszinsen ist am Werk, wenn Sie die Zeit für sich arbeiten lassen.«[1]

Gehören Sie also bitte nicht zu denen, die sich nicht genug Zeit fürs Partnerverändern genommen haben, weil der Erfolg nicht sofort sichtbar war. Geben Sie also unter keinen Umständen zu schnell auf, damit Ihre menschlichen Zinseszinsen auch voll zur Wirkung kommen können. Das ist freilich nicht einfach. Der Frust währt schon lange, die Geduld ist futsch, und die Gefühle laufen wie am Schnürchen gezogen immer auf derselben negativen Schiene ab. Immer dasselbe (Partner-) Programm. Doch das läßt sich ändern und unterbrechen, wie wir im Kapitel ›Sie haben den ersten Zug im Spiel‹ und ›Musterunterbrechungen‹ zeigen.

[1] Arthur L. Williams: Das Prinzip Gewinnen. München 1994, S. 177.

Sehen Sie Ihre Situation komplexer – aber nicht komplizierter

Bei Problemen, die uns betreffen, ist unser Blick oft getrübt, und wir sehen die Situation wie in einem Zerrspiegel. Da kann man sich so festfahren, daß man nur noch das Problem wahrnimmt und sich nicht mehr vorstellen kann, wie das Leben ohne das Problem aussieht.

In der lösungsorientierten Therapie spricht man nicht mehr davon, »Probleme zu lösen«, sondern davon, »Lösungen zu realisieren«. Und das Problem wird »beklagter Sachverhalt« genannt – warum? Es soll Bewegung in das hineingebracht werden, was Menschen als »ihr Problem« bezeichnen.

Wenn Sie eines haben, nehmen Sie beispielsweise Ihr »Problem« oder Ihren »beklagten Sachverhalt«. Vermutlich haben Sie schon längere Zeit in der gleichen »problematisierenden« Weise darüber nachgedacht. Dadurch ist das Thema in dunkle Farben eingefärbt, mit nach unten ziehenden Körperempfindungen verbunden und wird untermalt von einer düsteren Musik. Das heißt, Ihr »beklagter Sachverhalt« ist zu einem belastenden Problem geworden.

Nun zäumen wir einmal das Pferd von hinten auf. Sie meinen, Ihre düstere Stimmung sei die Folge Ihres Problems. Doch was geschieht, wenn Sie Ihre Stimmung ändern und Ihr Problem einfach als irgendeinen Sachverhalt betrachten? Wenn Sie wollen, gehen wir also einmal den umgekehrten Weg. Denken Sie an Ihr Problem, und tauchen Sie es in helle, bunte, angenehme Farben, verbinden Sie es mit leichten, nach oben gehenden Körperempfindungen und mit wohlklingenden Tönen. Dann lösen Sie in Ihrer Vorstellung die Gedanken, daß es sich um ein »Problem« handle, ganz auf. Jetzt haben Sie die Chance, über Ihre Situation komplexer nachzudenken.

Zum Beispiel können Sie nun Ihre Situation aus unterschiedlichen Zeitperspektiven betrachten. Stellen Sie sich vor, Sie blicken aus der Zukunft auf die Gegenwart zurück, beziehungsweise verlegen Sie Ihre Gegenwart zurück in die Vergangenheit. Sie haben ja inzwischen eine Lösung gefunden, das Problem ist vergessen. Bleiben wir bei dieser Lösung, wie sieht sie aus?

Vielleicht erinnern Sie sich jetzt, wie Sie die Lösung gefunden haben? Welche Ihrer bewährten und welche neuen Fähigkeiten haben Sie eingesetzt? Wie sieht Ihr Leben – jetzt ohne das Problem – aus? Wie anders fühlt es sich an? Was machen Sie mit der überschüssigen Energie, die jetzt freigeworden ist und Ihnen zur Verfügung steht? Oder erzählen Sie sich Ihr Leben, wie es heute in einem Jahr aussieht und wie Sie für das Problem eine Lösung gefunden haben – aus der Sicht eines anderen Menschen, eines Menschen, der Ihnen wohlgesonnen ist, der Sie schätzt und anerkennt.

Das ist eine verblüffend einfache Vorgehensweise, die so ähnlich in der modernen Psychotherapie eingesetzt wird. Hier nennt man diese Techniken »hypothetische Lösungen finden« oder »zirkuläres Fragen«. Es vermittelt dem Klienten, der sich in seinem Problemdenken festgefahren hat, spielerisch andere Sichtweisen. Nehmen wir als Beispiel an, eine Frau geht zum Therapeuten, weil die Tochter Schulprobleme hat. So kann der Therapeut dann folgende Fragen stellen:

»Wenn ich Ihren Mann fragen würde, was würde er mir dazu sagen?« – »Was sagt die Lieblingslehrerin Ihrer Tochter?« – »Stellen Sie sich vor, Sie sind Ihre Tochter. Was würde die sagen, wie Sie sie unterstützen könnten?«

Hat jemand zum Beispiel Schwierigkeiten mit seinem Chef, dann bringt ihn die Meinung seiner Kollegen oder vielleicht der Sekretärin, der Putzfrau, des Wachmanns an der Pforte, der Ehefrau auf ganz neue Sichtweisen und Ideen. Doch sollte er dabei immer lösungs- und nicht problemorientiert denken und die Frage »Warum so?« durch die Frage »Wie anders?« ersetzen. Dadurch, daß er sich mit den Augen anderer sieht, wird er vielleicht nicht nur die Kollegen besser verstehen (da er sich vielleicht in diesem Phantasiespiel zum ersten Mal intensiv mit ihnen von innen her gedanklich auseinandersetzt), sondern auch der beklagte Sachverhalt gewinnt an neuer Qualität. So läßt sich zum Beispiel auch eine Familientherapie ohne tatsächlich anwesende Familie beim Psychotherapeuten durchführen, eine Partnertherapie ohne den Partner.

Doch zurück zu Ihnen. Lassen Sie (wie schon gesagt) Ihre fiktiven Gesprächspartner keinesfalls über Probleme, sondern konsequent über Lösungen reden. Es kommt bei Ihrem Phantasiespiel auch nicht darauf an, die tatsächliche Meinung des nicht Anwesenden zu treffen und genau wiederzugeben, sondern Sinn und Zweck sind allein, andere Sichtweisen zu bekommen und Ihr Leben wieder in Fluß zu bringen.

Das regt nicht nur Ihre Phantasie an, bringt Ihnen neue Ideen und Einblicke und läßt Sie so Abstand von Problemen gewinnen, sondern es ruft auch Lösungen hervor oder herbei. Ich (D.F.) frage meine Seminarteilnehmer gelegentlich: Ist das, was wir für unsere Wirklichkeit halten, Realität oder Bewußtsein? Die Antwort ist: Es ist immer Bewußtsein und nicht immer Realität.

Lassen Sie also Ihrer Phantasie freien Lauf, gehen Sie über die Grenzen Ihrer Denkgewohnheiten hinaus, und glauben Sie an die Wirksamkeit Ihrer Gedanken! Sie werden sehen, daß die verschiedenen Personen in Ihnen verschiedene Ideen haben, und die werden Ihnen überraschend auch ganz neue Perspektiven eröffnen. Vielleicht kommen die besten Anregungen, wenn Sie sich von Ihrem Hund oder Ihrer Katze beraten lassen, indem Sie vorübergehend in diese Rolle schlüpfen. Vermutlich werden deren Vorschläge einfach sein,

und das Einfache ist fast immer wirksamer als das Kompli-
zierte.

Letzter Vorschlag: Legen Sie zwischen sich und die Dinge, die Sie bisher störten, die richtige, heilsame Distanz: mehr Abstand oder näher herangehen – je nachdem –, *Sie* bestimmen es und gewinnen auch damit ein Stück Souveränität. Auch so schaffen Sie Veränderung. (Wie Sie Distanz zwischen sich und schmerzliche Erlebnisse legen können, lesen Sie im Kapitel ›Bringen Sie Ihre Persönlichkeit ins Spiel‹.)

12. So werden Ihre Wünsche wahr

Wenn Sie sich in Ihrem Leben Ziele setzen, dann sind das keinesfalls nur phantasievolle, spannende oder auch amüsante Gedankenspiele. Ziele sind sehr viel mehr. Sie sind Weichenstellungen für Ihre psychischen und karmischen Energien. Sie sind hochaktive Motivationsfaktoren und Auslöser für einen großen Schuß Fortune. Denn attraktive Ziele setzen in Ihnen jene Handlungsenergien und Kräfte frei, die Sie brauchen, damit Ihre Bedürfnisse und Wünsche Realität werden. Und sie sorgen in Ihrer Umwelt dafür, daß Sie die notwendige Unterstützung durch das Geschehen bekommen. Sie beeinflussen das, was man gewöhnlich die »glücklichen Zufälle« nennt. Ziele sind darum so etwas wie eine psychische Power- und Erfolgsgarantie beim Verändern!

Experimente belegen, daß eine Imagination die entsprechende Hirnregion und das dazugehörende Nervensystem genauso stimulieren wie eine tatsächlich ausgeführte Handlung. Sportler nutzen diese Fähigkeit beim sogenannten »mentalen Training«. Sie gehen ihr Programm immer wieder in Gedanken durch und verbessern so entscheidend ihre Leistung. Wenn Boris Becker (als **Sachtyp**) in einem Interview sagt, er habe ein Spiel im Kopf verloren, dann ist das bei ihm durchaus wörtlich zu nehmen. Wenn intern ein Verliererprogramm abläuft, kann man nicht gewinnen. Auch ohne Psychologe zu sein, kann man aus seiner Mimik und Körpersprache deutlich ablesen, wann dies passiert.

Erfolgreiche Menschen haben eines gemeinsam: Sie wußten früh, was sie wollten. Oft stammen ihre Träume und Ziele aus ihrer Jugendzeit und Kindheit. Es gibt noch mehr Übereinstimmungen: Sie haben an ihren Träumen festgehalten und ihnen immer wieder neue Nahrung gegeben. Und sie haben engagiert ihre Ziele realisiert. Viele erscheinen im nachhinein als Menschen mit genialen Fähigkeiten und einem Übermaß an Energie und Durchsetzungsvermögen. Art Williams widerspricht einer solchen Einschätzung: Im Gegensatz zu anderen sind sie einfach am Ball geblieben, haben sich nicht von ihren Träumen und Zielen abbringen lassen.

Was nicht mehr sichtbar ist, ist ihre Methode, diese Energie in sich zu aktivieren; sie hat mit ihrer besonderen »Zielarbeit« zu tun. Dazu gehört, daß sie sich ausschließlich positive Ziele setzen und sie auch so formulieren, daß sie das darstellen, was sie wirklich erreichen wollen – und nicht, was sie »nicht« erreichen wollen! Sie machen sich Lösungsfilme, in denen sie sich als Gewinner sehen, ausgestattet mit jenen Eigenschaften, die sie brauchen, um ihr Ziel zu erreichen.

Wenn Sie überzeugend mit anderen sprechen wollen, dann stellen Sie sich bitte jemanden vor, der das kann und den Sie schätzen. Wie ist seine Körperhaltung, wie sein Gesichtsausdruck, wenn er spricht? Wie klingt seine Stimme? Vielleicht unterstreicht er wichtige Argumente mit Gesten, hält Augenkontakt mit seinem Gesprächspartner, spricht gelassen oder nachdrücklich mit deutlicher Aussprache, benutzt bildhafte Begriffe, spricht in kurzen Sätzen, erlaubt sich, beim Sprechen kleine Pausen zu machen, um nachzudenken?

Jetzt machen Sie einen Platztausch mit ihm und agieren in Gedanken (oder besser noch vor dem Spiegel) so, »als ob« Sie dieser Mensch wären. (Erinnern Sie sich dazu bitte an das Kapitel ›Tun Sie so, als ob‹.) Wenn Sie jedoch daran denken, daß sie »keine« weichen Knie haben wollen, »keine« zittrige Stimme und daß Sie »nicht« nervös wirken möchten, dann fallen Sie ganz sicher diesem »Nicht-Effekt« zum Opfer, und es wird genau das passieren, was Sie sich so anschaulich vorgestellt haben.

Wenn Sie also etwas vorhaben – egal, ob Sie ein neues Auto brauchen, eine Reise planen oder beruflich erfolgreich sein wollen –, dann ist es zunächst einmal wichtig, genau zu wissen, wie das Ergebnis aussehen soll. Das heißt, Sie brauchen eine anschauliche und präzise Vorstellung von dem, was Sie wollen, worin Sie erfolgreich sein werden und was Ihnen das bringt.

Das ist keineswegs selbstverständlich, denn viele Menschen wissen überhaupt nicht oder nur vage, was sie eigentlich wollen. Auch sie haben Träume und Wünsche, doch sie formulieren daraus keine konkreten und verbindlichen Ziele. Dann übernehmen sie, ohne es sich bewußt zu machen, die Ansichten, Wünsche und Meinungen von anderen. So sind sie fremdbestimmt und tun das, was »man« für gewöhnlich tut. Andere wieder meinen, sie müßten flexibel sein und nehmen, was kommt. So machen sie beispielsweise zuerst eine Ausbildung, um dann zu sehen, was man mit der anfangen kann.

Manchmal stelle ich (D.F.) meinen Seminarteilnehmern folgende Denkaufgabe:

Zwei Leute, A und B, suchen eine Wohnung. Person A sagt: »Es gibt in dieser Stadt wenige Wohnungen. Ich kann also nicht zu anspruchsvoll sein, ich nehme, was einigermaßen für mich paßt!« Person B dagegen stellt sich seine Traumwohnung vor, weiß wie sie aussehen und was sie in etwa kosten soll. Er geht einfach davon aus, daß es diese Wohnung gibt und er sie bekommen wird. Statistisch gesehen, hat natürlich A viel größere Chancen, eine Wohnung zu bekommen, weil er bereit ist, Kompromisse zu schließen. Doch wer von beiden wird wohl bei der Suche Erfolg haben?

Die meisten Seminarteilnehmer denken, Person A. Doch ich bin fest davon überzeugt, daß Person B die besseren Chancen hat, weil sie viel mehr positive Energien in ihre Zielvorstellung mit einbringt und so das Glück auf ihrer Seite hat.

Während Person A vielleicht viel Geld für Anzeigen ausgeben wird, bekommt Person B »zufälligerweise« genau die Wohnung angeboten, die sie sich konkret vorgestellt hat.

So gesehen sind Ziele viel mehr als nur Ziele. Sie sind etwas Wirksames, etwas, das zwei unterschiedliche Wirklichkeiten beeinflußt: einmal die Wirklichkeit in mir – denn Ziele sind der entscheidende Kick für meine Motivation und die Fähigkeiten, die ich brauche, um mein Ziel zu erreichen, denn sonst bleibt meine Idee eben nur eine gute Idee. Und sie werden mich durchhalten lassen, wenn mir der Wind kräftig entgegenbläst. Zum anderen steuern Ziele die Wirklichkeit um mich herum. So etwas läßt sich zwar noch nicht wissenschaftlich beweisen, doch man kann es in der eigenen Lebenserfahrung immer wieder verifizieren.

Auch das sogenannte Positive Denken befaßt sich seit langem mit diesem Thema: Wie können wir mit unserem Denken das Geschehen beeinflussen? In Amerika ist das Positive Denken eine Verbindung mit dem christlichen Glauben eingegangen, in dem das Beten um Gesundheit, Gelingen und Schutz vor Gefahren schon immer eine zentrale Rolle spielte. Aus den vielfältigen Erfahrungen lassen sich bestimmte Regeln ableiten, wie das Positive Denken oder entsprechende Gebete funktionieren. Und daraus läßt sich wiederum schließen, daß hier nicht blinde Zufälle oder willkürliche Entscheidungen höherer Mächte im Spiel sind, sondern Gesetzmäßigkeiten unserer menschlichen Wirklichkeit.

Freilich werden in manchen Wie-werde-ich-erfolgreich-Büchern unrealistische und inflationäre Hoffnungen geweckt, so als ob jeder jederzeit alles erreichen könnte. Was dabei vergessen wird, ist, daß Wünsche Zeit brauchen, um sich zu verwirklichen, daß sie immer wieder verstärkt werden müssen, daß sie zu unserem Leben wie zu unserer Person passen und mit den Bedürfnissen anderer Menschen, der Realität und der Natur harmonisieren sollten. Und daß man schließlich das tut, was man kann, um sie zu realisieren – nicht zu viel, aber auch nicht zu wenig. Dazu gehören Entschlossenheit und Tatkraft ebenso wie zuversichtliches Abwarten-Können. Für Ziele gibt es feste Kriterien der Formulierung. Checken Sie Ihre Wünsche nach folgenden Punkten durch, und fragen Sie sich, ob Ihre Ziele

positiv formuliert,
attraktiv,
konkret,
realisierbar,
und bekömmlich sind?

Warum bekömmlich? – Was bei Wünschen oder Zielsetzungen immer wieder negiert wird, ist die reifliche Überlegung: »Wäre es überhaupt gut für mich, wenn dieser oder jener Wunsch tatsächlich in Erfüllung ginge?« Würde mir die Realisation nicht vielleicht privat, beruflich, in meiner Persönlichkeitsentwicklung oder wo auch immer schaden?

Ein Ziel, das beispielsweise lautet: »Ich werde meinem Partner (oder Chef) endlich sagen, was er für ein Scheißkerl ist!«, ist sicher wenig bekömmlich – es sei denn, Sie haben vor, zu kündigen beziehungsweise sich von Ihrem Partner scheiden zu lassen. Besser formuliert, würde es heißen: »Ich werde meinen Partner darauf aufmerksam machen, wenn mich zum Beispiel eine Bemerkung von ihm kränkt oder stört, und zwar so, daß eine gute Chance besteht, daß er sein Verhalten ändert.«

Ihre Ziele sollen positiv formuliert sein. Denn oft entstehen Mißerfolge schon dadurch, daß Sie Ihr Ziel negativ formulieren, analog dem »Nicht-Effekt« in den Beispielen oben, wenn Sie sich zum Beispiel sagen: »Ich will weniger rauchen / trinken / essen!« Das das Unbewußte das Wörtchen »nicht« beziehungsweise »weniger« schlecht versteht, sagen Sie sich damit: »Ich will rauchen / trinken / essen!« Kein Wunder, wenn sich Ihr Konsum dann erhöht. Formulieren Sie Ihr Ziel jedoch positiv (zum Beispiel »Ich will gut aussehen!« oder »Ich will mich körperlich wohl fühlen!«), dann wird Sie das viel mehr motivieren, besonders dann, wenn Sie dazu von sich ein attraktives Bild in Ihrer Vorstellung machen.

Denn erfahrungsgemäß erreichen wir attraktive Ziele leichter als unattraktive. Oder glauben Sie wirklich, daß Ihr Unbewußtes Sätze wie »Ich sollte abnehmen!« oder »Ich muß morgens einfach früher aufstehen!« so toll findet? Sagen Sie doch zu sich positiv und attraktiv: »Ich will gut aussehen und mich gut fühlen!«, und stellen sie sich vor, wie Sie schlank und sportlich aussehen, wie Sie dabei strahlen und sich am Leben freuen und andere sich mit Ihnen mitfreuen, Sie anerkennen, Ihnen zulachen. Oder Sie formulieren: »Ich will wieder modische Sachen tragen!« und stellen sich das bildlich und attraktiv vor. Oder Sie sehen sich in aller Ruhe Ihr Frühstück genießen und sagen sich: »Ich will das Frühstück in aller Ruhe genießen – und darum werde ich rechtzeitig aufstehen!« Das macht Ihr Anliegen attraktiv, auch für Ihr Unbewußtes.

Denken Sie immer daran: Lösungen sind anders, haben eine neue Qualität und sind nicht das Gegenteil der Probleme.

Will jemand beispielsweise abnehmen, dann wird er vielleicht verschiedene Diäten machen, zum Arzt gehen und sich Pillen verschreiben lassen, oder er wird sich sogar ins Krankenhaus legen und unter ärztlicher Aufsicht abspecken. Aber das alles entspricht demselben Muster. Was er tut, ist nicht wirklich neu, und es ist nicht wirklich anders. Es dreht sich immer noch alles um das leidige Thema Essen. Es sei denn, derjenige sagt sich beispielsweise: »Ich mache etwas aus meinem Leben! Und dazu will ich ...!«

Formulieren Sie Ihre Ziele nicht zu allgemein, sondern arbeiten Sie sie so konkret wie nur irgend möglich aus. Sagen

Sie also nicht: »Ich will mich in meiner Beziehung wohler fühlen!« Das ist sehr pauschal. Wenn Sie sagen: »Ich will meinem Partner gegenüber mehr Verständnis zeigen!«, dann ist das schon konkreter. Besser wäre: »Wie kann ich ihm zuhören und ihn ausreden lassen?«

Ebenso ungenau formuliert ist auch das Ziel: »Ich möchte, daß mich mein Partner besser versteht!« Ein wenig konkreter ist schon: »Ich will, daß mein Partner auf meine Bedürfnisse eingeht!« Doch Sie haben, so formuliert, die Handlungskompetenz an Ihren Partner abgegeben. Und auf die Erfüllung Ihres Wunsches können Sie dann unter Umständen lange warten. Geben Sie die »Regie« nicht ganz ab, und nehmen Sie sich vor, daß Sie ihm auf geeignete Weise zeigen oder sagen, was Sie sich von ihm wünschen. Analysieren Sie dazu frühere Erfolgserlebnisse, oder lassen Sie sich von ihm beraten, wie das, was Sie sich wünschen, bei ihm am besten ankommt.

Sehr allgemein ist auch das Ziel: »Ich will, daß mich mein Partner mehr liebt!« Wie können Sie das konkretisieren? Dazu eine kleine Hilfe: Wie würden Sie es spüren, sehen oder hören wollen, daß Ihr Partner Sie liebt? Dann überlegen Sie: Wann war das so, und – sehr wichtig – was haben Sie selbst dazu beigetragen?

Seien Sie anspruchsvoll in Ihren Zielsetzungen, doch realisieren Sie sie in kleinen, konkreten Schritten, damit Sie immer wieder Erfolgserlebnisse haben. Lassen Sie sich dabei nicht von Rückschlägen entmutigen – ganz vermeiden können Sie sie nicht. Betrachten Sie sie einfach als Preis, den Sie dafür bezahlen müssen, weiterzukommen. Sie wissen dann: »So funktioniert es nicht – also mache ich etwas anderes!«

Ihr ganz persönliches Ziel

Erfolgreiche Menschen hatten sich nicht nur lohnende Ziele gesetzt, die sie dann realisiert haben, sondern sie fanden ihre ganz persönliche Aufgabe, ihr individuelles Vorhaben. Auch Sie sollten von Ihrem Ziel sagen können: Das ist »mein Ziel«, es ist auf meine Fähigkeiten, auf meine Bedürfnisse und Träume abgestimmt. Es ist ein Ziel, von dem man nicht so genau sagen kann, habe ich es mir ausgesucht, oder hat es mir das Leben angeboten, oder will diese Aufgabe von mir gelöst werden?

Doch denken Sie auch daran: Wenn Sie sich entschieden haben und Ihre Sache in Angriff nehmen, können Sie nicht nur mit Beifall rechnen. Und wenn Sie sich dazu noch in einer schwierigen Lebenssituation befinden, werden Sie mit dermaßen vielen guten Ratschlägen eingedeckt, daß Sie jetzt mindestens zwei Probleme haben: Ihre Originalschwierigkeiten und die Unmöglichkeit, alle die wohlmeinenden Vorschläge zu befolgen. Das heißt, Sie müssen, ob Sie das wollen oder nicht, eine Menge guter Freunde frustrieren.

Zu meinen, man könne überall mitreden, alles bewerten und beurteilen, ist ziemlich naiv, doch weit verbreitet. Ich (D.F.) glaube nicht einmal, daß wir das eigene Leben richtig verstehen, geschweige denn das anderer. Und doch gibt es so etwas wie Lebenskunst. Dazu gehört, daß manche lernen, auf ihre Intuition oder ihr Gefühl zu hören oder die Sprache der Dinge zu verstehen.

Eine Achtzehnjährige kam mit ihrem Leben und ihren Eltern nicht so richtig klar. Die Mutter versuchte mit Überfürsorglichkeit, der Pflegevater mit autoritärer Strenge ihr zu »helfen«, was alles noch schlimmer machte. Das Mädchen hatte sich angewöhnt, in einer Traumwelt zu leben, in der die

Menschen untereinander und zu Tieren gut waren, und nahm gelegentlich Drogen.

Ich unterstützte sie darin, sich selbst als liebenswert anzunehmen und aus ihrem Leben etwas zu machen, ohne ihre Träume aufzugeben. Eines Tages entschloß sie sich, nachdem sich die häusliche Situation wieder zugespitzt hatte, ohne Abschied und ohne eine Adresse zu hinterlassen, in eine entfernte Stadt zu fahren und dort zu leben. Ich mochte dieses Mädchen sehr, und ich wußte nicht, ob diese Entscheidung gut für sie sein würde. Doch ich wünsche ihr viel Glück und wünsche es ihr immer noch.

Andere Menschen können in der Regel nicht wissen, was gut für Sie ist. Vielleicht wissen sie es, doch letztlich ist das Leben etwas, das man auf eigenes Risiko lebt, und man darf dabei Fehler machen. Scheuen Sie sich nicht, sich anspruchsvolle Ziele zu setzen. Mit »anspruchsvoll« meine ich nicht, ein teures Auto zu fahren, eine Weltreise zu machen, in einer Luxuswohnung zu leben. Ich meine damit Ziele, die dazu führen, ein sinnvolles und erfülltes Leben zu führen und dann dabei vielleicht auf manches zu verzichten.

Der nächste Schritt ist, eine geeignete Strategie zu entwickeln, um Ihr Ziel zu erreichen. Die besten Strategien sind erfahrungsgemäß solche, die sich bei Ihnen schon bewährt haben. Die zweitbesten sind die, mit denen andere in vergleichbaren Situationen Erfolg hatten. Denken Sie daran, Beziehungsstrategien sind sehr verschieden von Erkenntnisstrategien oder Handlungsstrategien.

Wenn Sie beispielsweise nach der Wahl eines Handlungsziels eine Handlungsstrategie für sich herausgefunden haben, dann kommt es darauf an, daß Sie auch wirklich handeln und sich für Ihr Ziel engagieren. Sie müssen also bereit sein, einen großen Teil Ihrer Energie in diese eine Aufgabe zu investieren. Egal, wie gründlich und intensiv Sie dafür arbeiten und sich einsetzen, eines ist ganz sicher: Wer etwas Neues anfängt, wird Fehler machen und Rückschläge erleiden. Überall im Leben gehen dem Erfolg Enttäuschungen voraus. Das ist völlig normal. Man kann den Rückschlag zwar zur Kenntnis nehmen, aber man sollte sich nicht auf ihn versteifen. Besser verbuchen Sie Rückschläge als Erfahrungen und wertvolle Lehren auf dem Weg zu Ihrem Erfolg.

Anthony Robbins vertritt in seinem Buch ›Das Power-Prinzip‹ noch eine andere interessante Theorie über den Mißerfolg. Er meint, daß der Begriff »Mißerfolg« in den Gedanken von erfolgreichen Menschen einfach nicht vorkommt. Auch sie sind keine Übermenschen, auch sie werden sich ärgern oder enttäuscht sein. Doch sie halten sich nicht lange damit auf. Für sie hat Mißerfolg die Bedeutung eines »Feedbacks«, das ihnen sagt: »Du mußt es anders machen, denn so funktioniert es nicht!«

Doch was tun, wenn Sie müde und enttäuscht sind und sich vielleicht fragen: »Lohnt es sich überhaupt, daß ich weitermache?« An dieser Stelle – so vermuten wir – werden Menschen, die rein egoistische Zielsetzungen verfolgen, entmutigt aufgeben. Denn die Rückschläge betreffen ja direkt ihre Ich-Identität. Und wenn sie dann in so einem Tief Bilanz ziehen, kommen sie zu dem niederschmetternden Ergebnis: »Ich gebe auf. Es lohnt sich nicht, der Preis ist einfach zu hoch!«

Wenn Sie jedoch ein Ziel verfolgen, das über Ihr Ich hinausgeht, werden Sie zwar auch unter diesen Rückschlägen leiden, aber die Mißerfolge werden Sie nicht völlig entmutigen können, weil Sie auf tiefere Ressourcen bei sich zurückgreifen können.

Das Wie entscheidet

Es gibt Menschen, die sich ganz für etwas engagieren. Sie machen das, weil es ihnen großen Spaß macht und sie sich dabei wohl fühlen. Ihre Arbeit fordert sie heraus, regt sie an, bereichert ihr Leben. Sie können ihre ganzen Kräfte einsetzen, dabei Neues lernen und neue Wege gehen. Sie werden von anderen, die ihre Tätigkeit mehr als Job ansehen, argwöhnisch betrachtet, so als ob mit ihnen etwas nicht stimmen könne, so als ob sie vielleicht arbeitssüchtig seien oder nichts Besseres zu tun hätten. Wer so denkt, hat wahrscheinlich nie die Erfahrung gemacht, daß im Engagement selbst eine große und befriedigende Lebensintensität liegt.

Nicht nur durch meine Erfahrungen mit Zen ist mir (D.F.) klargeworden, daß der Sinn einer Tätigkeit nicht ausschließlich oder überwiegend in ihrem Inhalt zu finden ist, sondern daß im Tun selbst die Sinnerfahrung liegt. Das klingt ungewöhnlich und theoretisch, ist aber eine ganz praktische Erfahrung, die etwa viele Sportler machen. Mancher Außenstehende wird sich fragen, welchen Sinn es haben kann, wenn zweiundzwanzig Leute einem Ball nachrennen, ein Jogger durch den Wald läuft oder ein Tennisspieler den Ball übers Netz haut.

Auch bei simplen, belanglosen Tätigkeiten habe ich immer wieder die Erfahrung gemacht: Je mehr es mir gelingt, mich zu engagieren – eins zu werden mit dem, was ich tue –, desto stärker und vollkommener ist diese Sinnerfahrung. Und ich denke, daß selbst bei attraktiven Tätigkeiten die wesentliche Sinnerfahrung weniger aus den Inhalten kommt, sondern aus der Tätigkeit selbst, aus der Konzentration und aus der Hingabe an dieses Tun.

Der Sinn liegt mehr im *Wie* als im *Was*: Das *Wie* kann Erkennen sein, wobei es keine so große Rolle spielt, *was* man erkennt. Das *Wie* kann Engagement sein. Auch dabei ist es nicht so wichtig, für *was* man sich engagiert. Und das *Wie* kann Liebe sein. Es ist nicht so entscheidend, *was* man liebt, sondern *wie* man liebt.

In allen drei Bereichen geht es um Lebensintensität und als Antwort darauf schließlich um Sinnerfahrung und Erfüllung. Dieses *Wie* ist näher der Intuition als dem vernünftigen Denken. Es ist näher der Kreativität als dem mechanischen Handeln. Und es hat viel mit spontanen Gefühlen zu tun.

So könnte eine neue, weiblichere Lebensform entstehen, die Sie schon wissend und selbstbewußt vorwegnehmen können. Lassen Sie sich dabei nicht durch »männliche« Argumente verunsichern, auch wenn sie mit viel vernünftiger Autorität daherkommen. Sie haben ein Recht auf Ihre Träume, auf Ihre Ziele und Ihre Erfahrungen, und vermutlich werden Sie und andere damit eine neue Kultur hervorbringen, die weniger auf extreme Spitzenleistungen abzielt, dafür jedoch natürlicher, ausgeglichener und menschlicher ist.

Schlüssel zum Erfolg

Daß der amerikanische Erfolgsmann Arthur Williams **Sachtyp** ist, können wir schon aus dem Titel seines Buches ›Das Prinzip Gewinnen‹ schließen. Hier und in seinem Text wird das erfolgsgeleitete Wertesystem deutlich. Und es ist auch ganz typisch, daß er als **Sachtyp** das Handeln betont.

Steven Brown leitet ein Institut für Managementberatung und hat seine Erfahrungen in dem Buch ›13 Todsünden des Managers‹ zusammengefaßt. Er ist **Beziehungstyp**, und er betont besonders die Rolle des Denkens und Erkennens.

Peters und Waterman haben erforscht, was für erfolgreiche Unternehmen besonders charakteristisch ist. Ihr Buch trägt den Titel ›Auf der Suche nach Spitzenleistungen‹. Sie dürften beide **Handlungstyp** sein, denn sie stellen immer wieder den Menschen und das Menschliche in den Vordergrund.

Daraus läßt sich ablesen, daß es, um erfolgreich zu sein, entscheidend ist, die eigenen Schlüsselenergien einzusetzen und einsetzen zu können. Das heißt, der **Handlungstyp** setzt sein Beziehungs-Ich ein, also das (Zwischen-)Menschliche, die Gefühle, die Spontaneität, das Kollegiale; der **Sachtyp** sein Handlungs-Ich, das Wollen und Machen, Verantwortung-Übernehmen, Sich-Durchkämpfen und -Durchsetzen; und der **Beziehungstyp** sein Erkenntnis-Ich. Für ihn ist es entscheidend, daß er seine Ideen und Kenntnisse ins Spiel bringt, das heißt strategisch denkt, plant und Situationen genau analysiert.

Die entscheidende Weichenstellung zum Erfolg liegt also darin, die eigenen Schlüsselenergien einzubringen. Sie bürgen für Spitzenleistungen und -qualität. Und so gesehen ist ein (Psycho-)Ratgeber immer nur begrenzt tauglich, da er in der Regel die Erfahrungen und Lösungswege des Autors verallgemeinert. Ist der Autor vom Persönlichkeitstyp her anders als der Leser, so kann dieser zwar über einen ihm fremden Strukturtyp eine Menge lernen. Doch er kann die Empfehlungen selten direkt umsetzen.

Wenn jedoch der Verfasser dem Persönlichkeitstyp des Lesers entspricht, dann kann der Leser die Ratschläge des Autors wie ein Rezeptbuch verwenden, und die Erfolgsstrategien des Autors können auch seine werden, auch dann, wenn sich der Leser inhaltlich andere Ziele setzt. Doch achten Sie bitte darauf: Erfolgsstrategien, die sich im Handeln oder Erkennen bewährt haben, taugen meist nicht für den Bereich Partnerschaft, zumindest nicht in der Hauptsache. Deshalb tun sich viele Männer so schwer mit diesem Thema.

13. Die magische Wunderfrage

Wenn Sie es nicht bereits tun, dann erlauben Sie sich wieder mehr Phantasie! Wir stimmen Arthur Williams zu, wenn er sagt, daß Träume nicht nur etwas für Kinder seien, sondern für jeden, der mehr aus seinem Leben machen wolle. Mit Träumen ist hier nicht gemeint, sich Illusionen zu machen als Fluchtwege aus der Realität. Es sind realisierbare Träume von der Art: Wie wird mein Leben in einem, drei, fünf Jahren aussehen, wie wird es sein, wenn ich das Problem, das mich jetzt quält, gelöst habe? Tun Sie dabei so, als ob Sie schon jetzt diesen Zustand erreicht hätten.

Lösungsphantasien befreien, regen die Kreativität an, fördern intuitive Einfälle und geben Ihnen das zuversichtliche Gefühl, die Sache in Griff zu bekommen. Nehmen Sie sich zum Träumen Zeit, und sorgen Sie dafür, daß Sie dabei nicht abgelenkt werden. – Das Erfolgsrezept bei der Wunderfrage besteht darin anzunehmen, daß das Problem »wie durch ein Wunder« gelöst ist, indem Sie sich die Lösung wie einen Film vorstellen, in diesen Lösungsfilm hineingehen und die Veränderungen spüren und erleben. So schöpfen Sie wieder Hoffnung und Zuversicht, weil Sie spüren, daß Lösungen möglich sind.

Auch die Psychotherapie hat die heilenden Kräfte des Träumens und kreativen Phantasierens (wieder-)entdeckt und setzt Phantasiereisen und wohltuende Imaginationen in ihren Therapien ein. Dazu gehört auch (wie wir auch bereits in der ›Einführung‹ sagten), Lösungen in der Phantasie durch die Wunderfrage vorwegzunehmen. Weil Traumreisen die Gefühle ansprechen, ist die Wunderfrage für den **Handlungstyp** besonders wertvoll, denn die mit der vorweggenommenen Lösung verbundenen Gefühle helfen ihm, sie tatsächlich zu finden. Sie sind wie ein strömendes Gewässer, das ihn zum Ziel trägt.

Doch wir wollen Sie auch warnen: Die Wunderfrage kann befreiende und überraschende, doch in der Konsequenz auch ungeschminkte Erkenntnisse zutage fördern. Eine junge Frau, die an Depressionen litt, hatte zeitweilig Schwierigkeiten, ihren Haushalt zu versorgen. Deshalb übernahm ihre Schwiegermutter, die im selben Haus wohnte, das Kommando. Die junge Frau hatte ein schlechtes Gewissen ihrer Schwiegermutter gegenüber, weil diese die ganze Arbeit machte, und sie war zugleich wütend darüber, daß sie sich gegen ihre willensstarke Schwiegermutter nicht durchsetzen konnte und auch bei ihrem Mann kaum Unterstützung fand. Denn an den Tagen, an denen es der jungen Frau besser ging und sie gerne ihren Haushalt gemacht hätte, bestand die Schwiegermutter unnachgiebig darauf, daß sie, die junge Frau, sich schonen müsse, damit sie wieder ganz gesund werde.

In dem Lösungsfilm, den sich die junge Frau machte, erlebte sie sich tatkräftig und voller Energie. Sie hatte einen Teilzeitjob angenommen und jemanden gefunden, der gegen Bezahlung einige Arbeiten im Haushalt erledigte. Zu ihrer Überraschung stellte sie fest, daß sie jetzt in einem anderen Stadtteil wohnte. Der Lösungsfilm hatte ihr zweierlei klargemacht: Das Nur-Hausfrau-Dasein befriedigte sie nicht, und es war sinnlos, sich mit ihrer eigensinnigen Schwiegermutter herumzustreiten. Sie mußten einen räumlichen Abstand schaffen.

In einem anderen Fall hatte eine junge, attraktive Frau einen wohlhabenden, älteren Geschäftsmann geheiratet. Sie galt als Alkoholikerin, und ihr Mann behandelte sie verächtlich, schrie sie an und schlug sie. Er beschimpfte sie als Nutte und drohte, sie auf die Straße zu setzen. Diese Szenen endeten gewöhnlich mit einer »Versöhnung« im Bett. Sie fühlte sich danach gedemütigt und elend. Manchmal rächte sie sich an ihm, indem sie loszog, sich absichtlich betrank, provozierend aufführte und sich mit irgendeinem Mann, der ihr gefiel, einließ.

In ihrem Lösungsfilm sah sie sich in einer einfachen Umgebung leben, allein mit ihrer Tochter. Es wurde ihr klar, daß sie weder den Luxus, den ihr das Leben an der Seite ihres Mannes bot, noch den Alkohol brauchte. Der Lösungsfilm bestätigte ihr auch, daß sie keine Alkoholikerin war, denn tatsächlich hatte sie sich in den letzten Jahren immer nur aus Trotz und Wut betrunken. Unter normalen Umständen konnte sie ein oder zwei Gläser Wein trinken, ohne den geringsten Drang zu spüren, weiter und mehr zu trinken. Sie beschloß, sich von ihrem Mann zu trennen.

Sie hatte sich bisher vor der Trennung gescheut, weil sie meinte, einen Anspruch darauf zu haben, ein luxuriöses Leben zu führen. In ihrem Lösungsfilm erlebte sie, daß sie sich wohl und mit ihrem Leben zufrieden fühlte. Auch ihre Tochter machte einen ausgeglichenen und zufriedenen Eindruck. Sie mußte ihren falschen Traum von einem sorglosen Wohlstandsleben aufgeben, um für sie bekömmlichere Träume realisieren zu können.

In beiden Fällen ist es nicht gelungen, den anderen zu ändern, doch zur Lebensklugheit gehört eben auch, zu erkennen, wo dies vergebliche Liebesmühe wäre.

Typspezifische Lösungsfilme

Wenn sich also jemand mit Hilfe der Wunderfrage vorstellt, wie sein Leben ohne das Problem aussehen wird, dann ist er (während er sich mit einer möglichen Lösung vertraut macht) nicht nur von seinem seelischen Druck befreit. Er kann in diesem Augenblick spontan etwas Neues denken und empfinden. Und er kommt selbst auf praktische Lösungsmöglichkeiten. So kann die Vision von einer positiven Zukunft – in dieser oder in einer anderen Form – via Realisierung zur Realität für ihn werden.

Erinnern Sie sich an das Beispiel aus dem vorangegangenen Kapitel mit den beiden Leuten, die eine Wohnung suchten? Person B stellt sich seine Traumwohnung genau vor: wie sie aussehen und was sie in etwa kosten soll. Weil er viel mehr positive Energie in seine Zielvorstellung mit einbringt, hat er die besseren Chancen, er hat mehr Power und mehr Glück. Auch das ist hier gemeint.

Dazu ein Beispiel: Eine junge Frau berichtet, daß ihr Freund, der immer wieder unter depressiven Verstimmungen leidet, sich ihren Ratschlägen widersetzt, Dinge zu tun, die sein Selbstwertgefühl erhöhen und damit ihr Zusammenleben erleichtern würden. Sie ist der Meinung, er solle wieder mehr Sport treiben, sich ab und zu etwas Neues zum Anziehen kaufen, mit ihr ausgehen etc. Statt dessen sitzt er nur vor dem Fernseher herum. Sie ist deshalb ziemlich sauer.

Der Therapeut regt nun an, daß sie sich für einen Moment auf ein Leben ohne Probleme konzentrieren solle. Dabei stellt die junge Frau fest, daß sie erleichtert ist, weil sie nun darauf vertraut, daß ihr Freund seine Probleme schon selbst in den Griff bekommen wird. So wird sie sich in Zukunft einfach mehr auf ihr Leben konzentrieren und dann nicht mehr ständig den Drang haben, an ihm herumzukritisieren. Sie wird darauf vertrauen, daß er das selbst wieder hinbekommt. Der Therapeut schlägt ihr dazu noch vor, den Freund so zu behandeln, als ob sie mit seiner Freizeitgestaltung zufrieden sei, ja ihn noch eher darin zu bestärken – etwa daß sie froh sei, daß er sich so gut mit sich selbst beschäftigen könne – während sie dies oder jenes für sich selbst mache.

Bei der nächsten Sitzung berichtet die junge Frau, daß sich die Situation entspannt habe und sie mehr als bisher allein unternehme. Auch ihr Freund habe angefangen, Dinge für sich zu tun, und sie habe den Eindruck, daß er sich dabei wohl fühle. Er habe auch damit aufgehört, sie zu gemeinsamen Unternehmungen zu drängen.

Lösungen sehen, spüren, hören

Wenn man sich selbst die Wunderfrage stellt, dann ist es hilfreich, daß man sein typspezifisches Repräsentationssystem kennt und mit seinen Schlüsselenergien anreichert:

Der **Beziehungstyp** ist der visuelle Menschentyp. Bei ihm geht das Denken und Träumen ganz automatisch mit deutlichen, farbigen Bildern einher. Er sollte bei seinem Lösungsfilm zusätzlich auf seine Körperempfindungen achten. Das gibt seinen Träumen mehr Realitätsgehalt.

Der **Sachtyp** ist kinästhetisch orientiert. Bei ihm ist das Denken und Träumen mit differenzierten Körperempfindungen verbunden. Ihm tut darüber hinaus gut, wenn er sich mit zuversichtlicher Stimme sprechen hört. Das gibt seinem Lösungsfilm mehr Power.

Der **Handlungstyp** ist ein auditiver Mensch. Er ist auf Stimmen, Klänge, Geräusche in den verschiedensten Frequenzen sensibilisiert. Er sollte sich dazu noch bildliche Vorstellungen machen. Sie sprechen seine Gefühle an.

Diese Mischung aus gewohntem Erleben und den neuen, wertvollen Fähigkeiten machen die Lösungsfilme noch wirksamer und geben Ihnen mehr Drive in Richtung späterer Lösungen.

Denn Probieren geht über Studieren. Also denken Sie jetzt bitte an eine unbefriedigende Lebenssituation. Stellen Sie sich nun vor, es wäre über Nacht ein Wunder geschehen und Ihr Problem wäre gelöst! – Gehen Sie voll in diesen Lösungsfilm hinein, und geben Sie sich dieser Vorstellung ganz hin. Schalten Sie Ihr »vernünftiges« Denken vollkommen ab. Und lassen Sie sich für diese Imagination viel Zeit. Jetzt sind Sie in einem ressourcenreichen Zustand. Es geht Ihnen mit der Vorstellung: »Das Problem ist gelöst!« deutlich besser. Der seelische Druck ist von Ihnen abgefallen, und Sie sitzen – je nach Typ – kraftvoller, aufrechter oder entspannter da.

Als **Beziehungstyp** werden Sie wahrscheinlich großflächige und brillante Bilder von der neuen Situation (von Ihrem Erfolg oder dem Ziel) sehen, in der Sie jetzt sind. Damit Ihr Lösungsbild noch attraktiver wird, verändern Sie bitte darin einige Erlebenselemente (sogenannte Submodalitäten):

Ist Ihr Bild eher schwarzweiß, dann machen Sie es farbiger.

Ist es eher klein, dann machen Sie es größer.

Ist es eher dunkel, dann machen Sie es heller.

Ist das Bild eher unscharf, dann machen Sie es schärfer.

Ist die Oberfläche eher matt, dann machen Sie sie glänzender.

Je besser Sie sich damit fühlen, desto mehr sind Sie auf dem richtigen Weg. Wenn das Bild dann ganz o.k. ist, lassen Sie es, wie es ist – und genießen Sie es.

Als **Sachtyp** werden Sie jetzt (wenn Sie sich mit der Lösungssituation vertraut machen) angenehme Körperempfindungen verspüren. Verwandeln Sie sie vom Dumpfen hin zum

Hellen, vom Schweren hin zum Leichteren und von statischen und eher nach unten ziehenden Empfindungen hin zu nach oben gehenden, prickelnden Wahrnehmungen. Beobachten Sie, womit es Ihnen besser geht, und gehen Sie in dieser Richtung weiter, bis Sie sich optimal fühlen.

Sollten Sie zuvor vielleicht noch müde und bedrückt gewesen sein, so spüren Sie jetzt, wie Kraft und Energie in Ihnen hochsteigen. Der dumpfe Druck in Ihrer Brust, in der Magen- oder Bauchgegend verwandelt sich in ein befreiendes, angenehmes Gefühl der Erleichterung und Begeisterung, das vom Magen über die Brust nach oben in Ihren Kopf steigt und aus Ihnen herausströmt.

Wenn Sie als **Handlungstyp** in Lösungsfilme gehen, sehen Sie ebenfalls Bilder, aber Sie hören zudem sanfte Klänge, Geräusche, Musik oder angenehme Stimmen, die liebevoll mit Ihnen reden. Wenn diese Geräusche, Klänge oder Stimmen noch nicht wohltuend sind, dann verändern Sie sie auch hier so lange, bis Sie sich damit ganz wohl fühlen:

Ist die Stimme zu rauh, machen Sie sie weicher.

Ist die Stimme zu laut, machen Sie sie leiser (oder umgekehrt).

Ist die Stimme zu hoch, machen Sie sie tiefer (oder umgekehrt).

Ist die Stimme dünn oder heiser, machen Sie sie wohltönend.

Spricht die Stimme zu schnell, machen Sie sie langsamer (oder umgekehrt).

Wenn Sie wollen, drehen Sie in Gedanken das Radio an, und hören Sie zu dem Lösungsfilm Ihre Lieblingsmusik. Stört Sie etwas, stellen Sie den Ton ab.

Wenn Sie unter diesen optimierten Bedingungen Ihren Lösungsfilm betrachten, dann stellen Sie sich jetzt bitte folgende Fragen:

Was hat sich in diesem Film in meinem Umfeld verändert?

Was hat sich in mir verändert?

Fühle ich jetzt anders? – Und was fühle ich?

Denke ich jetzt anders? – Und was denke ich?

Wie anders sehen mich die anderen? Was sehen sie, was ich anders mache und sage, wie ich mich anders verhalte?

Hat sich noch etwas verändert?

Welche neuen Ideen und Einfälle habe ich?

Blicken Sie jetzt auf die Zeitspanne zwischen Lösung und Gegenwart zurück und fragen Sie sich:

Wie bin ich zu dieser Lösung gekommen?

Welche Fähigkeiten habe ich selbst eingesetzt?

Wie und worin haben mich andere unterstützt?

Vertrauen Sie Ihrer Phantasie und Ihren Einfällen! Es ist nicht wichtig, ob Ihre künftige Lösung genau so oder anders aussehen wird. Wichtig ist, daß Sie sich mit dieser Übung auf den Lösungsweg bringen, daß Sie Lösungseinfälle, -energien und -gefühle aktivieren.

Wenn Sie in die Jetzt-Situation zurückgekehrt sind, fragen Sie sich:

Wo finde ich in meiner jetzigen Situation ein klein wenig von den erträumten Lösungen?

Was mache ich da anders?

Wie kann ich von dem, was funktioniert, mehr machen?

Womit werde ich jetzt gleich beginnen – was ist am einfachsten?

Was mache ich dann, was danach?

Lassen Sie sich Zeit beim Verändern, und lassen Sie sich dabei von anderen und vom Geschehen unterstützen. Doch vergessen Sie auch hier nicht den Bekömmlichkeits-Check, damit Sie in Ihrer Euphorie nicht übers Ziel hinausschießen. Zum Glück müssen Sie nicht alles selber machen. Lösungsfilme regen in Ihnen Veränderungen an, die sich von selbst entwickeln.

Achten Sie in der nächsten Zeit darauf, wie sich Ihre Grundbefindlichkeit verbessert, wie Sie sich als **Beziehungstyp** als liebenswert erleben, als **Sachtyp** als interessant und wichtig fühlen und als **Handlungstyp** als o.k. und frei empfinden.

Und achten Sie ebenso darauf, bei welchen Gelegenheiten sich Ihre Schlüsselenergien zeigen.

Gehen Sie als **Beziehungstyp 1** in Gedanken folgende Fragen durch:

Denke ich gründlicher nach, bevor ich handle?

Führe ich öfter mit Freunden oder guten Bekannten Gespräche, die mich wirklich interessieren, die mir ein gutes Gefühl geben und neue Perspektiven eröffnen?

Höre ich geduldiger zu und frage nach?

Gehe ich anerkennender mit mir und anderen um?

Als **Beziehungstyp 2** können Sie sich fragen:

Achte ich mehr auf meine Bedürfnisse und Interessen, und realisiere ich sie in Familie und Partnerschaft?

Spüre ich mich selbst mehr?

Traue ich den anderen mehr zu?

Denke ich in Konflikten mehr nach?

Lasse ich Dinge eher los, die objektiv gesehen unwichtig sind?

Als **Sachtyp 1** können Sie sich fragen:

Realisiere ich entschlossener meine Ideen und steuere aktiver meine Ziele an?

Denke ich mehr an meinen Partner und nehme Rücksicht auf seine Bedürfnisse?

Bin ich ihm gegenüber liebevoller und geduldiger?

Gebe ich den anderen mehr Raum und Möglichkeiten, sich selbst darzustellen?

Als **Sachtyp 2**:

Sage ich meinen Mitmenschen deutlicher, was ich von ihnen will?

Tue ich mehr, und denke ich ziel- und lösungsorientiert?

Bin ich konsequenter in meinem Leben?

Setze ich mich stärker durch?

Stelle ich höhere Ansprüche?

Als **Handlungstyp 1** können Sie sich fragen:

Verhalte ich mich kollegialer, demokratischer, kommunikativer?

Gehe ich mit meinen Mitmenschen liebevoller um und lasse sie ihre eigenen Erfahrungen machen?

Erlaube ich mir mehr, zu faulenzen und zu genießen?

Gehe ich mit meinen eigenen Kräften fürsorglich um?

Als **Handlungstyp 2**:

Verhalte ich mich spontaner und individueller?

Achte ich mehr auf meine Gefühle und Bedürfnisse?

Bin ich nachsichtiger mir selbst gegenüber?

Erlaube ich mir selbst mehr?

Achte ich mehr auf meine Gesundheit?

Sorge ich für genügend Freude und Vergnügen in meinem Leben?

14. Gemeinsam im Hier und Jetzt

Manche Menschen beschäftigen sich viel mit Vergangenem, andere leben sorglos in den Tag hinein, und wieder andere verplanen ihre Gegenwart aus Sorge um eine sichere Zukunft. Mancher sieht klar, was vor ihm liegt, andere wollen von dem, was auf sie zukommt, nichts wissen, und wieder andere malen sich die Zukunft in düsteren Farben aus. Dann gibt es Menschen, die das Heute genießen, sich auf das Morgen freuen und aus dem lernen, was hinter ihnen liegt.

Solche unterschiedlichen Zeitperspektiven und -erfahrungen resultieren daraus, daß wir unser zeitliches Erleben nicht nur individuell organisieren, sondern daß es auch ein typspezifisches Umgehen mit den drei Zeitdimensionen Vergangenheit, Gegenwart und Zukunft gibt:

Als **Beziehungstyp** leben Sie mehr in der Gegenwart der Gefühle. Sie nehmen intensiv wahr, was Sie fühlen, sind jetzt traurig oder froh, fühlen sich jetzt angenommen oder abgewiesen, geliebt oder ungeliebt. Denn das Beziehungs-Ich (in dem Sie zu Hause sind) lebt in der Gegenwart. Und darum leben Kinder, die noch mehr als Erwachsene im Beziehungs-Ich sind, so hingegeben an das Gegenwärtige, haben ein eigenes Zeitempfinden, in dem die Zeit angenehm dahinfließt oder öde dahinschleicht. »Mir ist es so ganzweilig!« pflegte ein kleines Mädchen zu klagen. Kinder sind oft glücklicher oder trauriger als Erwachsene, die viel mehr über Vergangenes nachdenken oder Zukünftiges vorwegnehmend planen.

Als **Sachtyp** sind Sie eher mit Vergangenem beschäftigt, denn Erkennen ist auf die Vergangenheit bezogen: Nachrichten, Erkenntnisse und Wissen beziehen sich immer auf etwas, das bereits da ist. Selbst wenn wir auf etwas Zukünftiges schließen, leiten wir es von Tendenzen in der Vergangenheit ab. Ein einfaches Beispiel ist die Zeitung: Sie berichtet fast ausschließlich von Vergangenem – abgesehen vom Wetterbericht, auf den in der Regel wenig Verlaß ist.

Als **Handlungstyp** betonen Sie die Zukunft, denn Handeln ist auf die Zukunft bezogen. Wenn man handelt, will man etwas verändern oder herstellen, also etwas erreichen, was jetzt noch nicht so ist. Wer ins Auto steigt und den Motor anläßt, will irgendwohin fahren. Er handelt also ziel- und damit zukunftsorientiert. Wer Ziele verfolgt, möchte etwas im Hinblick auf Künftiges verändern.

So wie jedes der drei Ichs seine eigene Zeitdimension hat, das Beziehungs-Ich die Gegenwart, das Erkenntnis-Ich die Vergangenheit und das Handlungs-Ich die Zukunft, gilt das auch für die drei Lebensbereiche, auf die sich die drei Ichs spezialisiert haben: Beziehungserleben ist etwas Gegenwärtiges, Erkennen begründet sich auf Vergangenes, und Handeln zielt immer auf Zukünftiges ab. Daraus ergeben sich »Regeln« für den Umgang mit den Zeitdimensionen:

Über die Vergangenheit kann ich zwar nachdenken, doch ich kann sie nicht mehr ändern, also nicht mehr in ihr handeln. Auch für das Beziehungserleben gilt: Was vorbei ist, ist unwiederbringlich vorbei. Umgekehrt, die Zukunft kann ich zwar planend gestalten und mit meinen Zielsetzungen schon jetzt beeinflussen, doch dies bleibt immer mit Risiken verbunden: Denn erkennen kann man die Zukunft nicht – es sei denn, man ist mit medialen Fähigkeiten ausgestattet. Und ob jemand gefühlsmäßig etwas, das bereits vergangen ist, wieder nachvollzieht oder sich Zukünftiges ausmalt, das Erlebte ist immer fühlbar gegenwärtig. Gefühle lassen sich zwar verdrängen, doch nicht planen oder konservieren.

Die Verschiedenheit des Zeit(er)lebens unterstreicht, wie

jeder Persönlichkeitstyp in seiner eigenen Erlebenswelt lebt. Das macht Partnerschaften spannend. Es besteht aber auch die Gefahr, daß der eine am anderen vorbeilebt. Also kommt es für eine stimmige Beziehung darauf an, sich auf die Zeitdimension des Partners einzustellen oder zu versuchen, ihn in die eigene Zeitdimension zu locken. Wie macht man das?

Die typischen Zeitfallen

Als **Beziehungstyp** sind Sie fest mit der flüchtigen, sich ständig verändernden Gegenwart verknüpft. Darin leben und fühlen Sie und machen Ihre typischen Erfahrungen. Deshalb sind Sie flexibler als die anderen Strukturtypen, unbeständiger und lebendiger. Sie haben sich in Ihrer spontanen Art etwas liebenswert Kindliches bewahrt. Halten Sie daran fest, denn dadurch bleiben Sie jung und offen für Neues. Ihre starken Beziehungsgefühle halten Sie aber leider auch in der Gegenwart fest und bestimmen oft Ihre ganze momentane Befindlichkeit, Ihr Denken, Ihr Verhalten und Ihr Lebensgefühl. Das ist dann wie eine Falle, in der Sie festsitzen.

Der ich-bezogene **Beziehungstyp 1** erlebt dann sein Leben als sinnlos und leer. Dabei vergißt er vollkommen, daß er doch ebensosehr von seiner Vergangenheit geprägt ist und eine Zukunft vor sich hat. Weil er sich ganz mit dem gegenwärtigen Erleben identifiziert, sitzt er, besonders wenn er sich isoliert und abgelehnt fühlt, in seiner typischen Zeitfalle Gegenwart fest.

Der **Beziehungstyp 2** ist mehr auf die Gegenwart des Partners fixiert, auf dessen momentanes Aussehen, seine Befindlichkeit und auf sein Verhalten, und er beurteilt ihn (oder fühlt mit ihm) aus dieser gegenwärtigen Situation heraus. Ist der andere happy, wird es ihm auch gutgehen, ist der aber traurig, wird er sich schnell davon anstecken lassen.

Kann der **Beziehungstyp** den anderen nicht für sich gewinnen und erfährt er keine Zuwendung, so fühlt er sich selbst als wertlos, ist verzweifelt und möchte nicht mehr weiterleben. Die Krux ist, daß er sich nicht so leicht wie der **Sachtyp** aus schmerzlichen Gefühlen ins rettende neutrale Erkennen zurückziehen kann oder so wie der **Handlungstyp** ins Handeln – seine Domäne ist und bleibt das Beziehungsfühlen. Das erklärt, warum der in seinen Gefühlen verletzte **Beziehungstyp** so intensiv leidet, denn Beziehungsgefühle sind wohl die existentiellsten Gefühle überhaupt. Der einzige »Boden«, der ihn trägt, bricht ein. Die Verbote »Sei nicht!« und »Existiere nicht!« werden in ihm schlagartig reaktiviert, und der **Beziehungstyp** will folglich »nicht mehr sein oder nicht mehr existieren«. (Hier können Ihnen ein Swish und eine Systemische Haltungsänderung wirksam helfen, mit der Sie quälendes Leiden in wertvolle Energie verwandeln können. Das gilt natürlich auch für die anderen Typen, wenn sie Beziehungsstreß erleben. Siehe Kapitel ›Sie haben den ersten Zug im Spiel‹.)

Doch beide, **Beziehungstyp 1** und **2**, können sich schlecht trösten, denn sie realisieren nur schwer (oder haben sich nie richtig und dauerhaft bewußt gemacht), daß ihr Leiden und ihr Schmerz früher oder später vergehen werden und daß sie schon bald die Situation ganz anders beurteilen und erleben werden. Und weil der **Beziehungstyp** sich wenig um Vergangenes kümmert, kann ihm sein spärliches Erinnern jetzt im Leiden nicht weiterhelfen. Es erscheint ihm so, als ob er schon immer gelitten hätte und dieser Schmerz ewig währen würde.

Vor der Zukunft – der Planung und Gestaltung seines Lebens – verschließt er gerne die Augen nach dem Motto: Es wird schon gutgehen. Oder er gestaltet seine Zukunft nach den Maßstäben anderer. Dann wetteifert er mit anderen um einen herausragenden Lebensstil. Weil der **Beziehungstyp** so viel für den Beifall der anderen tut, ist er unsicher, ob das, was ihm die anderen entgegenbringen, spontane, verläßliche und originäre Zuwendung ist oder nur ein Echo auf sein Bemühen, von ihm manipuliert. So geht er immer wieder leer aus.

Ihnen als **Sachtyp** kann die Vergangenheit wie zentnerschwere Bleigewichte anhängen. Wenn Sie zuviel über Vergangenes nachdenken, geraten Sie damit in Ihre spezifische Zeitfalle. Zwar sind Sie durch Ihr sorgfältiges Analysieren besonnen und lernen so von allen Persönlichkeitstypen am meisten aus Ihren Erfahrungen (der **Sachtyp** wird tatsächlich durch Schaden klug!), doch es kann Ihnen passieren, daß Sie Ihre zukünftigen Perspektiven dabei vernachlässigen. Dann fehlt es Ihnen im entscheidenden Moment an Motivation und Power. Sie wirken dann wenig entschlossen, wenig kraftvoll und wissen nicht, was Sie wollen. Sie haben sich keine Ziele gesetzt und auch zuwenig abgesichert.

In Beziehungen, also dem, was die Gegenwart bestimmt, sind Sie entweder zu harmoniebedürftig und zu angepaßt, oder Sie ärgern den anderen durch Herumtrödeln, verletzende Bemerkungen (die Sie eigentlich witzig meinen), durch rebellisches Verhalten oder indem Sie ganz zumachen. Daß Sie überaus sensibel reagieren und sich hinter Ihrem unzugänglichen Verhalten viel Bedürfnis nach Zärtlichkeit, Zuneigung und Bestätigung verbirgt – auf das Sie dann trotzig abwehrend reagieren, wenn es Ihnen entgegengebracht wird –, macht den Umgang mit Ihnen zu einer echten Herausforderung.

Sind Sie ein **Sachtyp 1**, dann erzählen Sie vielleicht endlos Geschichten aus Ihrer Vergangenheit. Das bedeutet für Sie: »Das bin ich!« Doch die anderen verstehen das als platte Selbstbeweihräucherung, auch wenn es für Sie eine Frage der

Identität, eine wichtige existentielle Vergegenwärtigung Ihrer selbst ist.

Als **Sachtyp 2** tendieren Sie dazu, Ihren Partner ausschließlich als »Produkt« seiner oder der gemeinsamen Vergangenheit zu sehen, und denken weniger daran, daß er auch Gegenwart und Zukunft in sich trägt. So bringen Sie es zum Beispiel fertig, noch heute auf seine längst vergangenen Liebschaften eifersüchtig zu sein. (Das läßt sich relativ einfach mit der Swish-Methode ändern. Lesen Sie darüber im Kapitel ›Wo bleibe ich?‹)

Ihre Zeitfalle als **Handlungstyp** ist die Zukunft. Darauf ausgerichtet, denken Sie mindestens in Fünf-Jahres-Plänen voraus und sichern sich dabei doppelt und dreifach ab (vermutlich sind Bausparkassen und Lebensversicherungen Erfindungen von **Handlungstypen**). Doch dann leben Sie zu wenig in der Gegenwart und in Ihrem gefühlsmäßigen Erleben – kurz: Sie arbeiten zu viel, halten kaum inne und genießen zu wenig Ihr eigenes (Gefühls-)Leben. Was Ihr Selbstbild und Ihre Identität betrifft, neigen Sie dazu, sich »fremdzubestimmen«. Dann übernehmen Sie Bewertungen und Regeln anderer, statt die eigenen Gefühle und Erfahrungshilfen zu bemühen. Ihr Leben gewinnt an Lebensqualität, wenn Sie etwas weniger für die Zukunft und etwas mehr in der Gegenwart leben und erleben, ohne aus dieser Aufmerksamkeitsverlagerung gleich wieder zu viel Action zu machen.

Verschenken Sie nicht mehr, was Ihnen aus Ihrer reichen Lebenserfahrung und Vergangenheit tatsächlich erwachsen könnte! Umgekehrt läßt Sie Ihre Grundhaltung »Was vorbei ist, ist vorbei!« nach einem Streit versöhnlich nach vorne blicken. Das ist sehr positiv an Ihnen. Indem Sie selbst leicht vergeben und vergessen, setzen Sie einen guten und tragfähigen Neuanfang.

Die Schlüsselenergien als Zeitmaschine

Diesen typischen Schwächen wirken die Schlüsselenergien entgegen: Denn wenn ich als **Handlungstyp** in die Gefühle gehe, erschließe ich mir das Jetzt. Gehe ich als **Beziehungstyp** ins Erkennen, dann mache ich mir Vergangenes zugänglich. Entscheide und handle ich, so bestimme ich als **Sachtyp** Zukünftiges.

Daher gilt für Sie als **Beziehungstyp**: Wenn Sie interessiert und konsequent ins Wahrnehmen und Erkennen gehen, beginnen Sie aktuelle (und zurückliegende) Erfahrungen auszuwerten, Schlüsse daraus zu ziehen und neue Perspektiven für sich zu gewinnen. So lernen Sie aus Vergangenem, können Realitäten besser annehmen (nämlich so, wie sie sind), finden darin Halt für Ihr Ich, Ihre personale Identität und Ihre Gefühle. Ihr (zukünftiges) Handeln gewinnt an unverwechselbarer Individualität und Qualität. Die Kurve Ihrer emotionalen Höhenflüge (und Abstürze) wird sanfter verlaufen, und Sie gewinnen an Klarheit und Gelassenheit.

Machen Sie sich die Haltung eines »vertrauensvollen Interesses« zum Motto – nachdenklich gegenüber dem, was Ihnen in der Vergangenheit geschehen ist, und neugierig auf das, was Ihnen in der Zukunft begegnen wird. Das wird Ihnen guttun.

Für Sie als **Sachtyp** gilt: Setzen Sie sich attraktive Ziele und konkrete Prioritäten. Wenn Sie dann loslegen, werden Sie auch Erfolg haben, weil Sie Ihr Handeln durch realistische Träume und anziehende »Lösungsfilme« gut vorbereitet und an Entschluß- und Tatkraft gewonnen haben. Sie werden dann Ihr Leben und Ihre Zukunft aktiv gestalten. Früher oder später wird sich das auch in Ihrem Beziehungsverhalten bemerkbar machen. Statt zwischen Anpassung und Rebellion sich aufzureiben, verhalten Sie sich zunehmend selbstbestimmter und aktiver, gehen mehr auf den Partner zu und sind fürsorglicher und gefühlvoller zu ihm.

Machen Sie zu Ihrem Motto, das Steuer Ihres Lebens selbst in die Hand zu nehmen – voller Zuversicht und immer bereit, sich ganz zu engagieren. Doch bei aller Tatkraft: Wenn es um Beziehung und Partnerschaft geht, seien Sie sensibel für Spielfreude und Romantik – mit Bagger und Preßlufthammer läuft da wenig.

Für Sie als **Handlungstyp** gilt: Lassen Sie sich stillvergnügt auf Ihre Gefühle ein, ohne daraus gleich wieder ein riesiges Fest- und Freizeitunternehmen zu machen. Weniger ist mehr. Sie werden das Leben – jetzt und hier – annehmen, lieben und genießen. Stellen Sie sich aber darauf ein, daß Ihr neues Leben und Erleben Irritationen auslösen können, weil Sie – wenn Sie einmal »aufgewacht« sind – dann **handlungstypisch** Ihre Fesseln mit viel Power konsequent und leidenschaftlich sprengen und dann nicht mehr allzeit bereitstehen für Partner, Familie, Verwandte und Freunde.

Ihr Motto wird lauten: Ich kann mich auf mein Gefühl verlassen.

Doch so sehr Sie vom emotionalen Erleben fasziniert sind und so hoch die Wellen des Erlebens gehen und vielleicht donnernd gegen alte Strukturen und Vorurteile schlagen, vergessen Sie auch nicht: Es gibt einen stillen Bereich der Harmonie und des Einsseins mit sich und der Welt, jenseits von sorgenden Gedanken und planenden Überlegungen.

Zeiten und Beziehung

Wenn Sie den ihrem Entwicklungsbereich entsprechenden Zeiten nähergekommen sind, werden Sie als **Beziehungstyp** zunehmend vertrauensvolle Gelassenheit, als **Sachtyp** gelassene Zuversicht und als **Handlungstyp** zuversichtliches Vertrauen erleben, das heißt, der Kreis fängt an, sich zu schließen.

Sie sehen also: Es ist ganz normal, daß Beziehungen ebenso faszinierend wie spannungsreich sind, denn die Partner erleben sich und ihr Leben nicht nur in den verschiedenartigsten Beziehungs-, Denk- und Handlungswelten, sondern auch in den damit korrespondierenden Zeitdimensionen. Das kann positiv sein, denn dadurch ergänzen sich die Partner. Doch leicht kommt es auch zu Mißverständnissen, wenn sich der **Beziehungstyp** in seinem gegenwärtigen Gefühlsleben, der **Sachtyp** in seinen Reflexionen und der **Handlungstyp** in dem, was er (für den Partner) plant und tut, alleingelassen fühlt. Das wird immer dann passieren, wenn der andere hinterm warmen Ofen seiner Welt sitzenbleibt und auf seine Monopolstellung pocht, als **Sachtyp** auf seine analytischen Fähigkeiten, als **Handlungstyp** auf seine praktischen Fertigkeiten und als **Beziehungstyp** auf seine kommunikative Kompetenz.

Dann hat der **Beziehungstyp** im Zusammenleben mit einem **Sachtyp** große Schwierigkeiten, den eigenen Entwicklungsbereich Erkennen richtig auszubauen, weil der ihm immer wieder (belehrend) klarmacht, daß der **Beziehungstyp** das Denken ja ohnehin nicht erfunden habe; während ihm der **Handlungstyp** klarmacht, daß selbständiges Denken eher überflüssig sei, weil die richtigen Denkergebnisse schon längst vorlägen und nur sorgfältig und genau übernommen werden müßten.

Dem **Sachtyp** geht es mit seinem Entwicklungsbereich Handeln nicht besser: Der umtriebige **Handlungstyp** ist so viel kundiger darin, daß er schon fertig ist, bevor der **Sachtyp** entschieden hat, womit er anfangen soll. Und vom **Beziehungstyp** muß der **Sachtyp** mit einem überlegenen »Ich mach das schon!« oder mit heftiger Kritik rechnen, wenn er sich ungeschickt anstellt oder weil er viel zuwenig beachtet, wie sein manchmal recht unkonventionelles Verhalten von den anderen beurteilt werden könnte.

Der **Handlungstyp** wird von den Gefühlen und dem Charme des **Beziehungstyps** überschwemmt und verunsichert, weil er nicht weiß, wie er mit dem Wechselbad von Gefühlen, das der **Beziehungstyp** über ihm auskippt, zurechtkommen soll. Und der **Sachtyp** wird den **Handlungstyp** eher emotional ausbremsen, weil ihn die heftigen Gefühle und vulkanartigen Ausbrüche an Begeisterung und Lebensfreude überfordern und bedrohen.

So sind Beziehungen zwischen unterschiedlichen Persönlichkeitstypen eher entwicklungshemmend, und die angestaute Kraft der Schlüsselenergien wird häufig zum Sprengstoff für die Beziehung. Deutlich besser sieht es bei Beziehungen zwischen unterschiedlichen Partnern in puncto Selbstbestimmung aus.

Ihnen als **Beziehungstyp** wird ein **Handlungstyp**-Partner viel (zukünftigen) Handlungsspielraum geben. Nehmen Sie seine wohlmeinenden Ratschläge an, und machen Sie im übrigen, was Sie wollen. Der **Sachtyp** wird Sie von Ihren Zwängen entlasten, »es anderen recht zu machen«, weil er sich darum eher wenig kümmert und flexibel und unkonventionell denkt und handelt.

Sie als **Sachtyp** werden vom **Beziehungstyp** in Ihren Gefühlen nicht eingeengt. Der ist glücklich, wenn er zusammen mit Ihnen in Gefühlen schwelgen kann, und er weiß, daß Gefühle nicht regulierbar sind. Und auch der **Handlungstyp** macht Ihnen viel Mut, zu den eigenen Gefühlen zu stehen, weil er sich hier selbst weiterentwickeln will und das behutsam mit Ihnen lernen kann. Sie werden ihn emotional nicht so überfordern wie der **Beziehungstyp** mit seinen Feuerwerken der Gefühle.

Sie als **Handlungstyp** können vom **Sachtyp** mit viel Unterstützung und Toleranz bei Ihren neuen, eigenen Denkabenteuern rechnen (bis hin zur Weisheit des Nicht-Wissens und Nicht-Denken-Müssens), und auch der **Beziehungstyp** wird Sie darin bestärken, aus gefühlsmäßigen Erfahrungen die eigenen Schlüsse zu ziehen.

15. Mit dem Partner reden – doch wie?

Daß Ihr Partner vielleicht nicht nur anders redet als Sie, sondern dabei auch andere Akzente setzt, hängt mit dem jeweiligen Persönlichkeitstyp zusammen:

Wenn Sie als **Beziehungstyp** die pragmatische, direktive, etwas streng und herb klingende Sprache des **Handlungstyps** hören, fühlen Sie sich manchmal belehrt oder manipuliert. Doch sie kann auch aufmunternd, kameradschaftlich und fürsorglich auf Sie wirken. An der emotionsarmen Sprache des **Sachtyps** werden Sie manchmal die gefühlsmäßige Anteilnahme, die Geradlinigkeit und Entschlossenheit vermissen. Doch sie kann Ihnen auch Gelassenheit, Sachkompetenz und einen speziell trockenen und verschmitzten Humor vermitteln.

Doch umgekehrt wirkt Ihre manchmal scharfzüngige oder emotional dramatisierende Sprache auf den **Sachtyp** gelegentlich so, daß er das Gefühl hat, überfahren, manipuliert, verhört oder kritisiert zu werden. Und auf den **Handlungstyp** kann sie übertrieben, abgehoben und besserwisserisch wirken. Oder der **Sachtyp** versteht Ihre herzliche Zuwendung und die dicken Komplimente gleich als Liebeserklärung (und investiert viel zu viele Hoffnungen und Erwartungen), und der **Handlungstyp** sieht darin eine unseriöse Anmache – und wehrt sie erst einmal ab.

Daß Sie als **Beziehungstyp** Situationen und Menschen flexibel und stimmungsabhängig beurteilen und schnell Ihre Meinung wechseln können (ohne dem letztlich zuviel Bedeutung und Gewicht zu geben), wird den **Sachtyp** eher amüsieren, den **Handlungstyp** jedoch mißtrauisch machen, da für ihn Gefühle etwas besonders Wertvolles sind, und er wird Sie für launisch und wenig gefestigt halten.

Der **Sachtyp** hat ganz andere Schwierigkeiten: Seine ausführliche, objektive und sachliche Redeweise kann den **Handlungstyp** irritieren, und er wird sich fragen: »Das ist richtig, was er sagt, aber was will er denn eigentlich damit?« Und der **Beziehungstyp** denkt: »Ich muß da irgend etwas überhört oder nicht ganz richtig verstanden haben!« Und die Vorliebe mancher Sachtypen für unzensierte Bemerkungen oder abgründigen schwarzen Humor werden bei **Beziehungstyp**-Partnerinnen alle Warnglocken auf einmal zum Läuten bringen: »In welches Fettnäpfchen tritt er denn jetzt schon wieder?«

Als **Sachtyp** können Sie beispielsweise ganz locker und ausführlich über irgendwelche abstrakten Zusammenhänge plaudern. Wer ahnt schon, was Sie wirklich bewegt? Vielleicht sind Sie dabei voller Sehnsucht, oder Sie sind traurig, verletzt, enttäuscht. Doch Sie verbergen es vor sich selbst und vor dem anderen. Ihr Anliegen ist, daß man sich für Sie interessiert und Sie gern hat, so wie Sie sind. Ihnen geht es also unausgesprochen um das Thema Beziehung. Doch Sie signalisieren das so verschlüsselt, daß man als Partner auf die eigenen Beziehungsimpulse achten muß, um eine Ahnung davon zu bekommen, was Sie wirklich bewegt. Oder Sie als **Sachtyp** stellen Ihre Leistungen und Erfolge in den Vordergrund, was dann anderen wie peinliche Angeberei erscheinen mag. Da sie nicht wissen, wie wichtig Erfolg für Ihre Ausgeglichenheit ist, wird man Sie vielleicht belächeln, oder man verpaßt Ihnen sogar einen Dämpfer.

Als **Handlungstyp** treiben Sie einen relativ großen Aufwand an »Gemütlichkeit«, um an Ihre Gefühle zu kommen oder damit andere sich wohl fühlen. Doch der **Beziehungs-**

typ, der erkennen und letztlich handeln will, kann damit nicht allzuviel anfangen. Da er in Ihr Verhalten Handlungsabsichten hineininterpretiert, sieht er darin Manipulation oder kitschigen Gefühlsschmus. Doch damit mißversteht er Sie gründlich und kann Sie freilich, wenn er Ihnen sein Mißfallen (oder die Enttäuschung) allzu deutlich zeigt, tief verletzen. Der **Sachtyp** hat dafür mehr Verständnis, doch er ist manchmal von Ihrem allzu lauten Humor oder Ihrer umtriebigen Geselligkeit irritiert.

Diese Mißverständnisse können nicht nur deutlich verringert und die dahinterstehenden Absichten positiv aufgegriffen werden, wenn man von seinen eigenen Erfahrungen mit der nicht immer ganz einfachen Realisierung der Schlüsselenergien auf die des Partners schließt. Dann wird man viel verständnisvoller und großzügiger über die Eigenarten des anderen hinwegsehen und sie in ihrer Intention anerkennen und wertschätzen.

»Wie meinen?«

Naive Leute meinen, sie könnten das, was jemand sagt, einfach wortwörtlich so verstehen, wie es bei ihnen ankommt, und sind dann ärgerlich, wenn der andere sich mißverstanden fühlt. Sie begreifen nicht, daß Verstehen immer ein Übersetzen und ein Sich-Vergewissern ist, ob man den anderen richtig verstanden hat. Statt dessen giften sie sich an, spielen die Gekränkten, setzen andere unter Druck. Wen wundert es dann, daß die Atmosphäre nicht nur im privaten Kreis unbefriedigend, angespannt oder gereizt ist. Wer das, was der Partner sagt oder tut, nicht aus den spezifischen Werten des anderen heraus versteht, kann ihm schwerlich nachfühlen oder nachsehen, daß der ebenfalls Unsicherheiten, Ängste und Schwachstellen hat, Bereiche, in denen er sich besondere Mühe geben muß – und gerade da besonders viel Verständnis und Anerkennung bräuchte!

Um die Sprache und das Denken des anderen aus seinem Kontext heraus zu verstehen, ist es wichtig, ihm erst einmal genau zuzuhören. Besonders aufschlußreich sind Gespräche, wenn es dem Partner gutgeht, wenn er also von Dingen erzählt, die ihm Freude machen. Meist hält er sich dem Inhalt nach zunächst in seinem Persönlichkeitsbereich auf, bezieht jedoch seine Schlüsselenergien mit ein.

Der **Beziehungstyp** wird wortreich (und bisweilen sogar dramatisch) seine Gefühle artikulieren. Und seine Botschaft wird darauf abzielen, auch beim Zuhörer eine gefühlsmäßige Reaktion hervorzurufen, um dann im besten Fall emotional mit ihm »ganz einer Meinung« zu sein. Wechselt er ins Erkennen, dann wirkt der wenig entwickelte **Beziehungstyp** oft ein wenig eingleisig, wenn er sich wiederholt oder in Details verliert, oder besserwisserisch, wenn er sich in Frage gestellt fühlt und Dinge nach seinem Gutdünken klären und richtigstellen will.

Der **Sachtyp** wird lang und breit informieren. Es kann sein, daß er zum wiederholten Male dasselbe mit anderen Worten oder aus einer anderen Sichtweise sagt oder daß er weitschweifig und belehrend mit exakt formulierten Sätzen ein Thema differenziert, so daß sich der Zuhörer mit zunehmender Ungeduld und aufkeimendem Ärger fragt, was jener eigentlich meint oder warum er ihn anruft.

Wechselt der **Sachtyp** ins Handeln, dann kann er die anderen mit seinen Erfolgen oder Aktivitäten nerven, und zwar so gründlich, daß die sich faul und antriebslos vorkommen. Erstaunlich ist aber, daß er – wenn er mal in Fahrt ist – in relativ kurzer Zeit viel zuwege bringt.

Wenn der **Handlungstyp** etwas erzählt oder über seine Erfahrungen spricht, dann wirkt das auf den Zuhörer so überzeugend und unumstößlich, daß Alternativen dazu so gut wie ausgeschlossen erscheinen. Wechselt er in die Gefühle, dann berichtet er so detailliert und anteilnehmend von anderen Menschen, den Nachbarn, einer unbekannten Freundin, den Kollegen, daß sich der andere fragt: »Was geht das mich an?« Oder der **Handlungstyp** gibt gutgemeinte, aber direktiv klingende Ratschläge und ist dann freilich sauer, wenn er eine ablehnende Haltung spürt.

Daß wir auf diese Weise mehr oder weniger aneinander vorbeireden – und damit auch aneinander vorbeileben –, ist nichts Neues. Denn Beziehungserleben bedeutet, daß sich die Gedanken, Emotionen und Erfahrungen immer in den Reaktionen des anderen spiegeln, daß sie dadurch entweder bestätigt und verstärkt oder negiert und gelöscht werden. Letzteres geschieht dann, wenn eben keine gemeinsame Sprache gesprochen wird, wenn meine Botschaften, Interessen, Meinungen, Ideen, Vorschläge, Fragen am Partner vorbeigehen. Dann bahnt sich eine verhängnisvolle Entwicklung an. Denn es sind meist die wertvollsten Qualitäten einer Persönlichkeit, die durch den anderen mißachtet werden.

Gravierend ist es, wenn dieses sogenannte »Löschen« in einer freundschaftlichen oder familiären Atmosphäre stattfindet, wo der Mangel an Zuwendung, Resonanz und Echo schwer erkennbar und korrigierbar ist und das Löschen unter Vorzeichen der Fürsorge stattfindet. So etwas geschieht sehr häufig in sogenannten »guten Beziehungen«, in denen sich zwar jeder die größte Mühe gibt, doch vor lauter gutem Willen nicht merkt, wie er in Wirklichkeit am Partner vorbeiredet oder vorbeidenkt.

Das erzeugt seelische Spannungen und Probleme. Dann kann es zu »unerklärlichen« psychosomatischen Erkrankungen verschiedenster Ausprägungen kommen. Während sich das Bewußtsein immer noch über das tatsächlich ablaufende Geschehen hinwegtäuscht, hat das Unbewußte längst die frustrierende Situation registriert und die psychophysische Notbremse gezogen.

Werden bestimmte Qualitäten über einen längeren Zeitraum hinweg gelöscht, so gehen sie irgendwann verloren. Das geschieht oft in der Kindheit. Verbote wie »Fühle nicht!«, »Vertraue nicht!«, »Sei nicht du selbst!« oder »Spüre nicht, was du willst!« werden nicht nur in einzelnen traumatisierenden Situationen dem Kind vermittelt, sondern mehr noch in einer permanenten Atmosphäre psychischer Unterernährung. Das geschieht in den Familien oft so unauffällig, quasi »zwischen den Zeilen«, daß nur ein Fachmann, etwa ein Familientherapeut, die Löschvorgänge identifizieren und damit erkennbar und eventuell korrigierbar machen kann.

Der typische Zuwendungsmangel in der frühen Kindheit ist noch einmal kurz gesagt:

beim **Beziehungstyp** Mangel an Vertrauen und liebevoller Zuwendung (Beziehungs-Ich-Energie),

beim **Sachtyp** Mangel an aufmerksamer (sinnenhaft geistiger) Zuwendung (Erkenntnis-Ich-Energie),

beim **Handlungstyp** Mangel an erlaubender Zuwendung (Handlungs-Ich-Energie).

Diese Erfahrungen sitzen so tief in uns, daß auch Beziehungspartner oft nach diesen alten Mängelmustern gewählt werden:

Der **Beziehungstyp** sucht sich wieder jemanden, der wenig Gefühle und emotionale Zuwendung zuläßt;

der **Sachtyp** einen, der ihm nicht zuhören kann oder will;

und der **Handlungstyp** jemanden, der ihn wieder mit Verboten traktiert.

Doch die Tragik geht noch weiter. Zwar sammelt und bekommt der **Beziehungstyp** ständig Liebespunkte, der **Sachtyp** Aufmerksamkeitspunkte und der **Handlungstyp** O.k.-Punkte. Doch an diesem Fleck scheinen wir alle wie blind zu sein. Das heißt:

Der **Beziehungstyp** begegnet der Zuwendung und Liebe mit Mißtrauen, befürchtet, manipuliert und eingefangen zu werden.

Der **Sachtyp** kann Aufmerksamkeit und Beachtung nicht festhalten und verwerten, übersieht und vergißt sie.

Und dem **Handlungstyp** ist die Wertschätzung, die man ihm entgegenbringt, oft peinlich: Er denkt, daß das, was er da macht, doch selbstverständlich ist.

So halten die drei Typen ihre Mangelsituation gegen all die positiven Erfahrungen weiter aufrecht, und durch ihr typisches Immer-noch-mehr-Punkte-sammeln-Wollen oder -Müssen bleiben alle drei auf ihren Persönlichkeitsbereich fixiert und können nicht in ihren Entwicklungsbereich mit den Schlüsselenergien gehen.

Das Löschen von Persönlichkeitsqualitäten kann sich auf alle Lebensbereiche beziehen:

Im Bereich Beziehung führt es im Extremfall zum emotionalen Ausbrennen des Partners, der Verminderung oder dem Verlust seiner gefühlsmäßigen Sensibilität für den anderen, zur Flucht in Traum- und Idealwelten, zum Mangel an Du-Bezug, Liebesfähigkeit, zu Identitätsstörungen oder -verlust.

Im Bereich Erkennen kann es zu Störungen im Denken, Wahrnehmen und im Selbstbewußtsein führen, zu Größenideen und Depressionen, zur inneren Kündigung, zu einer Verminderung der geistigen Fähigkeiten allgemein, zu Ich-Schwäche und Depression.

Im Bereich Handeln kann es den Verlust der Arbeits- und Lebensfreude, der Spontaneität und Kreativität zur Folge haben, kann es zur Angst vor anderen Menschen, zu dem Gefühl

»verfolgt« zu werden, zur Scheu vor Verantwortung, zu Willensschwäche, Entscheidungsskrupeln und zwangsneurotischen Störungen führen.

Analysiert man Beziehungen psychographisch, so zeigt sich, daß eine Partnerschaft zwischen Menschen vom selben Strukturtyp zunächst einfacher funktioniert: Die strukturelle Seelenverwandtschaft erleichtert wesentlich die kommunikative Resonanz. Es findet viel natürliches Pacing statt. Solche Beziehungen wirken darum echter, selbstverständlicher und stimmiger. Doch in diesen Beziehungen fehlt etwas von dem, was die anderen Persönlichkeitstypen repräsentieren – und das führt vermehrt zu Faszinationen außerhalb der Beziehung.

Bei einer Beziehung zwischen wenig entwickelten Partnern von verschiedener Struktur kann zwar die gegenseitige Faszination groß, aber die kommunikative Resonanz recht gering sein:

Der **Beziehungstyp** fühlt sich mit seinen Emotionen mißverstanden und erfährt zu wenig liebevolles Vertrauen, Annahme, Geborgenheit und Schutz.

Der **Sachtyp** findet für sein Denken keine Entsprechung und für seine Person zu wenig Interesse, Beachtung und wertschätzende Aufmerksamkeit.

Und der **Handlungstyp** fühlt sich zu wenig respektiert, in seiner Fürsorge mißverstanden und in seinen Gefühlen zu wenig angesprochen.

Aber niemand muß sich damit abfinden, unerfüllt und unglücklich zu sein. Auch wenn andere Menschen und geeignete Umstände eine katalytische Wirkung auf unser Erleben haben und wir sie deshalb brauchen, sind es letztlich doch die eigenen Fertigkeiten und Eigenschaften, die wir durch andere und mit anderen zusammen erleben. Und je mehr sich unsere Persönlichkeit entfaltet, desto direkter sind sie uns zugänglich. Gerade typadäquates Pacen ist ein sicherer Weg, um dem Partner zu zeigen: »Ich akzeptiere dich, so wie du bist!« – Freilich, es sollte eine gegenseitige Bestätigung sein.

Mit Ich-Botschaften Lösungen finden

Dem Partner etwas Unangenehmes sagen zu müssen fällt uns schwer. Wir befürchten eine Verschlechterung der Beziehung, und unsere Unsicherheit wird vielleicht dazu führen, daß wir entweder versuchen, den Ärger so lange hinunterzuschlucken, bis wir Magenschmerzen bekommen, oder wir explodieren dann bei recht unpassender Gelegenheit und behandeln ihn unangemessen schroff und verletzend. Dann wird das eintreten, was wir befürchtet haben: Das Verhältnis zum Partner wird tatsächlich (noch) schlechter!

Richard Bandler empfiehlt in seinem Buch ›Veränderung des subjektiven Erlebens‹, erst einmal ein paar Schritte zurückzugehen und zu überprüfen, wie man sich die schlechte Laune eingebrockt habe. Er hält nicht viel davon, den anderen als Müllkippe für die eigenen negativen Gefühle zu benutzen. Statt dessen empfiehlt er, an der Stelle, wo man gewohnheitsgemäß negativ reagiert, eine andere Weichenstellung einzubauen, zum Beispiel: »Unsere Beziehung ist viel zu wertvoll, als sie mit solchen Kleinigkeiten zu belasten!«

Ist es jedoch angebracht, daß der andere sein Verhalten ändert, können dazu die sogenannten »Ich-Botschaften« hilfreich sein, und zwar besonders dann, wenn man sie lösungsorientiert formuliert.

Eine Ich-Botschaft teilt mit, was ich selbst denke, fühle und möchte, während eine Du-Botschaft über den anderen spricht oder auf ihn einwirkt. Während die Du-Botschaft dem anderen etwas überstülpt, wird eine Ich-Botschaft den Partner motivieren, von sich aus etwas anders zu machen und seine Vorstellungen und Lösungsvorschläge einzubringen. Testen Sie bitte selbst, wie Sie auf folgende Du-Botschaften reagieren:

»Achte doch bitte darauf, daß du ...!«
»Könntest du nicht ...!«
»Jetzt hast du schon wieder ...!«
»Laß dir den Rat geben ...!«
»Ich verstehe einfach nicht, warum du ...!«

Solche Botschaften laufen leicht auf Zurechtweisungen oder Beschimpfungen hinaus. Und der Mensch, der so angesprochen ist, wird mit hoher Wahrscheinlichkeit frustriert, abwehrend, sich rechtfertigend, rebellisch oder überangepaßt darauf reagieren. Das sind keine besonders guten Voraussetzungen für eine Schlichtung oder Lösungsfindung, sondern eher der Einstieg in ein problemorientiertes Psychospiel.

Was erreichen wir aber mit einer Botschaft, die zum Beispiel so formuliert ist:

»Ich würde mich sehr freuen, wenn ...«
»Ich habe hin und her überlegt, ob ...«
»Mein persönlicher Wunsch ist, daß ...«

Mit der Botschaft »Ich würde mich sehr freuen, wenn ...« lenken Sie die Aufmerksamkeit auf Ihre Gefühle *und* sprechen gleichzeitig die Gefühle Ihres Partners an. Diese Art Botschaft ist ein Appell an den anderen, auf Gefühle zu reagieren und eine Lösung durch eine Veränderung des Beziehungsverhaltens zu suchen – also eine sogenannte beziehungsorientierte Ich-Botschaft.

Die zweite Ich-Botschaft »Ich habe hin und her überlegt, ob ...« lenkt die Aufmerksamkeit des Partners auf Ihr Denken. Ein analoger Gesprächseinstieg wäre auch: »Mir ist aufgefallen, daß ...« oder »Mich interessiert ...«.

Hier lenken Sie die Aufmerksamkeit des Partners auf Ihr Denken *und* sprechen gleichzeitig seine Beobachtungen und sein Nachdenken an. Er wird sich bestimmt erinnern und mit eigenen Gedanken, Wahrnehmungen und Interessen in das Gespräch einsteigen. Diese Botschaft ist also ein sachlicher, objektiver Gesprächseinstieg und eine Herausforderung an den anderen, eine Lösung durch Nachdenken und Beobachten zu finden – also eine erkenntnisorientierte Ich-Botschaft.

Die dritte Botschaft »Mein persönlicher Wunsch ist, daß ...« oder »Ich möchte am liebsten, daß ...« lenkt die Aufmerksamkeit auf Ihr Wollen und Handeln. Gleichzeitig sprechen Sie es auch bei Ihrem Partner an. Vielleicht will er etwas Ähnliches oder etwas ganz anderes. Diese Botschaft ist ein praktischer Gesprächseinstieg, ein Appell, durch Wollen und Handeln eine Lösung zu finden – also eine handlungsorientierte Ich-Botschaft.

Im Hinblick auf das Ziel, das Sie erreichen wollen, ist es keinesfalls beliebig, welche Art Botschaft Sie wählen (eine beziehungs-, erkenntnis- oder handlungsorientierte Botschaft). Damit Gespräche befriedigend, erfolgreich und atmosphärisch angenehm verlaufen, ist es also sinnvoll, sie auch situationsadäquat zu führen, denn inadäquate Botschaften werden den Gesprächsverlauf verwirren. Es wird viel geredet und wenig gesagt, eventuell noch mehr gestritten.

Überlegen Sie sich bitte vor dem Gespräch, was Sie eigentlich erreichen wollen. Möchten Sie ein Beziehungs-, Erkenntnis- oder ein Handlungsziel ansteuern? Wollen Sie also eine gefühlsmäßige Verbesserung der Beziehung erreichen, oder wollen Sie etwas erkennen, etwas herausfinden oder auch verstehen, oder wollen Sie etwas tun und praktisch verändern?

Der Einstieg in Ihr jeweiliges Gespräch wird leichter, wenn Sie sich an dieses Dreieck erinnern:

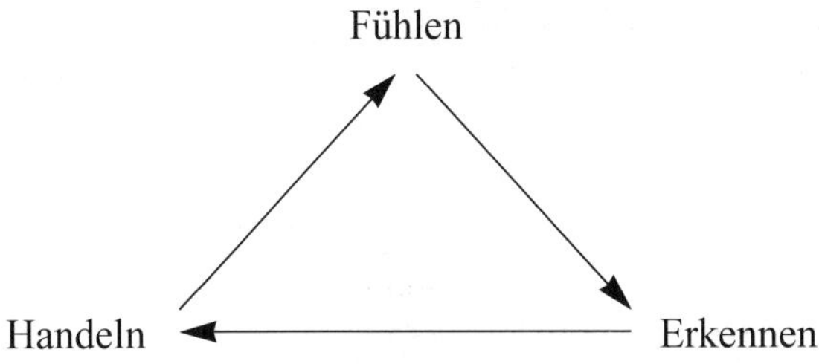

Als Thomas Gordon sein Konzept von den Ich-Botschaften entwickelte, wußte er noch nichts über die oben beschriebenen Gesetzmäßigkeiten. Deshalb formulierte er eine Standard-Ich-Botschaft nach dem Schema

1. Information
2. Gefühl
3. Handlungskonsequenzen.

Zum Beispiel: »Mir fällt auf, daß du mir widersprichst, noch ehe ich etwas ganz gesagt habe. Das ärgert mich. Wenn du mich aussprechen lassen und mir wirklich zuhören würdest, könnten wir viel Ärger vermeiden!«

So etwas klingt immer ein wenig schematisch. Doch selbst eine gestelzt klingende Ich-Botschaft regt eher ein konstruktives Gespräch an als eine natürlich klingende Du-Botschaft, mit der Sie den anderen niedermachen. Deshalb haben wir dieses bewährte Kommunikationsmodell in neuer Form für uns entdeckt. Hinzu kommt das lösungsorientierte Denken und Sprechen, das die Ich-Botschaften noch effektiver macht.

Ihre beziehungsorientierte Ich-Botschaft hat die Abfolge vom Fühlen über das Erkennen zum Handeln. Zum Beispiel: »Ich freue mich, dich zu sehen. Ich möchte mich gern mit dir unterhalten!« Im Grunde würde es auch schon reichen, wenn Sie sagen: »Du, ich freue mich so!« – und die Reaktion des anderen abwarten.

Ihre erkenntnisorientierte Ich-Botschaft hat die Abfolge

vom Erkennen über das Handeln zum Fühlen. Zum Beispiel: »Ich habe beobachtet, daß ... Ich möchte herausfinden, womit das zusammenhängt. Ich würde mich freuen, wenn ich diese Frage lösen könnte.« Auch hier ist es manchmal besser, wenn Sie nur einen Impuls setzen, etwa: »Ich habe beobachtet ...« – und Ihren Partner einfach weiterdenken lassen.

Ihre handlungsorientierte Ich-Botschaft hat die Abfolge vom Handeln zum Fühlen zum Erkennen. Zum Beispiel: »Ich möchte, daß wir ... Das liegt mir sehr am Herzen. Ich denke, wir können das bis morgen schaffen.« Auch hier ist es nicht immer notwendig, die Ich-Botschaft vollständig zu formulieren. So könnte der zweite Satz durch ein Lächeln oder der dritte durch einen fragenden Blick ersetzt werden.

Freilich, Situationen sind vielschichtig und komplex, und aus ihnen ist nicht immer eindeutig abzulesen, ob es sich um eine Beziehungs-, Erkenntnis-, oder eine Handlungssituation dreht. Doch wenn Sie wissen, was Sie wollen, können Sie die Situation steuern. Wenn Sie sich wohler fühlen möchten, sagen Sie es beispielsweise so: »Ich möchte mich in unserer Beziehung wieder wohler fühlen. Ich möchte mich liebevoller auf dich einlassen und wünsche mir, daß du das auch möchtest und mir zeigst, daß du mich wirklich gern hast.« Das ist eine beziehungs- und lösungsorientierte Ich-Botschaft. Damit kann der Partner etwas anfangen. Das Gegenteil wäre eine problemorientierte Du-Botschaft, zum Beispiel: »Du behandelst mich in der letzten Zeit, als ob ich dein Dienstmädchen wäre!« Damit können Sie garantiert einen unfruchtbaren und verletzenden Streit anfangen.

Wenn ich aber weder an der Beziehung noch am Verhalten des Partners etwas ändern möchte, sondern einfach nur neugierig bin, warum ich ein Gespräch über Thema X so spannend fand, dann bringt mich eine erkenntnisorientierte Ich-Botschaft weiter: »Ich habe mich gewundert, warum Thema

X so interessant für mich war. Ich weiß nicht, was mich daran so fasziniert hat. Ich würde das gerne herausfinden. Was meinst du dazu?«

Will ich jedoch, daß sich der Partner anders verhält, dann ist eine handlungsorientierte Ich-Botschaft angebracht. Dabei formuliere ich meinen Wunsch so, daß ihn auch der Partner bejahen kann, also: »Ich möchte, daß Gespräche uns beiden guttun. Ich glaube, ich hätte mich wohler gefühlt, wenn du mich hättest ausreden lassen. Wie können wir das besser machen beim nächsten Mal?«

Ähnliches gilt für die Steuerung des Gesprächverlaufs. Auch hier können Sie immer wieder die entsprechenden Impulse setzen. Wenn Ihr Gesprächsziel mit der Lieblingsstrategie Ihres Partners übereinstimmt, also ein emotionales Ziel beim **Beziehungstyp**, ein Erkenntnisziel beim **Sachtyp** oder ein Handlungsziel beim **Handlungstyp**, wird es nicht schwer sein, beim Thema zu bleiben und auch Konsens mit dem Partner zu erreichen. Doch treffen Sie unter Umständen bei ihm auf den defizitären Entwicklungsbereich (oder den manipulativen Zielbereich), werden die Anforderungen an Ihre Gesprächsführung größer werden.

16. Denken Sie sich gesund

Obwohl ich (D.F.) von einer Wechselwirkung zwischen Psyche und Körper ausgehe, glaube ich an das Primat des Geistigen, so wie es in einer zweieinhalbtausendjährigen Spruchweisheit aus dem alten Indien ausgedrückt ist:

> Vom Geiste gehn die Dinge aus,
> sind geistgeboren, geistgefügt.
> Wie´s Zugtier seinen Wagen zieht,
> erzeugt das Denken das Geschehen.
>
> Dhammapada

In der psychotherapeutischen Arbeit erlebe ich immer wieder, wie Klienten die Energien, die in leidvollen Erfahrungen stecken, in kraft-, liebevolle oder erkennende Fähigkeiten verwandeln. Ähnliches gilt für den Umgang mit Krankheiten. Auch hier stellt sich die Frage: Wie können Sie die Energie, die in einer Krankheit steckt, für Gesundung und Gesundheit nutzen? Das ist die entscheidende psychosomatische Fragestellung. Wir können davon ausgehen, daß Gesundheit das Normale und Natürliche ist und unser Körper auf Gesundheit programmiert ist. Von daher ist es nicht erforderlich, besonders gesund und gesundheitsbewußt zu leben – im Gegenteil, wer ständig auf seine Gesundheit bedacht ist, signalisiert seinem Körper, daß er seiner Selbstregulierung wenig vertraut.

Wenn für unseren Körper Gesundheit normal und selbstverständlich ist, was ist dann Krankheit? Darüber hat man sich in der Vergangenheit viele Gedanken gemacht und Zusammenhänge zwischen psychischen Fehlhaltungen und somatischen Erkrankungen beobachtet. Und man hat versucht, von bestimmten Krankheiten auf die seelischen Ursachen zurückzuschließen. Auch wenn dabei interessante Erkenntnisse gewonnen wurden, so gilt wohl auch hier: Die problemorientierte Sichtweise, die sich mit den Krankheiten beschäftigt, trägt nicht allzuviel zum Gesundwerden bei.

Wie wird eine lösungs- beziehungsweise gesundheitsorientierte Psychosomatik aussehen? Sie wird ihre Aufmerksamkeit auf Gesundheit verlagern, also nicht mehr in erster Linie Krankheiten heilen, sondern Gesundheit unterstützen. Dazu wird sie sich nicht auf eine Methode versteifen, sondern unterschiedliche Verfahren wählen. Und sie wird pragmatischer vorgehen nach dem Motto: Gut ist, was hilft. Daß die moderne Psychotherapie um ein Vielfaches wirksamer und erfolgreicher geworden ist, wird auch der Psychosomatik zugute kommen und sie zunehmend ins Zentrum einer ganzheitlichen Medizin rücken.

Glaubenssätze, die gesund machen

Eines der ältesten und wieder modernsten Themen der Psychosomatik ist die Arbeit mit Glaubenssätzen. Heilungen durch Glauben haben in Hoch- und Volksreligionen immer eine zentrale Rolle gespielt. Sätze wie »Dein Glaube hat dir geholfen!« aus dem Neuen Testament wird wohl jeder in Erinnerung haben. In Japan gibt es dazu eine Variante des Positiven Denkens (Tanagushi), die eine interessante Theorie entwickelt hat. Sie besagt, bevor jemand körperlich krank wird, erkrankt er in seiner Seele. Der Weg der Heilung geht dann umgekehrt: Der Heilungsuchende stellt sich innerlich, das heißt seelisch auf Gesundheit ein, er sagt sich: »Ich bin gesund!« – auch dann, wenn er körperlich noch krank ist. Und es wird von vielen Fällen berichtet, wo der Körper dann »nachzieht«.

Nun hat das Positive Denken einige Schwachstellen. Es bleibt eher an der Oberfläche des Bewußtseins, wirkt oft aufgesetzt und unrealistisch und muß ständig wiederholt werden. Im NLP hat man bei der Arbeit mit Glaubenssätzen eine vergleichsweise hohe Professionalität erreicht.

Hier soll eine stark vereinfachte Variante vorgestellt werden. Wer sich über dieses Thema detaillierter informieren möchte, kann dies in der entsprechenden Literatur nachlesen.[1]

Wenn Sie krank sind, wird Ihnen das von allen Seiten bestätigt. Sie leiden unter den Krankheitssymptomen, der Arzt diagnostiziert Ihre Krankheit, vielleicht liegen Sie im Krankenhaus, dem »Haus für Kranke«, Ihre Angehörigen, Ihre Freunde bemitleiden Sie, Ihre Krankenkasse unterstützt Sie – kein Zweifel, Sie sind krank! Es fällt Ihnen nicht schwer, daran zu glauben. Und genau diese Festigkeit des Glaubens benutzen wir für Glaubenssätze, die aber auf Gesundheit abzielen. Das heißt, wir benutzen das, was Sie bisher mit großer Überzeugung sagen ließ »Ich bin krank!« für Glaubenssätze, die gesund machen.

Wie ist das zu verstehen? Wir tauschen die Glaubenssätze aus, ohne die Rahmenbedingungen zu verändern, die ihnen Macht und Einfluß geben. Dazu überprüfen Sie bitte, wie und wo Sie Sätze innerlich aussprechen, von denen Sie fest über-

[1] Richard Bandler: Veränderung des subjektiven Erlebens. Fortgeschrittene Methoden des NLP. Paderborn 1987.
Richard Bandler und Will MacDonald: Der feine Unterschied. NLP-Übungsbuch zu den Submodalitäten. Paderborn 1993.
Robert B. Dilts, Tim Hallborn und Suzi Smith: Identität, Glaubenssysteme und Gesundheit. Höhere Ebenen der NLP-Veränderungsarbeit. Paderborn 1993.

zeugt sind, zum Beispiel den Satz »Ich bin krank«, wenn Sie krank sein sollten. Um ganz sicher zu gehen, probieren Sie das auch mit anderen Sätzen aus, an die Sie fest glauben. Meistens werden solche Sätze innerlich mit fester Stimme und mit Nachdruck gesprochen. Bestimmen Sie auch genau den Ort, wo Sie in sich diese Glaubenssätze denken, häufig vorne im Kopf, in Stirn- oder Augenhöhe.

Dann nehmen Sie einen Satz, dessen Aussage Ihnen völlig gleichgültig ist und Sie überhaupt nicht berührt, zum Beispiel die gegenwärtige Lufttemperatur in Hintertupfing oder ob der Bürgermeister dort Woll- oder Baumwollsocken anhat. Formulieren Sie: »Es ist mir völlig gleichgültig, ob ...!« Dann achten Sie darauf, wie anders Sie solche Egal-Sätze innerlich sprechen (beziehungsweise denken). Wie klingt Ihre innere Stimme nun, und wo sprechen Sie solche Egal-Sätze aus? In der Regel werden solche Egal-Sätze leichthin und locker ausgesprochen und immer an einer anderen Stelle als die »gültigen« Glaubenssätze.

Lassen Sie sich Zeit, diese Unterschiede herauszufinden. Es gibt sie, sonst könnten Sie wichtige und unwichtige Dinge nicht auseinanderhalten und würden sie ständig miteinander verwechseln. Die Bedeutungsunterschiede zwischen diesen Sätzen sind ähnlich groß wie zwischen den Funktionen, die ein Minister und ein Stadtstreicher hat. Wenn Sie die Unterschiede zwischen verbindlichen Glaubenssätzen und unverbindlichen Egal-Sätzen kennen, können wir daran arbeiten, alte gegen neue Glaubenssätze auszutauschen.

Dazu formulieren Sie zuerst den erwünschten Glaubenssatz. Er könnte lauten »Ich bin gesund!«, wenn Sie bereit sind, der oben vorgestellten Theorie zu folgen, daß dies die körperliche Gesundheit nach sich zieht. Sie können aber auch andere Sätze formulieren wie »Ich werde wieder gesund!« oder »Mein Organismus kennt und geht den Weg zur Gesundheit!« Wir empfehlen jedoch eher kurze Sätze, die für einen gesundheitsorientierten Glauben stehen.

Nun parken Sie den neuen Glaubenssatz auf dem Egal-Parkplatz, das heißt, Sie sprechen ihn so und dort aus, wie und wo Sie Sätze denken, die überhaupt nichts für Sie bedeuten. Jetzt bereiten Sie den Sturz des ersten Ministers, sprich des alten Glaubenssatzes vor. Wie in der politischen Realität muß das möglichst schnell und schmerzlos gehen. Sie machen aus dem alten Glaubenssatz »Ich bin krank!« einen Egal-Satz (Sie wissen schon, wie und wo Sie ihn aussprechen) und setzen den auf dem Egal-Parkplatz bereitgestellten neuen Glaubenssatz an die freigewordene (Minister-)Stelle, indem Sie ihn dort und so aussprechen wie Sätze, an die Sie fest glauben. Nochmals die einzelnen Schritte:

Schritt 1: Welchen Glaubenssatz möchten Sie verändern, der Ihnen gesundheitlich schaden könnte?

Schritt 2: Wie sprechen Sie diesen unerwünschten, jedoch starken Glaubenssatz innerlich aus? Wo sprechen Sie ihn aus?

Schritt 3: Wählen Sie einen Egal-Satz, von dem Sie sagen können: »Es ist mir völlig gleichgültig, ob ...«

Schritt 4: Wie und wo sprechen Sie diesen Egal-Satz innerlich aus?

Schritt 5: Formulieren Sie den neuen Glaubenssatz, der Ihnen gesundheitlich nützlich sein wird. Formulieren Sie ihn positiv und eher als Prozeß oder Weg. Achten Sie darauf, daß er bekömmlich für Sie ist.

Schritt 6: Stellen Sie den neuen Glaubenssatz in der Egal-Umgebung bereit – parken Sie ihn auf dem Egal-Parkplatz.

Schritt 7: Nehmen Sie den alten, unerwünschten Glaubenssatz, und machen Sie aus ihm einen Egal-Satz, indem Sie ihn so und dort aussprechen, wie und wo Sie die Egal-Sätze aussprechen.

Schritt 8: Lassen Sie den neuen Glaubenssatz stark und überzeugend werden, indem Sie ihn rasch an die Stelle des alten setzen. Sprechen Sie ihn so und dort aus, wie und wo der alte Glaubenssatz ausgesprochen wurde.

Entscheidend ist, daß Schritt 7 und 8 so rasch wie möglich gemacht werden, denn dadurch entsteht die Stabilität des neuen Glaubens. Es ist möglich, daß die beiden unterschiedlichen Positionen von verschiedenen Bildern und Klängen begleitet werden. Benutzen Sie diese Unterschiede ebenso wie die Art des Sprechens und den Ort.

Wir gratulieren Ihnen – jetzt haben Sie den neuen Glaubenssatz fest installiert, und Sie können sich darauf verlassen, daß er seine heilsame Wirkung entfaltet, ohne daß Sie sich weiter darum kümmern müssen. Dafür lohnt sich die ausführliche und gewissenhafte Vorbereitung. Wenn Sie diese Übung für sich machen, kann es hilfreich sein, wenn Sie sich die einzelnen Schritte und Ergebnisse notieren. Oder Sie führen es mit Ihrem Partner oder Ihrer Freundin durch.

Perspektiven schaffen

Arthur Williams meint, daß der Mensch, der keine Träume hat, so gut wie tot ist. Das ist eine harte Aussage, doch sie ist ernstzunehmen. Wer keine Träume, keine Perspektiven, keine Hoffnungen und Erwartungen, wer keine attraktiven und lohnenden Zielsetzungen hat, der ist mit seinem Leben in eine

Sackgasse geraten. Kein Wunder, wenn dieser Mensch nicht mehr leben will, krank wird und – wenn das weder zu Neubeginn noch zu Umkehr führt – schließlich auch an seiner Perspektivlosigkeit sterben kann.

Realisierbare Träume und attraktive Ziele sind so etwas wie ein Treibstoff für unser Leben. Ein Vorschlag: Schreiben Sie sich Ihre Ziele auf einen großen Bogen Papier, hängen Sie ihn gut sichtbar an die Wand des Zimmers, in dem Sie schlafen, und lesen Sie Ihre Ziele vor dem Einschlafen und nach dem Aufwachen. Achten Sie auf positive Formulierungen, Sie sollten also sagen, was Sie wollen, und dabei keine Negationen verwenden wie: »keinen Ärger haben«, »nicht zuviel essen«, »streßfrei« oder »weniger Zeit vertrödeln«. Formulieren Sie statt dessen, was sie wirklich wollen, also »gelassen reagieren«, »die richtige Menge essen«, »Spaß bei der Arbeit haben« oder »engagiert arbeiten«.

Wenn Sie nicht wollen, daß andere Ihre Ziele lesen, können Sie sie auch an die Innenseite einer Schranktür heften. Wichtig ist, daß Sie diese Ziele immer wieder vor Augen haben und auf sich wirken lassen. Ihre Ziele sind wie Samen, aus denen Lösungen erwachsen. Das braucht Zeit, Pflege und ein entsprechendes geistiges Klima. Deshalb empfiehlt Williams, andere an den eigenen Träumen teilhaben zu lassen und eine für sie förderliche Umgebung zu finden, wo man mit begeisterungsfähigen und wohlgesinnten Menschen darüber sprechen kann.

Wenn Sie so mit Ihren Zielen leben, wird sich einiges verändern – in Ihnen und um Sie herum. Lösungen haben ganz andere Qualitäten als Probleme, Gesundheit andere als Krankheit. Sie machen die Erfahrung, daß Sie und Ihr Verhalten sich verändern werden. Es wachsen Ihnen neue Fertigkeiten zu, und Sie tun Dinge, die Sie bisher nicht getan haben – so selbstverständlich, als ob Sie damit schon lange vertraut wären. Und Sie werden bemerken, wie andere Menschen und das Geschehen Sie dabei unterstützen. Und je mehr Sie in Lösungen und Gesundheit »hineingehen«, desto ferner und unwirklicher werden Ihnen die Probleme und die zurückliegenden Krankheiten erscheinen.

Seien Sie anspruchsvoll in Ihren Zielsetzungen, und achten Sie darauf, daß sie bekömmlich sind. Ihre Ziele sollten Ihnen und anderen zugute kommen, sie sollten Spaß und Freude machen und gleichzeitig »Tiefgang« haben, sie sollten sich kurz- und längerfristig bewähren, und sie sollten vielseitig, ausgewogen und auf Sie zugeschnitten sein. – Sie sehen, auch das Sich-Ziele-Setzen ist eine Kunst. Also beginnen Sie mit dem Einfachsten, und lassen Sie unten auf Ihrem Papier noch Platz für Ziele, die Ihnen später einfallen.

Prioritäten setzen

Für manche Menschen müßte der Tag 36 oder 48 Stunden haben. Das würde ihnen allerdings nichts nützen, denn dann würden sie sich noch mehr aufladen, und der Tag müßte erneut verlängert werden (immerhin ist das noch besser, als herumzusitzen und nicht zu wissen, was man mit seiner Zeit anfangen soll). Doch es kann auf die Dauer aufreibend werden, besonders wenn man Dinge tut, die man eigentlich gar nicht tun will und die man nur deshalb macht, weil man schlecht nein sagen kann.

Der erste Schritt wäre also, sich zu überlegen: Was ist wirklich wichtig und was würde ich – wenn ich nein sagen könnte – dann nicht mehr tun? In zwei weiteren Schritten wäre dafür zu sorgen, daß man das, was wichtig ist, auch gerne tut, daß es interessant wird und Spaß macht *und* daß man lernt, nein zu sagen. Dieses Nein-sagen-Lernen war früher eine recht schwierige, langwierige und – wenn man dazu noch Psychotherapie machte – eine teure und nicht immer erfolgreiche Angelegenheit.

Heute ist das wesentlich einfacher geworden. Sie wissen, wie man einen Swish macht, oder Sie können es nochmals nachlesen. Es ist leichter, wenn es eine Freundin oder Ihr Partner mit Ihnen macht, denn wenn jemand anderes Ihnen Schritt für Schritt die Anweisungen gibt, können Sie sich besser darauf konzentrieren. Doch Sie können es auch für sich selbst machen. Es genügt, wenn Sie es so gut machen, wie Sie es können.

Das Ausgangsbild, in dem Sie sich assoziiert erleben (also sich nicht von außen betrachten, sondern von innen her erleben), enthält die Situation mitsamt den typischen Gefühlen, wenn es Ihnen schwerfällt, nein zu sagen. Das kennen Sie ja gut, also ist es einfach, sich das mit den Auslösern vorzustellen, die Sie bisher ja sagen ließen – obwohl Sie besser nein gesagt hätten. Wenn Sie das Ausgangsbild haben, probieren Sie aus, wie Sie es am besten loswerden können. (Siehe im Kapitel ›Wo bleibe ich?‹ unter ›Der Swish‹.)

Bevor Sie das Zielbild konstruieren, möchten wir zwei Dinge klären: Es ist immer schwierig, nein zu sagen, wenn man nicht gerade in einer Nein-Sager-Phase ist. Darum wählen Sie statt des Nein vielleicht ein »Ich möchte etwas anderes!« oder »Ich möchte zuerst darüber nachdenken, ob ich etwas anderes will!« Denn wenn man weiß, was man will, hat man eine bessere Position, als wenn man nur weiß, was man nicht will.

Als zweites ist zu klären: Welche Sicherheit brauchen Sie, um gelasssen nein oder »Ich möchte etwas anderes!« sagen zu können? Ist es die Sicherheit, liebenswert, interessant oder o.k. zu sein und sich damit unabhängig von anderen zu fühlen? Nehmen Sie diese Gewißheit in Ihr Zielbild mit hinein. Das heißt:Wenn Sie sich jetzt auf dem Zielbild dissoziiert (wie auf einem Foto) sehen, so strahlen Sie diese Sicherheit aus, nämlich liebenswert, interessant, o.k. zu sein, und nehmen die Fähigkeit, nein oder besser »Ich möchte etwas anderes!« sagen zu können, hinzu. Dann führen Sie den Swish siebenmal auf Ihre Art durch.

Bei der nächsten entsprechenden Gelegenheit werden Sie automatisch anders als bisher reagieren. Sollte es ausnahmsweise nicht funktionieren, lesen Sie nochmals genau nach, ob Sie alles richtig gemacht haben, und wiederholen die Übung. Vielleicht war im Ausgangsbild ein entscheidender Auslöser nicht enthalten, so daß das neue Programm die Situation nicht erkannt hat. Oder es braucht noch etwas Zeit, bis die Sicherheit wächst, zu wissen, was Sie wollen. Oder es gibt Einwände gegen die Bekömmlichkeit von seiten Ihres Unbewußten, und es muß hier zuerst etwas geändert werden, beispielsweise indem Sie zuerst an Haltungsänderungen und Glaubenssätzen arbeiten.

Lebensfreude gewinnen

Es gibt immer noch Menschen, die in Pflichterfüllung aufgehen. Das kann etwas mit dem Persönlichkeitstyp zu tun haben oder aber mit der Erziehung durch die Eltern, die alles unterstützten, was mit Arbeiten, früh Verantwortung übernehmen und einer gewissen Härte sich selbst gegenüber zusammenhing. Später sind es die Lebensumstände, die das Pflichtbewußtsein weiter fordern und fördern, etwa eine große Familie oder berufliche Aufgaben. Pflichtbewußte Menschen bemerken kaum, daß sie ständig ihre emotionalen Bedürfnisse übergehen oder zu kurz kommen lassen, ja, oft sind sie sogar eine Spur stolz darauf. Man muß allerdings schon genau hinsehen, um diese feinen Anflüge des geheimen Stolzes auf ihre Bedürfnislosigkeit zu bemerken, denn im Grund sind sie bescheidene Menschen.

Meist scheint das jahre- und jahrzehntelang gutzugehen, bis der Körper dagegen rebelliert und diese Menschen oft schwer krank werden (denn leichtere Krankheit ignorieren sie einfach) oder in eine Depression rutschen, in denen ihnen die Arbeitsfreude und manchmal jedes Gefühl verlorengehen, so daß sie sich wie Roboter durchs Leben schleppen.

Wenn es einmal so weit gekommen ist, helfen Ratschläge wie »Sie sollten Ihr Leben mehr genießen, für Freude und Spaß sorgen und auch genügend faulenzen!« nicht mehr viel. Deshalb ist es wichtig, einen übertriebenen Hang zur Pflichterfüllung als das zu sehen, was er ist, nämlich als Anlage zu einer gefährlichen Abhängigkeit, der Arbeitssucht.

Sie wird oft viel zu spät erkannt, weil sie von vielen als Tugend angesehen wird, so vom Chef, den Kollegen, einem vielleicht schwachen Partner, der Familie oder den Freunden. Bevor Sie sich in dieser Beschreibung wiedererkennen, steuern Sie so früh und so entschieden wie möglich dagegen. Und achten Sie darauf, daß Ihre Freizeitgestaltung spielerisch bleibt, genügend spontane Momente enthält und zusammen mit Menschen geschieht, die selbst gut drauf sind. Sonst geraten Sie leicht in die Situation, daß daraus wieder ein Pflichterfüllungsprogramm wird und Sie für andere die Animateurin spielen.

Die Grundenergie strömen lassen

Fritz Riemann zeigte, daß die ›Grundformen der Angst‹ persönlichkeitstypisch sind. Dem stimmen wir zu, wobei er ihnen möglicherweise nicht ganz auf den Grund gekommen ist. Etwa hat der **Beziehungstyp** Angst davor, auf der Beziehungsebene abgelehnt zu werden, der **Sachtyp**, auf der Wahrnehmungsebene ignoriert, und der **Handlungstyp**, auf der Handlungsebene als nicht o.k. zurückgewiesen zu sein. Dazu kommen dann noch die **Typ 1-** und **Typ 2**-spezifischen Ausprägungen dieser Grundängste, so daß sie der **Typ 1** über-steigert ich-bezogen erlebt (zum Beispiel: »Ich bin total isoliert – unwichtig – nicht o.k.!«) und der **Typ 2** entsprechend du-bezogen (zum Beispiel: »Keiner liebt mich – beachtet mich – akzeptiert mich!«).

Diese Ängste blockieren die Grundenergien Liebe beim **Beziehungstyp**, Bewußtsein beim **Sachtyp** und Tatkraft beim **Handlungstyp**. Für die Gesundheit ist es jedoch wichtig, daß diese Energie strömen kann. Dazu ist es nicht notwendig, die Ängste zu beseitigen, sondern sie in ihren ursprünglichen »Aggregatzustand« zurückzuverwandeln: in Liebe, Bewußtsein und Tatkraft – denn wo viel Angst ist, ist viel potentielle positive Energie. Wichtig dabei ist, daß sie durch die Veränderung der entsprechenden Glaubenssätze und mit einem Swish stabilisiert wird, so daß die Grundenergien künftig automatisch in konstruktive Bahnen strömen.

Wenn diese Grundenergien im Persönlichkeitsbereich wieder in Fluß kommen, der **Beziehungstyp** sein emotionales Gleichgewicht, der **Sachtyp** ein stabiles Selbstbewußtsein und der **Handlungstyp** ein lebendiges O.k.-Gefühl wiedergefunden hat, gehen sie wie von selbst in ihre Schlüsselenergien. Und genau damit schaffen sie sich die psychischen Voraussetzungen für physische Gesundheit.

Anhang

Fragebogen zur Persönlichkeitsanalyse

Ermitteln Sie Ihren eigenen Persönlichkeitstyp

Kreuzen Sie eine oder gelegentlich zwei Antworten an.

- Wie gehen Sie?

beschwingt und dynamisch ( ) a
locker und entspannt ( ) b
energisch und zielbewußt ( ) c

- Wer Sie gut kennt, der sagt von Ihnen, Sie seien

aktiv und zuverlässig ( ) c
emotional und kommunikativ ( ) a
interessiert und nachdenklich ( ) b

- Wie sind Ihre Bewegungen?

locker und weich ( ) b
kraftvoll und beherrscht ( ) c
lebhaft und lebendig ( ) a

- Sie fühlen sich wohl bei

interessanten Gesprächen und Diskussionen ( ) a
freundschaftlichem Umgang ( ) c
erfolgreichen Aktivitäten ( ) b

- Wie sprechen Sie, wie klingt Ihre Stimme?

klar und lebendig ( ) a
ruhig und gelassen ( ) b
nachdrücklich und freundlich ( ) c

- Wie ist Ihr Gesichtsausdruck, wenn es Ihnen gutgeht?

freundlich ( ) a
herzlich ( ) c
gut gelaunt ( ) b

- Wie ist Ihr Gesichtsausdruck, wenn es Ihnen schlechtgeht?

angespannt ( ) a
streng ( ) c
ernst ( ) b

- Wie richten Sie Ihre Wohnung ein?

anspruchsvoll und gemütlich ( ) c
behaglich und bequem ( ) b
individuell und geschmackvoll ( ) a

- Gelegentlich sagt man Ihnen, Sie seien

zu tüchtig, zu perfekt ( ) c
zu impulsiv, zu emotional ( ) a
zu sorglos, zu gutmütig ( ) b

- Wenn es anderen schlechtgeht, wie reagieren Sie im ersten Moment?

Sie zeigen Mitgefühl ( ) a
Sie geben praktische Tips ( ) c
Sie denken über Lösungen nach ( ) b

- Womit kann man Sie amüsieren?

mit humorvollen Witzen ( ) c
mit witzigen Bemerkungen ( ) b
mit komischen Situationen ( ) a

- Welches Wort spricht Sie positiv an?

Interesse ( ) a
Gemüt ( ) c
Energie ( ) b

- Sie tragen gerne

gute Sachen ( ) c
modische Sachen ( ) a
bequeme Sachen ( ) b

- Was ist Ihnen mehr vertraut?

  Spontaneität ( ) a
  Abwägen ( ) b
  Anpacken ( ) c

- In Gesprächen bescheinigt man Ihnen, Sie seien

  sachlich ( ) b
  gerecht ( ) c
  einfühlend ( ) a

- Sie möchten sich im Kollegenkreis

  o.k. fühlen ( ) c
  anerkannt fühlen ( ) b
  gemocht fühlen ( ) a

Auswertung:
Addieren Sie alle Kreuze in ( ) a → **Beziehungstyp**
in ( ) b → **Sachtyp**
in ( ) c → **Handlungstyp**
Die höchste Anzahl ergibt Ihren Persönlichkeitstyp.

Ermitteln Sie den Persönlichkeitstyp Ihres Partners

Kreuzen Sie eine oder gelegentlich zwei Antworten an.

- Wie geht er?

beschwingt und dynamisch ( ) a
locker und entspannt ( ) b
energisch und zielbewußt ( ) c

- Ist Ihr Partner eher

aktiv und zuverlässig ( ) c
emotional und kommunikativ ( ) a
interessiert und nachdenklich ( ) b

- Wie sind seine Bewegungen?

locker und weich ( ) b
kraftvoll und beherrscht ( ) c
lebhaft und lebendig ( ) a

- Was mag er mehr?

interessante Gespräche und Diskussionen ( ) a
freundschaftlichen Umgang ( ) c
erfolgreiche Aktivitäten ( ) b

- Wie spricht er, wie klingt seine Stimme?

klar und lebendig ( ) a
ruhig und gelassen ( ) b
nachdrücklich und freundlich ( ) c

- Wie ist sein Gesichtsausdruck, wenn es ihm gutgeht?

freundlich ( ) a
herzlich ( ) c
gut gelaunt ( ) b

- Wie ist sein Gesichtsausdruck, wenn es ihm schlechtgeht?

angespannt ( ) a
streng ( ) c
ernst ( ) b

- Ist er

zu tüchtig, zu perfekt ( ) c
zu impulsiv, zu emotional ( ) a
zu sorglos, zu gutmütig ( ) b

- Wenn es Ihnen schlechtgeht, wie reagiert er im ersten Moment?

er zeigt Mitgefühl ( ) a
er gibt praktische Tips ( ) c
er denkt über Lösungen nach ( ) b

- Womit kann man ihn amüsieren?

mit humorvollen Witzen ( ) c
mit witzigen Bemerkungen ( ) b
mit komischen Situationen ( ) a

- Welches Wort spricht ihn positiv an?

Interesse ( ) a
Gemüt ( ) c
Energie ( ) b

- Er trägt gerne

gute Sachen ( ) c
modische Sachen ( ) a
bequeme Sachen ( ) b

- Was ist ihm mehr vertraut?

Spontaneität ( ) a
Abwägen ( ) b
Anpacken ( ) c

- Ist er eher

sachlich ( ) b
gerecht ( ) c
einfühlend ( ) a

- Er möchte sich im Kollegenkreis

o.k. fühlen ( ) c
anerkannt fühlen ( ) b
gemocht fühlen ( ) a

- Was kommt in seinem Leben zu kurz?

Konsequenz ( ) b
Faulenzen ( ) c
Gelassenheit ( ) a

- Wie lacht er?

laut und kräftig ( ) c
hell und melodisch ( ) a
verschmitzt ( ) b

- Wie wäre sein Wunsch-Auto?

bequem ( ) b
qualitativ hochwertig ( ) c
etwas Besonderes ( ) a

Auswertung:
Addieren Sie alle Kreuze in ( ) a → **Beziehungstyp**
in ( ) b → **Sachtyp**
in ( ) c → **Handlungstyp**
Die höchste Anzahl ergibt seinen Persönlichkeitstyp.

Methodische Anwendung der Systemischen Vorgehensweise

Vergessen Sie nicht, daß es sich bei der Systemischen Vorgehensweise um eine paradoxe Intervention handelt, das heißt, das »Verstehen-Wollen« ist hier ausnahmsweise keine Tugend, sondern eher hinderlich und führt in der Regel dazu, daß Sie ins Stolpern geraten.

Anwendungsbereich:
Beziehungsthemen beziehungsweise Interaktionen: Leiden unter Personen, Situationen, inneren Zuständen, körperlichen Beschwerden und Krankheiten, Tag- und Nachtträumen.
(Zum Beispiel: Jemand leidet unter Einsamkeit.)

Anwendungsabsicht:
zu einer interaktionalen Botschaft (s.o.) die genau passende Antwort zu finden in Form einer neuen Haltung (Haltungsantwort), um

a) mit einer Person/Situation deutlich besser zurechtzukommen und
b) eine Veränderung bei der Person/Situation auszulösen.

(Zum Beispiel: Jemand macht sich die positiven Aspekte des Alleinseins erlebnismäßig zugänglich.)

Anwendungskonzept:
Die als negativ erlebte interaktionale Botschaft kann nicht pariert werden, weil sie auf eine Schwachstelle (frühkindliches Trauma) trifft. Obwohl die Energie in der interaktionalen Bot-

schaft schon vorhanden ist, wird sie noch als fremd und bedrohlich erlebt.
(Zum Beispiel: Jemand war als Kind schon viel allein.)

Anwendungsmethode:
Durch eine gezielte Haltungsänderung wird die in der interaktionalen Botschaft liegende entfremdete Energie zurückgewonnen und positiv zurückgespiegelt.
(Zum Beispiel: Jemand kann das Alleinsein genießen und wertschätzen.)
Wie gehen Sie Schritt für Schritt vor? Sie beginnen im emotional belasteten Bereich.

Emotional belasteter Erlebensbereich

1. Was ist die direkte Botschaft, die bei Ihnen ankommt? Wie ist das unmittelbare Erleben?
(Zum Beispiel: Das Alleinsein macht jemandem angst, und sie/er meint, uninteressant zu sein, vergessen zu werden oder zu verschwinden.)
Hier kommt es darauf an, sich zurückzuerinnern: Was war das erste Gefühl, das Ausgangsgefühl, was ging da dem Ärger oder der Frustration voraus? Meist stehen hinter dem negativen Erleben Grundängste wie: »Ich fühle mich hilflos und bedroht.« – »Ich fühle mich zurückgewiesen und häßlich.« – »Ich fühle mich nicht beachtet und wertlos.« – »Ich fühle mich nicht wahrgenommen und unfähig.« – »Ich fühle mich eingeschränkt und nicht o.k.«
Jetzt verlassen Sie den emotional belasteten Bereich und gehen in einen erlebnismäßig neutralen oder positiven.

Emotional neutraler oder positiver Erlebensbereich

2. In welcher Lebenssituation ist es ausnahmsweise o.k., jemanden so (wie 1.) zu behandeln?
(Zum Beispiel jemanden, der ein oberflächliches und egoistisches Leben führt, spüren zu lassen, wie einsam sie/er dabei ist.)
Jetzt ist Phantasie angesagt. Denken Sie daran, es gibt immer eine Ausnahmesituation, in der es o.k. ist, jemanden so zu behandeln, wie es Ihnen geschehen ist. Oft sind es Notsituationen, in denen jemand Hilfe braucht. Denken Sie dabei an jemanden, der Ihnen sympathisch ist.
2a. Wie nennen/erleben Sie dieses positive Verhalten?
Jetzt ist die Botschaft/Energie nach außen gerichtet.
(Zum Beispiel: sie/ihn aufrütteln.)
2b. Nehmen Sie diese neue Haltungsantwort ein. Gehen Sie ganz in sie hinein. Vielleicht tun Sie sich ein wenig schwer, in die neue Haltung beziehungsweise Energie zu gehen. Das ist normal. Machen Sie sie für sich möglichst attraktiv. Wenn Sie darüber verfügen können, brauchen Sie sie nicht zu erleben oder auszuleben.
(Zum Beispiel: Sie/er spürt jetzt die eigene Energie, mit der man jemanden einsam machen kann.)
Jetzt gehen Sie nur mit der neuen Haltung in den emotional belasteten Bereich zurück. Das inhaltliche Beispiel, mit dem Sie die neue Haltung ermittelt und eingeübt haben, brauchen Sie nicht mehr und lassen es bitte zurück – jetzt brauchen Sie nur die neue Haltung pur!
(Zum Beispiel: Sie/er macht sich ganz und gar vertraut mit dieser Energie, die jemanden einsam machen könnte.)

Emotional belasteter Erlebensbereich

3. Sie nehmen die neue Haltungsantwort gegenüber der ursprünglichen leidensauslösenden Person/Situation ein.
(Zum Beispiel: Sie/er konfrontiert die ursprüngliche, auslösende Situation mit dieser Energie beziehungsweise Haltung.) Stellen Sie keine gedankliche Verbindung her zwischen Haltung und Person/Situation. Es geht nur darum, die Person oder Situation mit der neuen Haltung zu konfrontieren, sie einander gegenüberzustellen, aufeinander wirken zu lassen. Bleiben Sie fest in der neuen Haltung, und lassen Sie die Person/Situation wie einen Film vorbeiziehen. Denken Sie nicht darüber nach!
Nun wird die neue Haltung mit einer Methode des NLP angereichert und stabilisiert. Wie das geht, erfahren Sie gleich anschließend.
4. Die neue Haltungsantwort wird stabilisiert durch den Swish (NLP), so daß sie künftig automatisch eingenommen wird.

Stabile Veränderungen initiieren

Bisher mußten in der Psychotherapie Veränderungen immer wieder bewußt gemacht und beharrlich geübt werden, und zwar so, daß bei jenen, die konsequent dranblieben, ganz allmählich neue Gewohnheiten des Reagierens und Erlebens entstanden. Doch viele gaben irgendwann auf, meist nach enttäuschenden Rückschritten, und versuchten sich mehr oder weniger hoffnungsvoll mit anderen therapeutischen Ansätzen, bis sie, nach erneuten Enttäuschungen, schließlich resignierten und sich ganz von der Psychotherapie abwandten.

Wie sind stabile Veränderungen realisierbar? Einen Hinweis bieten Phobien, die in einer einzigen Situation »gelernt« und zeitlebens praktiziert werden. Da gibt es beispielsweise kein »Ach, jetzt habe ich ganz vergessen, mich über diese Spinne aufzuregen!«, wenn man eine gut funktionierende Spinnenphobie hat. Das heißt: Wenn eine Phobie in kürzester Zeit so gut gelernt werden kann, warum sollte das nicht auch bei nützlicheren Reaktionsweisen möglich sein?

Und hierin liegt eine Antwort auf die Frage, wie stabile Veränderungen realisierbar sind: nämlich in kürzester Zeit. Stabiles Lernen muß rasch geschehen.

Die zweite Antwort ist, daß das Bewußtsein beim Lernen einer Phobie »überladen«, also kurzzeitig überfordert wird, so daß es die Informationen nicht mehr in der gewohnten Weise bewerten und aussortieren kann, sondern den neuen Informationen einfach gehorcht.

Wie wird das für stabile Veränderungen umgesetzt? Um stabile Veränderungen zu erreichen, müssen rasch und fast gleichzeitig zwei analoge Submodalitäts-Veränderungen und eine digitale Submodalitätsveränderung durchgeführt werden. (Analog meint zum Beispiel heller/dunkler, näher/ferner, lauter/leiser; digital zum Beispiel den Wechsel von assoziiert und dissoziiert.)

Die Standardmethode dazu ist das Swishen. Bandler nennt sie in seinem Buch ›Veränderung des subjektiven Erlebens‹ die derzeit wirkungsvollste Technik des fortgeschrittenen NLP. Dabei geschieht folgendes:

Analoge Veränderung 1: Ein Ausgangsbild (Kontext des unerwünschten Erlebens) wird entfernt, wird klein und kleiner, löst sich auf in Licht usw.

Analoge Veränderung 2: Attraktives Zielbild (neue Haltung + weitere Fähigkeiten, das Ziel zu erreichen) tritt an die Stelle des Ausgangsbildes, wird groß, farbig, hell.

Digitale Veränderung: Wechsel von assoziiertem (Bild 1, Sie sind in sich drin) zu dissoziiertem Wahrnehmen (Bild 2, Sie sehen sich von außen).

Die Standard-Swish-Technik

a) Machen Sie sich ein Bild von der Ausgangssituation mit den typischen Auslösern, die zu der unerwünschten Reaktion führen. Sie sind in dem Bild assoziiert enthalten, das heißt so, wie Sie sich jetzt wahrnehmen, von innen her. Das ist das Ausgangsbild.
b) Probieren Sie aus, wie Sie das Ausgangsbild am besten loswerden können, zum Beispiel in die Ferne schieben oder immer kleiner machen oder in Licht auflösen.
c) Machen Sie jetzt von sich ein Zielbild mit der Fähigkeit, die Sie brauchen, um Ihr Ziel zu erreichen. Sie sehen sich jetzt von außen wie auf einem Foto, dissoziiert.
d) Wie attraktiv ist dieses Zielbild für Sie nach der Skala von 1 bis 10? (1 bedeutet ein klein bißchen attraktiv, 10 bedeutet sehr attraktiv.)
e) Wenn die Attraktivität weniger als 10 ist: Welche Attraktivität wünschen Sie sich noch in Ihrem Zielbild? Fügen Sie diese Fähigkeit Ihrem Zielbild hinzu, so daß Sie die zusätzliche Fähigkeit ausstrahlen. Wie attraktiv ist das Zielbild jetzt? Komplettieren Sie das Zielbild so lange, bis 10 erreicht ist.
f) Nehmen Sie jetzt wieder Ihr Ausgangsbild her, und stellen Sie das Zielbild unsichtbar dort bereit, wo Ihr Ausgangsbild verschwinden wird. Dann machen Sie zwei Dinge gleichzeitig: Entfernen Sie nach Ihrer Methode Ihr Ausgangsbild, und lassen Sie das Zielbild erscheinen.

g) Den Swish fünf- bis siebenmal rasch durchführen, dazwischen immer wieder die Augen öffnen, den Swish in aller Ruhe neu vorbereiten, dann in weniger als einer Sekunde ausführen – swisssssh!
h) Future-Pace (Überprüfung): Stellen Sie sich vor, Sie kommen in der nächsten Zeit in die Situation, in der Sie bisher auf die unerwünschte Art reagiert haben. Lassen Sie das als Film ablaufen, und achten Sie auf Ihre spontane Reaktion. Ist die spontane Reaktion positiv, war der Swish o.k. Wenn nicht, überprüfen Sie, weshalb der Swish nicht richtig funktioniert, und wiederholen Sie ihn.

Den Swish persönlichkeitsspezifisch anreichern

Erfahrungsgemäß organisiert der **Beziehungstyp** sein Erleben durch Bilder und Filme (visuell), der **Sachtyp** durch Körperwahrnehmungen (kinästhetisch) und der **Handlungstyp** durch Klänge (auditiv). Das bedeutet:
– als **Beziehungstyp** durch Farben, Lebendigkeit, Mehrdimensionalität (flach/plastisch), Klarheit oder Kontrast die Attraktivität des Zielbildes verstärken,
– als **Sachtyp** durch wohltuende Körperempfindungen und -haltung die Attraktivität des Zielbildes steigern,
– als **Handlungstyp** durch wohlklingende Stimmen, Klänge, Geräusche die Attraktivität des Zielbildes erhöhen.
Dieses persönlichkeitsspezifische Anreichern können Sie auch beim Austausch von Glaubenssätzen anwenden.

Individueller Wechsel der Bilder

Nicht immer funktioniert der Wechsel vom Ausgangs- zum Zielbild mit der Swish-Standard-Methode bei jedem gleich gut. Dann erproben Sie andere Methoden des Bildwechsels, beispielsweise:

- Bild dreht sich (Vorder-, Rückseite)
- fährt weg/her (Seilbahn)
- wird auf- oder umgeschlagen (Buchseite)
- wird abgewaschen (übermaltes Gemälde)
- wird abgerissen (Kalender)
- wird überblendet (Dias)
- verblaßt/erscheint (Foto in der Sonne/beim Entwickeln)

Literaturverzeichnis

Andreas, Steve und Connirae Andreas: Gewußt wie. Arbeit mit Submodalitäten und weitere NLP-Interventionen nach Maß. Paderborn 1993.

Bandler, Richard: Bitte verändern Sie sich ... jetzt! Transkripte kurz-therapeutischer NLP-Sitzungen. Paderborn 1993.

– Veränderung des subjektiven Erlebens. Fortgeschrittene Methoden des NLP. Paderborn 1987.

– und Will MacDonald: Der feine Unterschied. NLP-Übungsbuch zu den Submodalitäten. Paderborn 1993.

Berne, Eric: Spiele der Erwachsenen. Psychologie der menschlichen Beziehungen. Reinbek 1970.

Capelle, Wilhelm: Die Vorsokratiker. Stuttgart 1968.

Dilts, Robert B., Hallbom, Tim und Suzi Smith: Identität, Glaubenssysteme und Gesundheit. Höhere Ebenen der NLP-Veränderungsarbeit. Paderborn 1993.

Ehrhardt, Ute: Gute Mädchen kommen in den Himmel, böse überall hin. Warum Bravsein uns nicht weiterbringt. Frankfurt/Main 1994.

Friedmann, Dietmar: Der andere. Sich verstehen und wertschätzen. München 1990.

– Die Entdeckung der eigenen Persönlichkeit. Kompetenz und Lebensqualität. München 1991.

– Laß dir nichts vormachen! Rasch erkennen, kompetent auftreten durch praktische Menschenkenntnis in Beruf, Alltag und Partnerschaft. München 1993.

O´Hanlon, W. H. und A. L. Hexum: Milton H. Ericksons gesammelte Fälle. Stuttgart 1994.

Perls, Frederick S.: Gestalt-Therapie in Aktion. Stuttgart 1969.

Robbins, Anthony: Das Powerprinzip. Grenzenlose Energie. Wie Sie Ihre persönlichen Schwächen in positive Energie verwandeln. München 1994.

De Shazer, Steve: Wege der erfolgreichen Kurztherapie. Stuttgart 1992.

– Der Dreh. Überraschende Wendungen und Lösungen in der Kurzzeittherapie. Heidelberg 1993.

Walter, J. L. und J. E. Peller: Lösungs-orientierte Kurztherapie. Dortmund 1994.

Watzlawick, Paul, John H. Weakland und Richard Fisch: Lösungen. Zur Theorie und Praxis menschlichen Wandels. Bern 1974.

Weiss, Thomas und Gabriele Haertel-Weiss: Familientherapie ohne Familie. Kurztherapie mit Einzelpatienten. München 1991.

Williams, Arthur L.: Das Prinzip Gewinnen. Tun Sie alles, was Sie tun können, und Sie werden alles erreichen! München 1994.

Was Frauen natürlich hilft

Dieses umfassende Handbuch bietet Information und Beratung zu allem, was Frauen krank macht: von Abwehrschwäche bis Zyklusstörungen. Margaret Minker weiß um die psychosomatischen Zusammenhänge weiblicher Erkrankungen und ist mit den wirksamsten Mitteln und den wichtigsten Verfahren der Naturheilkunde vertraut. Zu jedem Beschwerdenkomplex macht sie mehr als 20 Vorschläge zur Selbsthilfe:
Akupressur · Aromatherapie · Atemtherapie · Bach-Blüten · Bewegung · Biologische Krebsabwehr · Chronobiotherapie · Ernährung · Farb- und Lichttherapie · Heilfasten · Homöopathie · Massagen · Pflanzenheilkunde · Psychosomatische Hilfe · Rituale mit Heilwirkung · Tees und Tinkturen · Visualisierungsübungen · Wasseranwendungen · Wickel · Yoga und viele zusätzliche Verfahren.

Margaret Minker:
Naturheilkunde
Das Handbuch für Frauen
Verfahren, Beschwerden
und Beratung von A bis Z
dtv 36011

»Nicht allein die Weisheit der Kräuterfrauen findet in diesem Handbuch ihren Niederschlag, sondern auch und besonders die traditionelle Medizin aus Ost und West wird kritisch dargestellt… Dabei weicht die Autorin den Kontroversen über die einzelnen Behandlungsmethoden nicht aus, sondern zeigt jeweils Grenzen und Risiken detailliert auf.«
Psychologie Heute